国家出版基金项目
NATIONAL PUBLICATION FOUNDATION

满族语言与文化研究丛书

主编◎郭孟秀　副主编◎长　山

清代东北流人
视野中的满族社会生活

QINGDAI DONGBEI LIUREN
SHIYE ZHONG DE MANZU SHEHUI SHENGHUO

高　松◎著

社会科学文献出版社
SOCIAL SCIENCES ACADEMIC PRESS (CHINA)

黑龙江大学出版社
HEILONGJIANG UNIVERSITY PRESS

图书在版编目（CIP）数据

清代东北流人视野中的满族社会生活 / 高松著． --
哈尔滨：黑龙江大学出版社；北京：社会科学文献出
版社，2022.12
　　（满族语言与文化研究丛书 / 郭孟秀主编）
　　ISBN 978-7-5686-0608-0

　　Ⅰ．①清… Ⅱ．①高… Ⅲ．①满族—社会生活—研究
—东北地区—清代 Ⅳ．① K282.1

　　中国版本图书馆 CIP 数据核字（2021）第 010065 号

清代东北流人视野中的满族社会生活
QINGDAI DONGBEI LIUREN SHIYE ZHONG DE MANZU SHEHUI SHENGHUO
高　松　著

责任编辑　魏翕然
出版发行　黑龙江大学出版社　社会科学文献出版社
地　　址　哈尔滨市南岗区学府三道街 36 号　北京市北三环中路甲 29 号院华龙大厦
印　　刷　哈尔滨市石桥印务有限公司
开　　本　720 毫米 ×1000 毫米　1/16
印　　张　14.25
字　　数　212 千
版　　次　2022 年 12 月第 1 版
印　　次　2022 年 12 月第 1 次印刷
书　　号　ISBN 978-7-5686-0608-0
定　　价　54.00 元

总　序

　　由黑龙江大学出版社联合社会科学文献出版社组织策划的满族语言与文化研究丛书即将出版。丛书荟萃《清代满语文对蒙古语言文字的影响研究》（长山著）、《朝鲜语与满－通古斯语族同源词研究》（尹铁超著）、《满语修辞研究》（魏巧燕著）、《满语借词研究》（哈斯巴特尔著）、《满语认知研究：形态、语义和概念结构》（贾越著）、《俄藏满文文献总目提要》（王敌非著）、《满族社会文化变迁研究》（阿拉腾等著）、《濒危满语环境中的满族祭祀文化》（阿拉腾著）、《满洲崛起对东北少数民族文化认同的影响》（郭孟秀著）、《清代黑龙江地区世居民族交往交流研究》（吕欧著）、《清代东北流人视野中的满族社会生活》（高松著），共十一部力作，是近年来黑龙江大学满学研究院研究成果的集中展现，也是诸位学者"博观而约取，厚积而薄发"的必然结果；同时也体现出黑龙江大学出版社慧眼识金，为满学研究把薪助火的专业精神。在本丛书的十一部著作中，可以归类为满语（通古斯语族）语言学的有五部，可以归类为文化人类学的有四部，另有古籍类一部，民族史类一部。其中涉及满族语言文字方面的内容，笔者并非相关领域专家，无从评价。以下是阅后的几点思考，是为序。

　　首先，是关于满族文化内涵的思考。

本套丛书把内容定位为"语言与文化"，以展示黑龙江大学满学研究院在满族语言文化研究方面取得的优秀成果。阅读这套丛书后，笔者欲从历时和地理空间的角度思考满族文化的内涵，以便更深刻地理解丛书的内容。

尹铁超教授在《朝鲜语与满－通古斯语族同源词研究》一书中，将同源词研究上溯到了中国古代地方民族政权高句丽国的高句丽语和三韩语，把朝鲜语、高句丽语、满－通古斯语族诸语作为比较研究的对象。郭孟秀研究员提出，满族文化研究的内容框架可参考文化哲学三个层面的研究主题，即对文化现象的一般考察，关于文化的社会历史透视，以及关于文化的价值思考。他认为，除了第一个层面外，满族文化研究在其他两个层面都比较匮乏。① 这一观点无疑是正确的，非常有价值的。阿拉腾等在《满族社会文化变迁研究》一书中对满族文化进行了历时的分期。特别重要的是郭孟秀研究员在《满洲崛起对东北少数民族文化认同的影响》一书中对满族文化进行了纵向、历时的思考，将肃慎族系文化作为整体进行分类研究，包括肃慎－挹娄、勿吉－靺鞨、宋金时期女真人、元明时期女真人，研究其文化特征和满洲文化的形成。从历史发展过程的角度思考满族及其先民的文化的形成、演变过程，无疑为我们提供了非常有意义的研究视角。郭孟秀研究员还在满族文化的内涵研究上进行了创新，提出底层文化（渔猎文化）、表层文化（农耕文化）的概念，并首创满洲文化"轴心期"的新观点，即满洲人学汉语、习汉俗是一种文化选择的结果，更是文化有机体生命力的一种展示。对满族人来说，作为核心的渔猎文化与作为次核心的农耕文化在这一时期既存在一种亲和的相互融合的状态，同时又各自保留具有独立特征的文化张力，是文化二元结构的最佳状态，为满洲文化的发展提供了广阔的空间和愿景。此时的满洲文化表现出未特定化和未确定性，处于充满无限可能的"方成"而非"已成"状态，是满洲文化轴心期的重要标志。而在此之前，满学界就已经开始从人类发展史的角度审视

---

① 郭孟秀：《满族文化研究回顾与反思》，载《满语研究》2016 年第 1 期。

满族文化的形成发展过程。在全国"首届满族文化学术研讨会"上，有学者提出满族文化发展的三个阶段，即远古时期、满洲鼎盛时期（努尔哈赤进入今辽沈以后）、中华人民共和国成立以后的满族新文化时期。有学者提出清朝时期满族文化的四个类型：留守型文化、屯垦型文化、留守与驻防交叉型文化、驻防型文化。驻防型文化层次最高，留守、屯垦型文化保留传统内容较多。[①] 但此次研讨会以后，从人类发展史的角度和自然地理空间的角度研究满族文化的成果还是较少。而满族语言与文化研究丛书的出版，将会成为帮助我们更加全面地了解满族文化内涵的重要资料。

中国远古的文化，由于处于相对封闭的自然地理空间而呈现出独立发展的地域土著特征，很少受到族系外民族的冲击和干扰，形成了自身的半闭环的交流循环体系，黑龙江流域便是中国相对封闭的自然地理空间中的重要一环。黑龙江流域以北是不太适合远古人类生存的，外兴安岭南缘只发现了零星的新石器遗址，而在黑龙江流域内，新石器文化的遗存才开始密集、丰富起来。在满族先民生存的黑龙江下游流域以及乌苏里江、松花江下游流域，其北部是没有外敌存在的，而其东部是大海，只有西部和南部面临着濊貊－夫余族系的威胁，即夫余和高句丽。在公元7世纪前，肃慎族系与濊貊－夫余族系间形成了弱平衡关系，在长期的历史发展过程中塑造了具有独特地域特征的文化，即北东北亚类型的渔猎文化。而一旦离开这一具有独特自然地理特征的区域，就会发生文化类型的明显演变。笔者认为，在远古时期，自然地理状况对人类社会的发展进程起到决定性的影响，几乎所有的文明古国都不曾脱离这一规律。古埃及、古巴比伦、古印度文明的发生区域有一个共同的因素，即大河、平原和适合于旱地农业发展的环境。这些文明古国自然地理空间的开放性导致了其文明的中断，而相对封闭的地理空间环境则成为中国古代文明绵延不断的有利条件之一。中国古代文明的发生因素同样是大河（黄河）、平原，黄河从上游至下游流经宁夏平原、河套平原、汾渭平原、华北平原，特别是汾渭平原和

<hr>

① 周凤敏：《"首届满族文化学术研讨会"综述》，载《满族研究》1990年第1期。

华北平原，作为古中国文明的发生地域，远古农业十分发达。据考证，这些地方距今五千年左右出现青铜器，距今三千多年出现象形文字——甲骨文。这些条件与其他三个文明古国有相似之处，即适合远古农业发展的大河、平原，以及象形文字和青铜器。

历史事实证明，黑龙江干流流域不适合旱地农业的发展，若不脱离这一区域便不可能进入古代的文明社会，而是长期滞留于原始的氏族-部落社会。比如，东胡族系的鲜卑人和契丹人在脱离这一区域南下直至中原后，才有机会进入到奴隶制社会，最终进入到封建社会；蒙古族脱离这一区域到漠北草原后才进入到奴隶社会。而那些没有机会脱离黑龙江干流流域的诸氏族部落，比如埃文基人（鄂伦春、鄂温克人）、那乃-赫哲人、乌尔奇人、乌德盖人、尼夫赫人、奥罗奇人、奥罗克人等25个土著"民族"，则根本没有机会脱离氏族-部落社会。因此，我们可以把满族的传统文化划分为四种类型：第一种类型是没有脱离黑龙江干流下游流域、乌苏里江流域、松花江干流下游流域的满族先民的文化，他们仍然处于氏族-部落社会，狩猎、捕鱼是其文化的核心特征，比如肃慎、挹娄、勿吉、靺鞨的大部分及生女真、野人女真等；第二种类型是源自黑水靺鞨的女真人建立金朝后形成的该时期的女真文化；第三种类型是以粟末靺鞨为主建立的渤海国的文化，粟末部是夫余人和勿吉人融合形成的，《旧唐书》记载为"涑沫靺鞨"或"浮渝靺鞨"①，受夫余人影响，粟末靺鞨文化具有鲜明的中原文化特征；第四种类型就是女真-满洲-满族文化，简称满族文化，建立清朝的核心是建州女真，其主要部落胡里改部的源头是黑龙江下游以北的乌德盖部落，逐步迁移至松花江中游（今依兰县）。元末明初，胡里改部和斡朵里部先后南迁，开启了满洲族的历史，也创造了满洲族文化。分析这四种类型的文化我们发现，渤海文化、女真文化、女真-满洲-满族文化之间并没有继承关系，而是表现出明显的差异性，它们的共同点是其源头都与黑龙江下游的原始部落相关，在恶劣的自然环境下形

---

① 刘昫等：《旧唐书》第05部，陈焕良、文华点校，岳麓书社1997年版，第991、992页。

成的剽悍、刚烈和无所畏惧的精神，或许就是它们文化共同性的体现。所以，如果我们用"肃慎－满洲族系"文化来命名满族及其先民的文化的话，其特点则是多样性中蕴含着共同性，且多样性超过其共同性。满族文化包括满族先民的文化（黑龙江下游流域的氏族－部落文化、渤海文化、建立金朝的女真文化）、满族传统文化和革命文化、社会主义先进文化。满族的传统文化处于濒危状态，但满族的现代文化（社会主义先进文化）则正处于形成、发展的过程中，而且必然是综合性的、复合型的新文化。不能将满族现代文化的形成发展视为"汉化过程"，因为这完全违背了中国历史的发展过程。新石器时代的六大文化区系①和六大文化区②，以及先秦时期华夏"中国"的"天下"中夷夏分布、交错杂居的事实，包括秦、楚、吴、越等融入华夏的历史，这些都说明是各民族共同创造了华夏文化。满族现代文化的建设处于中华现代文化建设的范围中，表现为核心文化（中华文化核心价值观、精神力量）的统一和表层、深层文化（满族文化）多样性的统一。中国其他各民族的文化同样处于现代文化的重塑过程中。

其次，是关于满族文化濒危问题的思考。

所谓"濒危文化"包括物质的、非物质的正在消失的文化，而且是不可逆转地即将消失的文化。既然是濒危的文化，其所依存的人文条件和自然地理条件就都已经处于消失的过程中，所以，濒危文化不具有传承性，因为文化的本体内涵和形式都已经经历了长期的变异过程，失去了传播的功能性基础。濒危文化的原始内涵是不可复原的，因为其最核心的文化内涵已经不复存在。比如现在东北地区还存在一些"活态"的萨满祭祀仪式，但无论是规模还是功能都区别于以往。在本套丛书中，《清代满语文对蒙古语言文字的影响研究》《朝鲜语与满－通古斯语族同源词研究》《满语修辞研究》《满语借词研究》《满语认知研究：形态、语义和概念结构》

---

① 苏秉琦、殷玮璋：《关于考古学文化的区系类型问题》，载《文物》1981 年第 5 期。
② 严文明：《中国史前文化的统一性与多样性》，载《文物》1987 年第 3 期。

《濒危满语环境中的满族祭祀文化》，均属于濒危文化研究的范畴。"黑龙江省富裕县三家子村、孙吴县四季屯等一些满族村屯中还有十几位满族老人能够较为熟练使用满语，满语口语即将彻底退出历史舞台。对基础满语语法、满语修辞、满语与锡伯语比较等方面的研究，是在书面语的层面对满语所做的继承与保护，这项工作可以让满族语言作为满族文化的一部分存续下去。"这是本套丛书立项报告中的表述，笔者深以为然。满族濒危文化严格表述应为"满族濒危传统文化"，即将退出社会功能的是过去的文化，而满族新的文化即社会主义先进文化正处于建设过程中，因此从整体视角看，满族文化不存在濒危的问题，而是在发展中出现了变迁。《满族社会文化变迁研究》就是从这个视角进行的研究，非常具有现实意义。

基于上述认识，笔者个人的观点是要重视满族濒危传统文化的资料库建设（文字记载、影像资料制作、博物馆展示建设等）和专业化研究，做好这些工作的基础是有效的精英人才培养机制，如黑龙江大学开展的满族语言文化方向的本科生和研究生培养工作，就是很有远见的举措。满族优秀的传统文化是中华文化的组成部分，我们有责任，更有能力，对其进行深入、系统的研究。

再次，是关于满族语言与文化研究重要价值的思考。

郭孟秀研究员认为，目前针对满族文化价值方面的研究是比较匮乏的，该观点抓住了满族文化研究存在的突出问题。满族及其先民创造了恢宏而又多样的优秀民族文化，诸如渤海文化、女真文化和女真－满洲－满族文化，是中国古代北方地区最具影响力的少数民族文化，对中华文化的发展做出了杰出贡献。从我国旧石器晚期到新石器早期的人类发展状况来看，中原地区并不总是走在前面，先进的文明也并不都是从中原向四周扩散。比如距今约八千年的阜新查海文化的玉器，距今五六千年的红山文化的庙、祭坛、塑像群、大型积石冢、玉猪龙等成套玉器，都说明苏秉琦先生认为中华文明"满天星斗"的观点是正确的。至少在某一个时期内，中原地区还未发现"具有类似规模和水平的遗迹"而走在前面的文明，当然，这并不影响中原地区作为古中国文明核心区域所起到的引领作用。东北地区史前文化的顶峰显然是前红山－红山文化，它作为华夏文化的边缘和"北狄"文化的腹地，成为中华文化向东北地区传播的枢纽和通道，最先受到影响的是濊貊－夫余族系，而后是东胡族系，最后受影响的肃慎－满洲族系却创造了三种类型的文化，从公元7世纪末开始间断影响中国北部一千多年，是少数民族文化与中华文化融合的典型范例。满族先民所创造的这些优秀文化对中华文化的贡献没有得到学界应有的重视，研究成果较少，这是非常遗憾的。应该特别重视女真人两次入主中原、粟末靺鞨人建立"海东盛国"渤海的文化因素研究，以及这些满族先民的文化向中原文化靠拢的原因，这些都是满族文化价值研究的重要课题，但不限于此。"满族缔造的清朝，持续近三百年，对中华民族的近现代历史与文化都产生了重要的影响。因此，从中华民族文化大局的角度研究满族文化具有重要的历史意义与现实意义。"这是本套丛书的重要意义和价值所在。

丛书中《满洲崛起对东北少数民族文化认同的影响》《清代满语文对蒙古语言文字的影响研究》《清代东北流人视野中的满族社会生活》《清代黑龙江地区世居民族交往交流研究》四部著作对满族文化的价值进行了探讨。后金－清政权在入关前，分别发动了对蒙古、赫哲、索伦等族的一系列统一战争，建立了牢固的同盟关系，稳固了后方，同时进一步将中华文化传播到这些地区。通过清朝的统治，东北少数民族逐步接受中华文化并且开始认同中华文化，有一个重要的途径就是通过接受、认同满洲文化来渐次接受、认同中华文化，满洲文化"中华化"的过程使得中华文化在东北少数民族中的传播和影响更为深入、稳固，这是满族文化对中华文化历史建设的重要贡献。当然，这一贡献并不局限于东北地区，还包括中国其他的少数民族地区。

在先秦时期，"天下观"中存在"教化天下"的内涵，自秦朝始，"教化天下"演化出中央与边疆之间"因俗而治"、羁縻制度、土司制度以及朝贡－封赏等多种形式的政治关系，实则是"教化观"外溢扩展的结果。先秦时期"教化天下"不等于华夏"中国"实际控制的"天下"，带有礼治的想象成分，两种"天下"合二为一实现于清朝。也可以这样认为：满洲文化的"中华化"使得先秦时期想象的"天下"和"教化天下"在清朝统一于实践的"天下"。"大一统"的理想之所以能够在清朝实现，文化一统是重要的条件，而在这一过程中，满洲文化"中华化"的贡献是关键因素，其当然成为满族文化价值研究的重要内容。

在满族文化中，语言文字具有重要而独特的学术研究价值。《俄藏满文文献总目提要》等著作就是这方面的研究成果。满文古籍文献包括档案、图书、碑刻、谱牒、舆图等，数量居55个少数民族文字古籍文献之首。"清代，特别康熙、雍正、乾隆三朝，大量公文用满文书写，形成了大量的满文档案。用满文书写印制的书籍档案资料，及汉文或别种文字文献的满译本，构成了满文文献的全部。"此外，中国第一历史档案馆所藏满文文献，就有一百五十万件左右。辽宁、吉林、黑龙江、内蒙古、西藏、北京等省、市、自治区的档案部门或图书馆，中央民族大学、北京大学等大学的图书馆，以及中国社会科学院民族学与人类学研究所等研究机构的图书馆，均藏有满文文献。北京、沈阳、台北是我国三大满文文献收藏宝库。由于历史变迁等一些举世周知并令人难忘的原因，我国珍贵的满文文献还流散在世界各地，如日本、韩国、俄罗斯、英国、美国等地。[①]比如，日本有镶红旗文书（从雍正至清末）资料2402函。1975年，美国国会图书馆藏有满文文献8916册。因此，我国必须培养一批相当数量的满语言文字方面的专业人才，翻译和研究浩如烟海的满文文献，与其他文字的文献对照、补充，还原更加真实、完整的清朝历史与文化，寻觅无文字民族的历史与文化的面貌，其价值自不待言。本套丛书中满语言文字研究方面的著作，就属于这类成果。

最后，是关于满族文化与中华文化关系的思考。

在《满洲崛起对东北少数民族文化认同的影响》一书中，郭孟秀研究员认为东北少数民族对中华文化认同的形成过程，是通过对国家政权的认同发展到对满洲文化的认同，再由此升华到对中华文化的认同。这是非常

---

① 富丽：《满文文献整理纵横谈》，载《中央民族学院学报》1984年第3期。

新颖而有创意的观点。笔者认为，在这个过程中，满洲文化的逐步"中华化"是影响清朝各民族对中华文化产生认同的关键因素。李大龙教授认为，"建立清朝的满洲人则不仅没有回避其'东夷'的出身，反而在天子'有德者居之'旗号下对魏晋以来边疆政权对'大一统'观念继承与发展的基础上有了更进一步发扬，目的是在确立满洲及其所建清朝的'中国正统'地位的基础上实现中华大地更大范围内的'大一统'"①。"大一统"观念自秦朝开始拓展其内涵，从单纯的华夏"中国"统治的合法性、正统性，逐渐形成中央王朝文化一统、政治一统、疆域一统、族系一统等内涵的综合概念，其中，文化一统是实现其他"大一统"的基础。所以，清朝统治者在顶层文化上推行以儒家思想为基础的中华文化，在基础层文化上采取"修其教不易其俗，齐其政不易其宜"②的政策，既包容差异，又实现了中华文化核心价值的统一。在这一过程中，满族文化必然向"中华化"的方向发展，因为文化政策必须服从于统治的合法性和稳定性。

研究满族文化与中华文化的关系，首先要知道什么是中华文化。习近平总书记对此指出："我们灿烂的文化是各民族共同创造的。中华文化是各民族文化的集大成。"③在 2021 年的中央民族工作会议上，习近平总书记又指出："要正确把握中华文化和各民族文化的关系，各民族优秀传统文化都是中华文化的组成部分，中华文化是主干，各民族文化是枝叶，根深干壮才能枝繁叶茂。"④满族的优秀传统文化亦是中华文化的组成部分，中华文化认同是由包括满族文化在内的各民族文化认同的基础文化层级和中华文化认同的国家文化层级组成的，基础文化层级不应具有政治属性，而国家文化层级则必然具有政治属性。中华文化认同是在认同中华各民族

① 李大龙：《农耕王朝对"大一统"思想的继承与发展》，载《云南师范大学学报（哲学社会科学版）》2020 年第 6 期。
② 《礼记·王制》，见杜文忠：《王者无外：中国王朝治边法律史》，上海古籍出版社 2017 年版，第 72 页。
③ 《习近平：在全国民族团结进步表彰大会上的讲话》，新华网，2019 年 9 月 27 日。
④ 《习近平在中央民族工作会议上强调 以铸牢中华民族共同体意识为主线 推动新时代党的民族工作高质量发展》，新华网，2021 年 8 月 28 日。

文化形成和发展历史的基础上，对中华顶层文化的价值观、精神的认同，或者说顶层文化已经属于国家文化的范畴，每个民族的文化认同都不能与之等同，每个民族的文化都不等同于中华文化。这就厘清了满族文化与中华文化的关系，即枝叶与主干的关系，基础层级与顶层（国家文化）的关系。这一认识应该成为开展满族文化研究的原则，也就是说既不能把满族文化的研究政治化，也不能认为开展满族传统文化研究和发展满族现代文化就有害于中华文化认同，就与极端的、狭隘的民族主义有联系。开展满族文化研究与发展满族现代文化是中华文化建设的一部分，不影响中华文化共同性的增进，包容和尊重差异的共同性才会更有生命力和凝聚力。正常的差异并不会成为中华文化建设的障碍，处理得当，反而会成为动力。

满族语言与文化研究丛书的出版，体现了上述四个思考中提到的理念，笔者期盼更多此类研究成果涌现。

中国民族理论学会副会长，

延边大学、黑龙江大学兼职教授、博导，都永浩

总 导 言

　　满族（满洲）既是一个历史民族，也是一个现代民族，独特的发展历程铸就了其别具一格的文化特质，使之成为中华文明大花园的一朵奇葩。形成于明朝末年的满洲民族共同体，素有"马背上的民族""引弓民族"之称。满族族源可追溯至商周时期的肃慎，汉至两晋时期的挹娄（肃慎），北魏时期的勿吉，隋唐时期的靺鞨，宋、元、明时期的女真等均为肃慎后裔，也是满族的先世。这些部族长期繁衍生息于我国东北的"白山黑水"之间，在军事、政治、社会、文化上都创造了辉煌的成就，对中华民族文化的形成发展影响重大，意义深远。正如著名社会学家、人类学家费孝通先生所言，中华民族是由 56 个民族构成的多元一体，各民族文化的多样性构成了中华文明的丰富性。因此，研究满族语言及其历史文化具有重要的学术价值与现实意义。

　　全国唯一专门的满语研究机构——黑龙江省满语研究所自 1983 年成立以来，本着"把科研搞上去，把满语传下来"的办所宗旨，组建了国内第一个满语研究团队。自 20 世纪 80 年代以来，黑龙江省满语研究所充分利用地缘优势，连续对日趋濒危的满语进行抢救性调查，采用录音、录像等现代化手段，对黑河地区、齐齐哈尔地区和牡丹江地区仍然能够使用满语的满族老人进行连续性跟踪调查记录，完整保存活态满语口语原始资料。

近年来，抢救性调查范围拓展至赫哲语、鄂伦春语、鄂温克语、那乃语与锡伯语，搜集了较为全面丰富的满－通古斯语族诸语言调查资料。此外，黑龙江省满语研究所对满语语音、语法、词汇等基本理论问题展开了系统的分析研究。

1999 年 11 月，黑龙江省满语研究所整建制迁入黑龙江大学，组建黑龙江大学满族语言文化研究中心，研究领域由单一满语拓展至满族历史与文化，并利用黑龙江大学的人才培养机制，陆续创建与完善中国少数民族语言文学（满语）学士、硕士与博士三级学位培养体系，目前共培养满语本科、硕士、博士毕业生近 170 人。中国少数民族语言文学（满语）专业培养了大量的满语专业人才，毕业生多于满文档案保管机构从事满文档案整理与研究工作。2019 年 6 月，为适应学科建设发展需要，满族语言文化研究中心正式更名为满学研究院，标志着黑龙江大学满学学科建设迈上一个新台阶，成为集满语满学研究、满语人才培养、满族文化传承于一体的教学科研机构。经过几代人的努力，黑龙江大学满学研究团队以学科特色鲜明、学术积淀厚重、学科体系完善、学术研究扎实而享有一定学术声誉和社会影响力。

满族语言与文化研究丛书拟出版的 11 部专著即为满学研究院科研人员的近期学术成果。其中以满语研究为主题的成果 4 部，哈斯巴特尔《满语借词研究》，长山《清代满语文对蒙古语言文字的影响研究》，贾越《满语认知研究：形态、语义和概念结构》，魏巧燕《满语修辞研究》；以亲属语言比较研究为主题的 1 部，尹铁超《朝鲜语与满－通古斯语族同源词研究》；以满文文献研究为主题的 1 部，王敌非《俄藏满文文献总目提要》；以满族历史文化研究为主题的 5 部，阿拉腾《濒危满语环境中的满族祭祀文化》，郭孟秀《满洲崛起对东北少数民族文化认同的影响》，阿拉腾等《满族社会文化变迁研究》，吕欧《清代黑龙江地区世居民族交往交流研究》，高松《清代东北流人视野中的满族社会生活》。丛书研究既涉及基础理论问题，又涵盖以问题为中心的专题探讨；研究主题多偏重于历史范畴，亦有基于田野调查的现实问题研究。

这批成果是黑龙江大学满学研究院的教学科研人员经过一定时期的积累，秉持严谨的态度所推出的原创性成果。但是，学无止境，受自身专业与研究能力限制，相关研究或许还存在一些局限与不足，希望得到学界师友批评指正。

满语文已经退出或者说正在淡出历史舞台，不再具有现实应用性的交际交流功能。因而，满语文研究，乃至以满语文研究为基础的满学研究已经成为"具有重要文化价值和传承意义的绝学冷门学科"。在现代语境下，抢救保护与开发研究少数民族语言文化是一项意义重大而充满艰辛的事业，需要学术工作者坚持严谨的学术操守，抵制急功近利的诱惑，甘于"板凳要坐十年冷"的寂寞，同时更需要社会各界的大力支持与积极参与。

满族语言与文化研究丛书的出版要特别感谢香港意得集团主席高佩璇女士。自 2009 年开始，高佩璇女士从中华民族传统文化传承与保护的高远视角，先后出资 700 余万元资助黑龙江大学与香港大学饶宗颐学术馆合作开展"满族文化抢救开发与研究"项目。该项目旨在对现存活态满族文化进行抢救性调查与挖掘，对现存满文档案开展整理翻译与研究开发，以加强后备人才培养，拓展深化满族语言与历史文化研究。德高望重的国学大师饶宗颐先生大力倡导这一功在当代、利在千秋的民族文化事业，并为项目亲自题写牌匾"满族文化抢救开发与研究"。高佩璇女士以黑龙江省政协常务委员身份，多次撰写建议提案，向各级领导及社会呼吁关注支持满学研究与满族文化事业，并得到省委、省政府、省政协领导的重视与批示，彰显了深切的民族情怀与企业家的担当奉献精神。香港大学饶宗颐学术馆馆长李焯芬教授、副馆长郑炜明教授等在项目论证和实施中开展了大量细致工作。经过项目组成员十余年的努力，目前项目第二期即将结项，此次出版的 11 部专著即为该项目第二期的部分成果。在此谨向令人敬仰与怀念的饶宗颐先生（已故）致以敬意，向高佩璇女士等支持关注满学事业的社会各界仁人志士表示由衷感谢。

满族语言与文化研究丛书出版之际，还要感谢黑龙江大学领导及黑龙江大学重点建设与发展工作处的大力支持。感谢黑龙江大学出版社的帮助，正是在他们的努力下，本丛书得到了国家出版基金的资助；他们对所有选题进行认真审核，严把意识形态关，并邀请相关领域专家对每部专著内容予以审读，提出修改建议，大大提升了学术成果的严谨性。部分论著涉及满语文及音标，给录入排版造成了一定困难，幸有诸位编辑不辞辛苦，认真校对，保证内容的规范与质量，在此一并致谢！

黑龙江大学满学研究院院长，

博导、研究员，郭孟秀

目　录

绪　论

这本书讨论的主要是清代东北地区的流放者所看到的、感受到的满族社会与生活。东北地区作为清朝的"龙兴之地",受封禁政策的影响,一直保持着传统的满族社会生活样貌。流放者以外来者的眼光观察着、记录着这种样貌,他们的角度不同于官方正史,也不同于当地的满族人自身,是一种全新的视野。本书就是从此视角出发,以流人作品,特别是方志、笔记类文献作为研究的基础,结合其他相关史料,将整个清代乃至更早期东北地区的满族作为一个研究整体,借助人类学中"他者"的角度来考察当时的社会生活状态,进而还原出满族的原生生活样貌。

一、学术史回顾

在各类课题研究中,前贤学人所取得的研究成果是确保研究能够顺利开展的重要基础和依据。本书是从清代东北流人的视角出发,探讨满族社会生活状况,因而涉及流人研究和满族社会研究两个方面所取得的研究成果。下文即从这两个方面做简要的学术史梳理。

(一)清代东北流人的研究

不同历史时期,流人因社会背景、流放目的、流放刑罚及流放地的不同而扮演不同的历史角色。流人绝大部分都在社会底层,因此流人研究并没有得到应有的关注。直到清末民初,中国传统思想文化受到巨大冲击,中国学者开始关注这一群体,关于流人的研究才逐渐引起学术界的注意。20世纪 20 年代,肇端于清代东北流人的研究,相关研究不断展开并深入,获得了丰硕的研究成果。由于流人对东北开发的影响特别显著,这方面的研究成果也比较突出。

1. 总体性研究

日本学者高岩所作《清代满洲流人考》①被认为是第一次从整体上对清代东北流人进行的考察,对清代流放制度、流人向东北迁移的一般情况以及流人在历史上所起的作用等问题进行了简略的探讨。

我国第一部研究清前期东北流人的重要著作必推谢国桢先生的《清初流人开发东北史》②,此书对清代初期因罪案而遣戍东北的文化流人做了分析,关注文化流人在东北的各项活动,肯定流人开发东北的重大历史贡献,认为清初的流放制度在实际上也是一个迁民实边的政策。谢先生的观点对后人的学术研究多有启发,影响深刻。

李兴盛受业于谢国桢先生,在考证东北历代流人情况的基础上,出版重要的学术专著《东北流人史》③和《中国流人史》④,不仅对东北流人的历史过程进行了分期,还就每一时期流人的概况进行了考证,对历代重要的文化流人做了概述,对东北流人的悲惨处境、反抗斗争和流人开发东北的历史作用进行了讨论。

上述学者的研究侧重点有所不同,但都在整体上从多个方面对东北流人进行了较为深入的探究,时间跨度不局限于清代,亦涉及之前历代,构筑出流人学研究的基本框架和体系,是东北流人研究成果中具有代表性的成果,为后续研究奠定了坚实的基础。

2. 文化流人与流人文化研究

文化流人即被遣戍的官宦文人,由于其特殊的身份、地位,以及其在文化传播方面的重要作用,逐渐成为研究者关注的重点,研究成果较为突出。

早期的研究以清前期文化流人研究为主,多为传记研究,涉及吴兆骞、

---

① 大塚史学会:《三宅博士古稀祝贺纪念论文集》,冈书院 1929 年版。
② 谢国桢:《清初流人开发东北史》,开明书店 1948 年版。
③ 李兴盛:《东北流人史》,黑龙江人民出版社 1990 年版。
④ 李兴盛:《中国流人史》,黑龙江人民出版社 1996 年版。

桐城方氏、函可、杨越等人,其中对吴兆骞研究最为深入。我国研究者陆续撰写了 40 余篇传记文章,对吴兆骞的生平及其创作活动进行了描述,高度评价了吴兆骞的爱国思想。

目前,随着研究的进一步深入,文化流人研究已经从单纯的传记研究转向探究东北文化流人的群体特征及其与国家、社会的关系。何宗美的《"吴兆骞现象"及其经典意义——兼论清初东北流人文学的历史内涵》①在肯定吴兆骞是清初东北流人和流人文学的代表的同时,进一步考察了围绕吴兆骞所出现的"吴兆骞现象",认为吴兆骞现象的经典意义可归纳为时代意义、伦理意义和生命意义三个方面,体现了身、家、国相统一的重要特点。

流人文化研究方面,研究者们首先关注的是流人与东北文化的关系。杨余练等编著的《清代东北史》②认为流人文士使一度中断的东北文化延续下来。薛虹、李澍田先生主编的《中国东北通史》③认为满人入关,流人出关,满汉文化融合,形成了长白文化。上述研究均从流人与东北文化的关系角度出发,考察了流人对东北文化发展的重大贡献。继之而起的研究更加注重的是流人文化本身,即流人文化的形成及其内涵。李兴盛认为流人文化"是指流人这一社会群体所特有的文明现象的总和。也就是指历代流人在与自然、社会相互作用的各种关系中所创造与传播的一切知识的总和"④。佟冬主编、丛佩远著的《中国东北史》(第四卷)⑤认为,清前期的东北文化是以文化流人为骨干发展起来的,具有鲜明的流人文化的色彩与特点。黄松筠的《论清代东北封禁与流人文化》⑥则进一步考察了清代东北封禁政策与流人文化的关系,从而将流人文化研究纳入了更为广阔的视野。该文从清入关后东北的文化状况、封禁政策的提出及实施、流人文化的形成及内涵三

---

① 何宗美:《"吴兆骞现象"及其经典意义——兼论清初东北流人文学的历史内涵》,载《求是学刊》2009 年第 5 期。

② 杨余练、王革生、张玉兴等:《清代东北史》,辽宁教育出版社 1991 年版。

③ 薛虹、李澍田:《中国东北通史》,吉林文史出版社 1991 年版。

④ 李兴盛:《中国流人史与流人文化论集》,黑龙江人民出版社 2000 年版,第 25 页。

⑤ 丛佩远:《中国东北史》(第四卷),吉林文史出版社 1998 年版。

⑥ 黄松筠:《论清代东北封禁与流人文化》,载《中国边疆史地研究》2002 年第 4 期。

个方面对东北的流人文化进行探讨,认为清朝入关使东北文化发展处于停滞状态,但封禁政策的制定和实施却为流人文化的形成创造了条件,流人文化成为封禁时期东北文化的主要内容。

3. 流放制度研究

清代流放刑罚是律例的重要组成部分,亦是研究者较早关注的方面之一。王云红先生的《清代流放制度研究》①从清代典制和档案资料出发,对清代流放制度进行了全面梳理,认为清代流放制度能因地因时制宜,极具调适性,清代的流放刑罚无论在制度层面还是在实践层面,都达到了历史上的最高峰。

发遣与充军制度是清代流放制度的重要组成部分,对其进行深入研究,可以从更细微的角度透视清代流放制度的发展、演变,深为研究者所重视。发遣制度是清代最有特色的刑罚制度,在清代流放制度中占有特殊地位。叶志如的《清代罪奴的发遣形式及其出路》②从罪奴的形成入手,探讨了发遣方式、刑律管束形式及罪奴的政治出路等问题,认为发遣为奴是清代刑法的一种特殊内容和改造"罪犯"的一种特殊形式。苏钦的《清律中旗人"犯罪免发遣"考释》③和林乾的《清代旗、民法律关系的调整——以"犯罪免发遣"律为核心》④分析了发遣刑罚的特殊性及其为适应旗民法律关系变化而进行的调整,从更为独特的角度透视了清代流放制度的发展演变。明代充军在清代的流变是研究者关注的一个重要问题。吴艳红的《明代充军研究》⑤和尤韶华的《明清充军同异考》⑥均从制度变迁角度就明清充军异同问题进行了探究,指出明清充军演变、相异的根源在于明清兵源的不同。

①　王云红:《清代流放制度研究》,中国书籍出版社 2020 年版。
②　叶志如:《清代罪奴的发遣形式及其出路》,载《故宫博物院院刊》1992 年第 1 期。
③　苏钦:《清律中旗人"犯罪免发遣"考释》,载《清史论丛》编委会:《清史论丛》1992,辽宁人民出版社 1993 年版。
④　林乾:《清代旗、民法律关系的调整——以"犯罪免发遣"律为核心》,载《清史研究》2004 年第 1 期。
⑤　吴艳红:《明代充军研究》,社会科学文献出版社 2003 年版。
⑥　尤韶华:《明清充军同异考》,载苏亦工:《中国法制史考证》甲编第七卷,中国社会科学出版社 2003 年版。

4. 流人社会研究

流人社会研究较为薄弱,目前从整体上论述的仅见张永江先生的《试论清代的流人社会》①。该文从社会学角度入手,通过考察流人社区、流人社会群体和流人的社会组织,认为流人社会是凭借严格的流放制度在主流社会之外而强制形成的一种畸形的另类社会,首次对流人社会进行了全面论述,可惜限于篇幅,论述过于简略,未能深入分析。

研究者更为注重的是从流人结社和流人生存状态两方面入手来探究流人的社会关系和流人社会的基本状况。流人结社研究方面,薛虹的《函可和冰天诗社》②以清初民族矛盾为背景,分析冰天诗社的创建和冰天诗社的成员构成,认为冰天诗社在规模、影响上远超七谪之会。流人生存状态研究方面,佟永功、关嘉录先生的《清朝发遣三姓等地赏奴述略》③从发遣三姓等地赏奴的历史渊源、赏奴的身份和来源、赏奴的社会地位和赏奴的反抗斗争几方面进行了论述,认为将发遣人犯充作赏奴,这是野蛮落后的奴隶制残余在清朝司法制度上的反映,它从一个侧面反映了清朝的社会结构,指出赏奴具有两重性:既是发遣人犯,身受官府的监督和控制;又给披甲为奴,完全丧失了自由和人格,专供家主役使。

在流人社会的研究中,研究者同样关注了流人开发东北的贡献。清初流人是开发东北的重要力量,为东北地域社会的发展、变迁做出了重大贡献。研究者对其开发东北的贡献多加肯定,围绕着经济、军事、文化和民族团结方面论述了流人的遣戍即"移民实边"的性质。诸多研究从各个方面对流人开发东北的贡献进行了探讨,但是忽略了流人的消极作用。流人中一部分是刑事犯,重新犯罪率较高,对东北社会治安、社会秩序带来了一定的消极影响。

---

① 张永江:《试论清代的流人社会》,载《中国社会科学院研究生院学报》2002 年第 6 期。

② 薛虹:《函可和冰天诗社》,载《史学集刊》1984 年第 1 期。

③ 佟永功、关嘉录:《清朝发遣三姓等地赏奴述略》,载《社会科学辑刊》1983 年第 6 期。

（二）满族社会生活研究

满族社会生活的研究，前人已经取得一定的成果。

金启孮先生的《满族的历史与生活——三家子屯调查报告》①，是首次对保存现代满语的满族聚居村屯进行系统调查研究的成果。该书为三家子屯满族旧式与现实居住之屋舍、用具等描绘了实物图样；介绍了该屯之地理位置与形势图、历史与现状、经济生活，以及满族的风俗习惯；同时还对满文、满语、流传的满族故事以及两份家谱做了收录。该书不仅把东北地区尚存的满族村落公之于世，而且抢救了被学术界认为早已不复存在的"活的满语"这一文化遗产，是一部活的历史资料与科学研究成果之汇集。

《金启孮谈北京的满族》②由《北京郊区的满族》、《京旗的满族》和《府邸世家的满族》三部分组成。《北京郊区的满族》记录的主要是满族下层人民的生活、习惯、思想、感情；《京旗的满族》记述了1949年以前作者亲自调查的北京城区满族的社会状况、宗教信仰、姓氏、语言、文学、艺术等方面的特征，为了解1949年以前北京城区的满族提供了许多珍贵的资料；《府邸世家的满族》对各王府之间的相互关系和影响、一起走向没落的社会背景描写得淋漓尽致，是研究清史和满族史弥足珍贵的历史记载。可以说该书是一部二十世纪京郊、京旗、府邸世家满族的变迁史。

1995年9月，是女真更名为满洲360周年。由中央民族大学满学研究所发起的"纪念满族命名360周年学术讨论会"在河北省承德市举行。国内各地的满学及清史研究学者近90人参加了这次学术会议，就满学研究领域内的诸多课题进行了颇有收益的切磋研讨。《满族历史与文化》③精选此次学术讨论会的优秀著作，从族名、政治、法律、八旗、满语文、宫廷文化等方面对满族的历史和文化进行了深入的研究和剖析。

刘小萌的《满族的社会与生活》④作为清史、满族史论文集，主要探讨满

① 金启孮：《满族的历史与生活——三家子屯调查报告》，黑龙江人民出版社1981年版。

② 金启孮：《金启孮谈北京的满族》，中华书局2009年版。

③ 王钟翰：《满族历史与文化》，中央民族大学出版社1996年版。

④ 刘小萌：《满族的社会与生活》，北京图书馆出版社1998年版。

族肇兴时期的社会组织和政治法律制度的演进、旗人的地域分布与旗民关系,并从满语词汇、萨满信仰等方面考察了满族文化,是研究满族历史与社会的专著。其另一部专著《满族从部落到国家的发展》①共四章:第一章考察元末至15世纪末满族先民的氏族部落组织和管理机构;第二章考察16世纪初至1616年间满族政治组织、军事组织和公共权力在部落旧制度的废墟上逐步形成的过程;第三、四两章考察金国始建到清朝奠基(1636年)期间国家制度的递嬗演进,从"八王共治"到汗权(皇权)独揽,是阐述的重点。全书论述了满族从部落到国家的发展过程,是对满族社会的研究,亦是对满族制度的研究。

史禄国《满族的社会组织——满族氏族组织研究》②是一部对满族血缘群体调查研究的著作,从满语称谓、亲属体系、婚姻关系、家庭地位以及经济状况的角度,讨论了满族氏族社会在汉文化影响下逐渐发生的变化,认为满族的社会组织不断地调整,以适应满族人的经济和军事条件。

鲍明的《满族文化模式:满族社会组织和观念体系研究》③以满族作为主体,自然与社会环境作为客体,在研究主、客体两者关系的基础上,提出"满族文化模式"的概念,并对满族是怎样生活的、创造了什么样的文化、随着文化的不断进步如何向前发展、以什么样的文化模式出现于历史舞台之上等问题进行了探讨。

定宜庄的《满族的妇女生活与婚姻制度研究》④是关于满族妇女的专门研究著作。作者在书中通过阐述满族几种婚姻制度和习俗在清朝兴起前后的变迁,探讨了满族在建立起统一的封建政权并接受汉族影响之后妇女的生活状况及发生的变化。

周虹的《满族妇女生活与民俗文化研究》⑤亦是立足于满族女性史的研

---

① 刘小萌:《满族从部落到国家的发展》,辽宁民族出版社2001年版。

② 史禄国:《满族的社会组织——满族氏族组织研究》,高丙中译,商务印书馆1997年版。

③ 鲍明:《满族文化模式:满族社会组织和观念体系研究》,辽宁民族出版社2005年版。

④ 定宜庄:《满族的妇女生活与婚姻制度研究》,北京大学出版社1999年版。

⑤ 周虹:《满族妇女生活与民俗文化研究》,中国社会科学出版社2005年版。

究著作。作者周虹基于生活文化论的立场,并从女性的角度出发,重新阐释和论述了满族社会与文化的一系列特点。其基本内容主要涉及政治制度背景之下满族妇女的命运、满族妇女的文化创造、满族妇女的人生礼俗、满族妇女的社会生活,以及满族妇女的信仰、情感和精神世界等,是一部深入研究中国满族妇女的生活及其相关民俗文化的学术著作。

刘正爱撰写的《孰言吾非满族:一项历史人类学研究》①是近年出版的一部专著,从历史人类学的角度,通过多点田野民族志和多视角的研究,阐释了从"满洲"到"旗人"再到"满族"的过程,并通过揭示"满族"这个民族范畴的政治性与实利性,勾勒出具体的"满族"图像,回答了谁是满族、他们如何认识自身的历史、他们的认同依据是什么等一系列问题。

刁书仁的《满族生活掠影》②,杨锡春的《满族风俗考》③,杨英杰的《清代满族风俗史》④,王佩环的《一个登上龙廷的民族:满族社会与宫廷》⑤,江帆的《满族生态与民俗文化》⑥,张杰的《满族要论》⑦,张杰、张丹卉的《清代东北边疆的满族(1644—1840)》⑧,赵阿平的《满族语言与历史文化》⑨,王宏刚、富育光的《满族风俗志》⑩,张佳生的《中国满族通论》⑪,滕绍箴的《满族发展史初编》⑫等著作从风俗、语言、历史、文化等不同方面对满族社会做出解读,取得了丰硕成果,推进了满族史的深入研究。

此外,还有学者将研究视野扩大到清代的社会生活层面,其中也包含着

① 刘正爱:《孰言吾非满族:一项历史人类学研究》,中国社会科学出版社 2015 年版。
② 刁书仁:《满族生活掠影》,沈阳出版社 2002 年版。
③ 杨锡春:《满族风俗考》,黑龙江人民出版社 1988 年版。
④ 杨英杰:《清代满族风俗史》,辽宁人民出版社 1991 年版。
⑤ 王佩环:《一个登上龙廷的民族:满族社会与宫廷》,辽宁民族出版社 2006 年版。
⑥ 江帆:《满族生态与民俗文化》,中国社会科学出版社 2006 年版。
⑦ 张杰:《满族要论》,中国社会科学出版社 2007 年版。
⑧ 张杰、张丹卉:《清代东北边疆的满族(1644—1840)》,辽宁民族出版社 2005 年版。
⑨ 赵阿平:《满族语言与历史文化》,民族出版社 2006 年版。
⑩ 王宏刚、富育光:《满族风俗志》,中央民族学院出版社 1991 年版。
⑪ 张佳生:《中国满族通论》,辽宁民族出版社 2005 年版。
⑫ 滕绍箴:《满族发展史初编》,天津古籍出版社 1990 年版。

满族社会生活的情形。如,冯尔康先生与常建华先生的《清人社会生活》①对清代的宗族、家庭、社会组织生活、衣食住行、婚丧嫁娶、移民等社会问题进行了广泛的研究。常建华先生的《清代的国家与社会研究》②一方面阐述国家的社会政策、社会性质、国家政令在地方的执行情况;另一方面从地方志探讨风俗入手,研究清人社会生活,由风俗习惯透视了国家与社会的关系。

其他相近的研究在此不做赘述。此类研究多是从满族本身出发,对其做概括性的归纳与介绍,内容往往不限于社会生活,因文化模式、国家制度等其他方面对社会生活的影响较大,故而也包括这些方面。

综观之,目前研究成果显著,已初步构成流人研究框架体系,对满族的社会历史文化和清代东北流人状况进行了全面而系统的分析与评价,提出了一些新观点,在一定程度上丰富和深化了我国学术界对"清代流人""满族社会"相关课题的认识。在后续研究工作中,笔者将以现有成果为基础和参考借鉴,做更为深入的思考和讨论,不仅仅局限于考证、研究流人本身,同时注意流人背后所隐藏的深层次因素,从大的背景下考察流人与国家、社会各个层面的关系和相互的影响,透过流人的"他者"视角来审视清代东北的满族社会,通过此种研究来促进流人研究在深度上进一步拓展。

二、史料运用

史学研究不能没有史料作为依托。史料对于史学研究具有重要作用,大量史料是研究史学的前提与基础。所以在本书中笔者也非常重视对史料的搜集与整理。其中主要涉及的史料如下。

(一)东北方志笔记

古代东北地区多为少数民族聚居生活,文化的发展程度不如中原地区高。在文献资料方面,与中原地区相比更是少之又少,微乎其微。

清代以前,与东北社会状况或风俗习惯等相关的内容主要散见于或附

---

① 冯尔康、常建华:《清人社会生活》,沈阳出版社 2001 年版。
② 常建华:《清代的国家与社会研究》,人民出版社 2006 年版。

载于东北各地地方文献中，记述相对简略，专门性著述也比较少。清朝初期，大批文化流人被流放到东北一带，除了记载个人边疆见闻之外，还遗留有承载着清代东北山川地理、关防建置、风土人情等内容的带有方志色彩的文献资料，这些文献资料基本上可归入私撰方志之列。伴随着清朝的日益发展与壮大，清政府出于巩固中央集权与强化地方管理的需要，下诏各省府州县撰修方志，后进呈清廷以供编写《大清一统志》提供资料。至此官修方志逐渐增多，东北各地修志渐成规模与制度。流入东北的文人学士亦将自身流放生活中的见闻、感受撰写成书，形成私人著述的方志或笔记类文献，进一步使得东北地区的史志资料得到发展，日益丰富起来，为东北地域历史文化研究和满族社会生活研究提供基础。

清代形成的东北地区方志多达数十种，有官修方志，亦有私人著述。如清修《大清一统志》《盛京通志》，就是官修文献。流放文人所著方志笔记，主要包括杨宾的《柳边纪略》、方式济的《龙沙纪略》、吴桭臣的《宁古塔纪略》、方拱乾的《绝域纪略》、张缙彦的《宁古塔山水记》等。这些文献资料是我们研究中关注的重点。其多成书于康熙及其以后朝代，通读作品内容可知，其中大部分均是著者记录其在流放黑龙江地区时的所见所闻，对于研究清代东北地区的满族社会生活有着重要意义。

此外，曹廷杰的《东三省舆地图说》和《东北边防辑要》，聂士成的《东游纪程》，何秋涛的《朔方备乘》，景方昶的《东北舆地释略》，徐世昌等人编纂的《东三省政略》，徐曦的《东三省纪略》等，已对东北社会的诸多方面有所涉及，均是本书撰写过程中不可或缺的参考资料。

（二）历史典籍

古代中国各时期的历史文献中或多或少都有一些关于东北地区的内容，也可作为参考资料。

如先秦时期的《竹书纪年》《山海经》《尚书》《春秋》《竹书纪年》等相关记录，以及自《史记》《汉书》开始至民国初期编撰完成的《清史稿》、二十四史，其中均有大量东北地区相关资料可供参考，特别是《清史稿》中本纪、地理志、职官志、食货志、河渠志、兵志、人物传记等内容的参考价值更大。《大清会典》《清朝通典》《清朝通志》《清朝文献通考》《清朝续文献通考》等政书典志中有关清代满族的资料,都可作为把握清代社会及政治、军事体制的主要参考资料。

此外,在《八旗通志》《钦定八旗通志》《清实录》《清史纪事本末》等清史资料中也可以辑出许多与东北满族社会相关的重要资料。

(三)其他史料

本书所依据之史料还涉及流人的诗集和散文集。如方拱乾的《何陋居集》以及方氏三代的《述本堂诗集》、张缙彦的《域外集》、宋小濂的《北徼纪游》、徐宗亮的《善思斋诗文钞》《归庐谭往录》等。这些文集对本书中研究清代满族社会生活以及流人生活状况等均具有重要的参考价值。

一些丛书中收集了东北方志和流人作品,即使有单行本于后世流传,也都以这些丛书中所收录的文献为底本。如《皇朝藩属舆地丛书》《小方壶斋舆地丛钞》《辽海丛书》《长白丛书》《黑水丛书》《稀见中国地方志汇刊》《清代黑龙江孤本方志四种》等都具有很高的价值,是本书不可或缺的重要参考资料。

此外,汇编类资料可为研究提供线索和依据,便于找到更多可利用的资料。如,丁世良、赵放主编的《中国地方志民俗资料汇编·东北卷》,黑龙江省档案馆与黑龙江省地方志研究所合编的《黑龙江通志采辑资料》,中国第一历史档案馆满文部与黑龙江省社会科学院历史研究所合编的《清代黑龙江历史档案选编》,李兴盛、张杰编写的《清实录黑龙江史料摘抄》,魏国忠、郭素美编写的《黑龙江古代民族史料初编》,方衍主编的《清实录中的黑龙江少数民族史料汇编》等,也可作为研究方志作者及作者群的辅助参考资料。

三、研究思路与方法

如果丰富的史料、详细的学术史回顾是本书研究的前提和基础,那么明确研究思路与寻找合理的研究方法则是为本书研究得以顺利进行确立规则和准绳。

在开展深入的研究之前,首先要讨论的问题是"何谓流人"。

据考,"流人"一词在先秦时期就已经产生,最早出现于《庄子·杂篇·徐无鬼》当中,其云:"子不闻夫越之流人乎?去国数日,见其所知而喜;去国旬月,见所尝见于国中者喜;及期年也,见似人者而喜矣。……"西晋史学家司马彪曾作《庄子注》,将其解释为:"流人,有罪见流徙者也。"可见,在晋代,对于流人的看法已经较为固定,认为他们是因为获罪而被流放迁徙之人。这种观点,在当今学界也有沿用。

李兴盛先生曾对"流人"做过一个较为全面的定义:"流人是由于以惩罚、实边、戍边、开边或掠夺财富为指导思想的统治者认为有罪而被强制迁徙(流放或贬逐)边远之地为奴或当差的一种客籍之人,在阶级社会中又是阶级斗争、阶级专政的产物。"[①]这一定义将流人所涉及的情况概括得更加详细和全面。

从李兴盛先生的定义出发,笔者所研究的"清代东北流人"并未涵盖所有情况,而是以其中的一部分人为对象,即被流放到东北的"文化流人"。

流人从家乡来到流放地,对异地与家乡的差别有着最直接的感受,更易发现不曾被关注的特殊之处。"文化流人"因受过教育,具有一定的学识,对于东北与其他地区的差异感受得更加明显,因此他们当中的很多人通过文字的形式将这些所见、所闻、所感记录下来。文化流人的作品除诗歌、散文之外,还有很大一部分是方志、笔记。以清人杨宾撰写的《柳边纪略》为例,该书详细记述了当年柳条边外的形势、山川、道里、卫所、官制、兵额、城堡、驿站、部落、寺庙、贡赋、物产、民情、风俗等,是研究清初东北的政治、经济、文化的重要典籍。类似于《柳边纪略》的流人所著文献尚有许多,它们都为对清代东北地区社会生活的考察提供了历史资料。

本书以清代东北地区流人文献为基本研究对象,通过对作品中所包含的涉及满族社会生活的内容进行整理、分析,运用人类学、历史学、文化哲学等理论方法对满族做深入的剖析,以外来者的角度重新认知清代东北满族的社会组织、宗教信仰、风俗习惯等不同方面,总结出满族区别于其他民族的生活范式,更从中探寻清代生活在东北的满族民众对后世在语言、文化、

---

① 李兴盛:《中国流人史》(上),黑龙江人民出版社2012年版,第4页。

生活上产生的影响。除了以流人作品为基础进行系统考察之外,同时还参考其他档案资料(主要是满汉文《黑龙江将军衙门档案》)、东北地方文献等作为研究的补充。事实上,东北地区也是目前满族原生态文化保存最好的地区,对清代东北地区满族文化整体状态的实证考察,有助于认识当下东北区域文化特征,建构区域发展模式,对保护和传承东北少数民族文化具有重要现实意义。

四、创新之处与问题所在

以往的研究大多是单纯地考察流人文化或是满族的社会生活,很少从外来者的视角出发,将二者结合起来进行研究。本书从研究方法上来说,是文学与人类学的交叉研究,又在满族的文化认同部分运用了文化哲学的理论,实现了跨学科的研究。笔者运用新的研究思路,从流人的外来者视角出发,将清代东北地区的满族与汉族区别开来,作为一个单独的群体进行研究,进而考察了其当时的社会生活,探讨了满族自身的文化认同问题,在内容上对现有的研究做了补充。

清朝是中国历史上最后一个封建王朝,满族在中华民族共同体形成过程中的意义更不容忽视。对清代满族社会生活的研究,特别是对保留更多满族传统生活样态的东北满族社会的研究,有利于对当代民族文化的研究与思考,对我国这样的多民族国家有着深远的意义。此外,从文化的角度也可以推进满族非物质文化遗产的保护与传承,为人类社会留存更多文化遗产。

第一章

清代东北地区流人概述

中国历史上，东北地区一直有流人进入。清代前中期，东北地区作为龙兴之地，受封禁政策的影响，流人数量较少，多是文人获罪后被流放至东北，主要集中在盛京(今沈阳)周边或宁古塔(今牡丹江海林古城村)等地。清代中后期，特殊的地理位置、自然环境使得东北地区成为清代主要的流放成所，大批流人因不同原因被发配东北。流人的进入对东北地区的社会发展和历史文化都有着重要的影响和意义。

第一节　文人流放东北的原因

清代前期的东北流人以战争中掠夺的俘虏为主，这部分流人主要是作为满族统治阶层的奴仆从事各种生产活动，对于东北的文化交流与建设影响甚小。清代中期以后，遣往东北的流人，除去刑事获罪的囚犯之外，还有一部分是因为"思想异端"或科场舞弊而被流放的知识分子阶层。

知识分子阶层，即文人群体，在东北地区众多的流放者中是一个特殊的存在。他们的独特性在于，流放的文人往往拥有出众的才华和学识，大多为学者身份，即使为官，也多是文官出身，且多官至翰林。这些人极少涉及刑事案件，大多是因为文字狱、科场舞弊案等政治性狱案获罪。究其深层原因，这些流放文人实际上只是党派之间权力斗争的棋子，其中无辜蒙冤者居多，并非穷凶极恶之徒，也不曾实际参与过反抗清政权的斗争。他们在流放地艰苦的环境中也不曾放弃文人的追求，著书立说，寄情诗词，将儒学经典、医药知识、贸易往来等带入东北,为推动东北地区的文化交流与发展起到了极大的作用。

一、因文字狱而流放

所谓文字狱,郭成康、林铁钧在《清朝文字狱》一书中将其概括为"因文字的缘故而构成的罪案"①。文字狱案件涉及的主要是文学作品,或是诗词中的用字不符合当时的政权统治要求,或是私自纂修史书,在民众中形成不利于政权的社会影响,因此获罪人员多为文人学者这一知识群体。

作为封建王朝政治统治的一种特殊手段,文字狱自古即已有之,并非清朝统治者独创。随着中央集权的不断加强,文字狱在清代被推向顶峰。文字狱存在于清代的各个时期,从清代初期作为消灭异端思想、打击江南汉族地主阶级知识分子的重要手段,逐渐发展为清代中后期朝廷内部党派争斗、排除不同势力的方法。因文字狱而获罪的士人和官员,在刑罚上多重于其他普通案件。获罪者往往生者凌迟,死者戮尸,其直系亲属难免罪责,旁系相关者也会惨遭连坐,被发配到东北苦寒之地。

清朝统治者是以满族这一少数民族身份入主中原的,其执政初期受到了汉族民众的激烈反抗。直至确立全国范围的统治后,这种民族间的隔阂与差异仍未化解,抗清反满斗争仍然持续。清朝统治者在入关后积极宣扬"满汉一家,天下共主"的主张,开设博学鸿儒科,以吸纳汉族知识分子,希望将其纳入到清朝的政治体系之中,主要目的就是借此消除满汉民族间的敌对心理,淡化汉族士人的排外情绪。即便如此,雍正帝仍感到:"从来异姓先后继统,前朝之宗姓臣服于后代者甚多。否则,隐匿姓名伏处草野,从未有如本朝奸民假称朱姓,摇惑人心若此之众者。"②

在镇压抗清斗争的同时,清廷又将控制、查抄文字书籍作为打压反清思想的手段。清朝初期因文字狱获罪的文人,多是因私撰史书并在其中复用

---

① 郭成康、林铁钧:《清朝文字狱》,群众出版社1990年版,第9页。

② 雍正皇帝:《大义觉迷录》,张万钧、薛予生编译,中国城市出版社1999年版,第7页。

明代纪年的年号而获罪。顺治初年，出身明代官宦之家的僧人函可，具有反清复明的思想，带领其弟等人参加了反清斗争。后因撰编私史《再变记》，记述南明弘光政权以反抗清廷，在返程途中被清兵截获，与其徒四人遣戍盛京，成为清朝第一个因文字狱而遣戍东北的流放文人。

康熙时期，思想控制进一步加强，因文字狱而获罪的文人数量增多，其中较为著名的有庄氏《明史》案及案发于康熙五十一年（1712年）的《南山集》案。

康熙二年（1663年），庄廷鑨在朱国桢的《明史》基础上，补写崇祯朝及南明史事，并沿用南明诸帝年号，有人告密其书中有"大逆"之言。由于案发时庄氏已死，遭开棺戮尸，其弟庄廷钺受牵被诛。此案涉及人数众多："名士伏法者二百二十一人。庄、朱皆富人，卷端罗列诸名士，盖欲借以自重。"①因此案遭诛者七十余人，流徙东北者达百余人。

同是在康熙年间，翰林院编修戴名世有搜访遗书之愿，对明代史事也颇为留心，并在其所著《南山集》中多次出现南明诸帝年号，主张保留南明王朝的年号，同时引用了同乡方孝标《滇黔纪闻》中有关南明永历王朝的史事。在其成书二十余年后，被左都御史赵申乔告发。康熙亲审此案，经查，其《南山集·孑遗录》中确有大逆犯忌之语，戴名世被"著即处斩"，方孝标则遭开棺戮尸，其族也因此案受到牵连。此案波及范围较广，为《南山集》作序、刊刻、贩卖以及往来密切者均被捕。方登峄、方云旅、方世樵从宽免死，并其家眷充发黑龙江，"干连应斩绞及为奴安插流徙人犯俱从宽免罪，著入旗"②。

雍正时期，因文字狱而获罪流放的也很多。其中最典型的案件即是由曾静、张熙策反而引发的吕留良案。吕留良生于明代官宦之家，顺治年间考中秀才。而后与黄宗羲等浙东名士品评时文，受其影响，拒绝地方官员推荐，曾一度选择出仕，剃发为僧归隐山林。其诗文如《钱墓松歌》《题如此江山图》中确有反清思想，但并未有实际行动。他在传播程朱之学的基础上，宣扬"华夷之防"的民族思想。曾静、张熙受此影响巨大。雍正六年（1728年），曾静命其学生张熙赴西安，投书于自称是岳飞后代的川陕总督岳钟琪，

---

① 陈康祺：《郎潜纪闻初笔二笔三笔》（上），中华书局1984年版，第236~237页。
② 张玉：《戴名世〈南山集〉案史料》，载《历史档案》2001年第2期。

以策动反清。其中宣扬吕留良的"华夷"之论,列举雍正十大罪状(谋父、逼母、弑兄、屠弟、贪财、好杀、酗酒、淫色、怀疑诛忠、好谀任佞),称雍正之罪致使年灾月殃,民不聊生,并以此为由煽动岳钟琪推翻清朝统治,指其乃岳飞之后,更应大举义旗。曾静、张熙的举动是对雍正帝的公然指控,触及了清朝的政权统治,按照清朝律令,曾静、张熙本应以大逆谋反之罪斩首。雍正对此案十分重视,为了缓和民族矛盾,其亲撰《大义觉迷录》,批驳所谓坊间"十大罪状",分析"华夷"之说的局限,指出满汉之族不宜以华夷殊视。随后,曾静特作《归仁说》改口称雍正"德盛民化""圣德神功",而自己为"谣言蛊惑",并称自己实受吕留良叛逆思想毒害。此案历时五年,雍正十年(1732年)十二月结案。"吕留良、吕葆中①俱著戮尸枭示,吕毅中②著改斩立决。其孙辈……著从宽免死,发遣宁古塔给与披甲人为奴。"③此案判吕家子孙十二户,共一百一十一口流徙东北。而与曾静、张熙来往密切的吕留良之徒严鸿逵等人,其家眷亦被发遣宁古塔,给披甲人为奴。就在吕氏一族的子孙、门生治罪遭诛或遭贬的同时,曾静却被释放回籍,直至乾隆朝才下令处死。

随着清朝统治的逐渐稳固,行政机构不断扩充,朝廷内部党派之间相互排挤、倾轧,打击异己的现象屡见不鲜。文字狱也开始沦为统治阶级内部争权夺利的工具,很多涉案的官员、文人实际上是党派和权力之争的牺牲品。

顺治年间,以秘书院大学士陈名夏为首的南党和以文华殿大学士刘正宗为首的北党相互对峙。朝廷借两党倾轧之际,打击两党势力。顺治十七年(1660年),北党党魁刘正宗失势,如张缙彦这般倾靠北党的大量官员也因此受到牵连,成为党派之间争斗的牺牲品。张缙彦,明朝进士,顺治十年(1653年)任山东布政司右布政使。左都御史魏裔介在弹劾刘正宗时,查出张缙彦在为刘正宗诗集题写的序言中,将其誉为"将明之才",曲解其义为"辅佐明将之才",指责其有反清复明之意。随后又被人挖出,在任浙江左布政使时,曾在他人刊刻的小说集《无声戏二集》中作序,自称"不死英雄"④,

---

① 吕留良的长子。

② 吕留良的第九子。

③ 雍正皇帝:《大义觉迷录》,张万钧、薛予生编译,中国城市出版社 1999 年版,第528 页。

④ 李兴盛:《增订东北流人史》,黑龙江人民出版社 2008 年版,第 254 页。

神化自己的贰臣身份。因此被冠以蛊惑人心、大逆之罪。蒙皇上"开恩"免死,抄没家产,流徙宁古塔。

雍正年间,年羹尧因战功卓著,而功高自傲,势力范围逐步扩大。雍正三年(1725年),朝廷以其所呈奏表中"朝乾夕惕"错写成"夕惕朝乾"为由,罗列九十二条罪状,令其自裁。在打击年羹尧的同时,朝臣也借机扫清党羽。因年党倒台而失势之人中,汪景祺就是被冠以文字狱罪名的人。汪景祺,康熙五十二年(1713年)的举人。雍正二年(1724年)与年羹尧来往密切,成为其幕僚,在府中曾作《西征随笔》,献于年羹尧。因被钱塘令杨梦琰举报,书中有话语是谓讥讽圣祖,实属"悖谬狂乱",故被处以"立斩枭示,其妻子发遣黑龙江,给与穷披甲之人为奴。其期服之亲兄弟亲侄,俱著革职,发遣宁古塔"。①后在乾隆时期,念汪景祺作《西征随笔》时,其兄、其弟均相隔甚远,并不知情,对此案被发遣至宁古塔的其兄弟子侄,"开恩赦回"②。

二、因科场舞弊案而流放

清朝建立后沿用科举制,在全国范围内开科取士,征集才德兼备的汉族知识分子。但也因此,科场舞弊之风在清朝一度盛行。其中一些人确有其罪,也不乏一些官员、考生因他人的陷害而沦为无辜的获罪者。以顺治十四年(1657年)发生的在顺天、江南、河南的三次科场案最为典型。

顺治十四年,顺天乡试后,刑科给事中任克溥上奏,民间巷议举人陆其贤贿赂考试官员李振邺、张我朴等人。后经吏部、都察院查明,该奏所疏属实。顺治帝下旨,将涉案考官李振邺、张我朴、蔡元禧等人及中试举人田耜、邬作霖"俱著立斩,家产籍没,父母兄弟妻子,俱流徙尚阳堡"③。其他相关的二十五名涉案举人也因"贿买关节",紊乱科场风气之罪,连其亲属一并流徙

① 《清实录》第七册《世宗宪皇帝实录》卷三九,中华书局1985年版,第576页。
② 《清实录》第九册《高宗纯皇帝实录》卷一四,中华书局1985年版,第396~397页。
③ 《清实录》第三册《世祖章皇帝实录》卷一一二,中华书局1985年版,第880页。

尚阳堡(今辽宁开原东)。这即是著名的"北闱科场案",因此案流徙东北者不下二百人。①在流放文人中,张恂、孙旸、陆庆曾、郁之章、诸豫均是因此案受牵而遭遣东北的。

随后发生的南闱科场案,比北闱科场案打击面更大,可谓是顺治朝影响最大、惩处最为严厉的一次科场舞弊案。顺治十四年十一月二十四日,工科给事中阴应节参奏江南主考方猷,"弊窦多端,物议沸腾"②,同时又揭发中举之人方章钺"与猷联宗有素,乘机滋弊,冒滥贤书"③。顺治帝下旨将主考方猷钱开宗等考官革职查办,并派刑部差役召方章钺赴京审讯。尽管方章钺之父方拱乾回奏,其籍江南,并不与方猷同宗,故其子并不在此试回避之列,但朝廷却并未采信,这也酿成了桐城方氏的第一次遣戍。为了彻查涉案考生,顺治帝于第二年亲自复试江南举人,并派兵把守考场。复试中查出的文理不通者,均被革去举人。当时颇具盛名的吴兆骞也因此案遭人告发,被陷害获罪。此案于顺治十五年(1658 年)十一月结案,"方猷钱开宗俱著即正法,妻子家产籍没入官"④,而参与乡试的方章钺、吴兰友、张明荐、吴兆骞、钱威等人,则"俱著责四十板,家产籍没入官,父母兄弟妻子,并流徙宁古塔"⑤。该案主考、同考官员皆被处死,家属及八名举人遭戍东北。因此案获罪的方氏一族及吴兆骞等人日后成为东北流放文人中的杰出者。

河南闱科场案也是当时影响较大的案件。顺治十四年十二月,刑科给事中朱绍凤上奏:河南主考官黄铉、丁澎在其所呈试录中,存在"皆由己作,不用闱墨"⑥的违规嫌疑,又揭发黄铉于正额供应外,索要"人参等物"⑦。朝廷下旨,对黄铉、丁澎二人革职察究。刑部却定案二人系"用墨笔添改字句"⑧,"黄铉应照新例籍没家产,与丁澎俱责四十板,不准折赎,

---

① 李兴盛:《增订东北流人史》,黑龙江人民出版社 2008 年版,第 215 页。
② 徐珂:《清稗类钞》,商务印书馆 1966 年版,第 16 页。
③ 徐珂:《清稗类钞》,商务印书馆 1966 年版,第 16 页。
④ 徐珂:《清稗类钞》,商务印书馆 1966 年版,第 18 页。
⑤ 徐珂:《清稗类钞》,商务印书馆 1966 年版,第 18 页。
⑥ 徐珂:《清稗类钞》,商务印书馆 1966 年版,第 21 页。
⑦ 徐珂:《清稗类钞》,商务印书馆 1966 年版,第 21 页。
⑧ 徐珂:《清稗类钞》,商务印书馆 1966 年版,第 21 页。

流徙尚阳堡"①。

被流放到东北的文人或是居住一段时间后，重新回到原籍，或是余生都在塞外度过。不论何种，流放地的生活都给他们刻上了无法磨灭的印记。他们将自己在边疆的见闻记录下来，形成了大量的方志、笔记，也将自身的情感用诗词寄托，流传下来众多的优秀篇章。后文将对东北地区的流人文学作品做具体的论述。

第二节　清代东北地区的文化流人及其作品

被流放的官员或文人、学者在经历家族的没落与命运不幸后，并没有放弃对学术的不懈追求。面对流放地恶劣的自然环境、生活习俗的迥然不同，这些文人在逐渐适应当地生活的同时，也努力找寻着精神上的寄托。他们或吟诗结社，或著书立说，甚至亲自对当地的历史遗迹进行考证，在东北这片白山黑水之间，寻找着流放生活中的自我追求，进而创造出了很多的流人作品。

文人、官员被流放到东北地区，一路走来，最先感受到的就是地理风貌、物资特产、风俗习惯等等。这些不同之处给他们的感触最为深刻，常常被流放文人记录下来，形成了大量的笔记和方志，像方拱乾的《绝域纪略》、张缙彦的《宁古塔山水记》、吴振臣的《宁古塔纪略》、方式济的《龙沙纪略》等，都是非常宝贵的文献资料。以下对这些流放文人及其作品做详细的论述。

一、桐城方氏

方氏一族作为安徽桐城的名门望族，曾有多人被流放东北。流放后，方氏一族也致力于著书立说，多有建树。其中，方拱乾、方式济等人极具代表性。

方拱乾，初名策若，字肃之，号坦庵，晚年号甦庵。生于明朝万历二十四

---

① 　徐珂：《清稗类钞》，商务印书馆 1966 年版，第 21 页。

年(1596年),卒于清朝康熙五年(1666年),终年七十一岁。方拱乾是崇祯元年(1628年)的进士,官拜少詹事。入清后,官至内翰林国史院侍讲学士。顺治十四年时,受南闱科场案牵连,被流徙宁古塔。顺治十六年(1659年)七月抵达戍所,十八年(1661年)赦归。方拱乾将在戍所生活时的所知所见,撰成《绝域纪略》(又称为《宁古塔志》),成书于赦归后的康熙元年(1662年)。《绝域纪略》属于清代东北笔记中的早期著作,全书虽不到二十条记事,约三千二百字,但内容广泛,涉及宁古塔的沿革、抗俄、气候、城池、居室、古迹、农业、山川、物产、风俗、贸易等方面情况。书中文字质朴,而且记事翔实,对于研究东北史地状况具有很高的价值。

古代文人常常借助诗词来描述社会生活,抒发自身情感,被流放东北的方拱乾也不例外。命运的不济,流放的苦闷,远离家乡的哀愁,边塞生活的艰苦等等情感都在诗词当中表达得淋漓尽致。

方拱乾"平生酷好为诗",虽流离播迁,但无一日辍吟咏。其诗深受唐代诗人杜甫影响,自写胸臆,晚年诗律更细。从出关到得到赦归消息共计近千日,方拱乾"得诗九百五十一首",几乎一日一诗。[①] 方拱乾将在宁古塔戍所期间的诗作辑录为《何陋居集》,篇章总数近千首,堪称黑龙江现存第一部诗集。在方拱乾的诗中首次记述了渤海国上京龙泉府遗址、明代奴儿干都司永宁寺碑、清初黑龙江军民抗击沙俄的历史遗迹与历史事件等,有很高的史料价值。

后来被第二次流放的方氏族人,亦是清代东北诗歌史上的代表人物。

方登峄,字凫宗,号屏垢,自幼读经攻史,擅长多种诗体。在被流放的路上,方登峄的心中感慨万千,满是悲凉,想到五十多年前其祖父方拱乾被发配至黑龙江宁古塔,而今他又被流放至卜魁(今齐齐哈尔)的命运,故而写下感慨的诗篇:

> 五十年前雁祸日,征车行后我生时。
>
> 岂知今日投荒眼,又读先生出塞诗。[②]

---

① 李兴盛:《历代东北流人诗词选注》,黑龙江大学出版社2014年版,第476页。

② 方登峄、方式济、方观承:《黑水丛书第六卷·述本堂诗集》,黑龙江人民出版社1997年版,第585页。

方登峄的诗多写于塞外,词多悲苦,边塞的风光景色、风土人情,在他的诗中历历如绘。《垢砚吟》《葆素斋集》《如是斋集》这三部作品就是诗人晚年在卜魁戍所创作的诗词,记写了诗人一家在边地的生活情况。

方登峄之子方式济侍父出关,父子二人常以诗歌相和,聊以慰藉。方式济在诗歌创作上也取得了一定成就,其挚友蔡世远曾赞誉他的诗"秀骨独异,清音自远","优柔和平,宽裕而自得,有非羁人迁客之为之者"。①

方式济,字屋源(一作渥源),号沃园,亦是安徽桐城方氏的后人。方式济周岁即随母吴氏迁居金陵,七岁丧母。年渐长,因好学工诗,精于绘画,曾得到当时的大画家王原祁的赏识。康熙四十八年(1709年)中进士,授内阁中书。次年回家省亲,适逢《南山集》案发。因《南山集》有数处写到族人方孝标,故全家被牵连,方式济和父方登峄等共四人同时被贬谪到黑龙江卜魁城。流放到边关后,看守的头领想把其亲属分居各地,方式济卖尽衣装打通关节,才得以聚居。

长期的边疆生活,使方式济对东北的风土人情产生了浓厚的兴趣,于是跋山涉水,实地考察,并查阅大量资料,详细记述了东北边陲的山川、民族分布、物产、资源和历史沿革等,写成《龙沙纪略》一书。该书为清代名志,后被收入《四库全书》。方式济为人谦虚忠厚,每当看到人家有长处,常常以其做楷模,自勉奋进。人有急难,则乐而助之。方式济曾与族弟方薪传作客在外,族弟染上病疫,人人都躲避而去,但方式济却始终照料族弟,同室起居,一直等待族弟病愈。四十二岁时,方式济病故于黑龙江卜魁。《龙沙纪略》共分为方隅、山川、经制、时令、风俗、饮食、贡赋、物产、屋宇等九门,一百四十四条,所记皆为耳闻目见,并对多种典籍做过稽考,是研究舆地不可缺少之书。

《卜魁风土记》为方式济之次子方观承所撰。方观承,字遐谷,号问亭,一号宜田。雍正时为平郡王的幕客,后以荐赐中书,官至直隶总督,为有清一代名臣,著名的乾隆"五督臣"之一,谥号恪敏。方氏一族几代人均遭流放,当年因方观承与其兄观永年幼,免于发配。待其兄弟年岁稍长,因思念

---

① 　韩明安:《黑龙江古代文学》,光明日报出版社1986年版,第148页。

家人,曾多次前往黑龙江探亲。卜魁,为台站名称,在现在的齐齐哈尔附近,康熙三十八年(1699 年)后,黑龙江将军驻扎此地,后以"卜魁"命名之书多指黑龙江。《卜魁风土记》所记内容不多,不过十数则,却补充了《龙沙纪略》中未记之处,是难得的方志资料。

二、吴兆骞、吴桭臣父子

吴兆骞、吴桭臣父子也是清代东北流放诗人中的代表。

吴兆骞,字汉槎,吴江松陵镇人。顺治十四年,吴兆骞中举人,南闱科场案揭发,吴被诬卷入其中。翌年,兆骞赴京接受检查和复试。在复试中,他负气交白卷,被革除举人名。顺治皇帝亲自定案,兆骞家产籍没入官,父母兄弟妻子一并流放宁古塔。流放期间,吴兆骞穷愁饥寒,敲凿冰块,以粗粮为食,幸得难友方拱乾的关照。后来得到好友顾贞观的帮助,为其言于清初著名词人纳兰性德,经纳兰性德斡旋,纳兰性德之父明珠营救,费尽周折才得以放归。长达二十多年的戍所生活给吴兆骞的诗歌打下了深深的烙印。他的诗悲凉雄丽,其中许多充满了苦闷寂寞、穷愁哀怨,从而也让他的诗歌内容更加丰富,体现出鲜明的边塞诗歌风格。如七绝诗《三月十二日河上口号》:

> 三月归鸿满塞天,
> 流澌日暮尚凄然。
> 自从身逐乌龙戍,
> 不识春风二十年。①

吴兆骞发配宁古塔期间,创作了一百多篇诗歌,包括边塞诗、抗俄爱国诗、以宁古塔名胜古迹为题材的诗歌作品及咏叹诗。《秋笳集》就收录了其部分边塞诗作品,其中的《北渚望月》是目前发现的最早描写镜泊湖的诗,《上京》则是我国最早描写渤海国上京龙泉府遗址的一首诗。

---

① 龙吟诗社:《黑龙江历代诗词选》,黑龙江人民出版社 1990 年版,第 108~109 页。

吴桭臣,字南荣,小字苏还,江苏吴江人,其父为诗人吴兆骞。顺治十四年的时候,吴兆骞受科场案所累,被流放宁古塔,一年后妻子葛氏至宁古塔与夫会合。康熙三年(1664年),吴桭臣生于宁古塔戍所。吴兆骞于康熙二十年(1681年)得以赎归后,桭臣随父入关。终生不仕。

《宁古塔纪略》就是吴桭臣根据自己在戍所的所见所闻而撰写的。因吴桭臣生长于边陲,入关之时已经成年,对于关外之风土人情、山川名胜等都能谙习、记忆,故而该书十分真实生动地记录了宁古塔当年的风光以及古朴淳厚的民间风俗。

三、杨越、杨宾父子

杨宾出生在一个薄有良田的诗礼家庭之中,自幼聪明伶俐,受到其父杨越的严格家训,四岁入私塾,六岁开始攻读四书五经等儒家经典,八岁能写一手豪迈的大字。稍长,吟诗作对,深得老师的喜爱。清康熙元年(1662年),其父杨越因在浙东"通海案"中掩护钱缵曾幼子的事情泄露,与其夫人范氏被流放宁古塔。当时,杨宾年仅十三岁。

康熙二十八年(1689年)春,康熙帝南巡苏州,杨宾率弟杨宝泣请与妻子代父戍边。康熙听说其父是因"逆案"遣戍,没有答允。杨宾兄弟二人随御舟行数百里,呼号吁请,被卫士鞭打得遍体鳞伤,几乎死去。鉴于代父戍边不成,弟妹均已婚嫁,祖母也已病故,杨宾决定亲自出塞省亲。同年初冬,杨宾自京师出发,出关后,取道柳条边,经船厂(今吉林市),于十月二十一日驱车驶过冰封雪锁的松花江,进入原始森林纳穆窝集与色齐窝集。冰雪凝结,山陉路滑,马不受蹄,多次蹶仆,"触石破颅,血流数升而死,死半日乃复苏"①。行走月余,始达戍所。省亲途中,每逢岩疆要地,必停下车马,游览凭吊,并向老兵退卒询访遗闻逸事。

杨宾在宁古塔侍奉父母之暇,也常常访问渤海国遗迹及明代设立奴儿干都司所领辖部落种族等事。他对渤海国上京龙泉府做过实地考察。在考察时,凡山川形势、障塞规模、驿站道里、城郭屯堡、物产风俗、语言嗜好,无

① 杨宾、方式济、吴振臣:《龙江三纪》,黑龙江人民出版社1985年版,第3~4页。

不博访周览,详稽备载。这就为他以后书写《柳边纪略》做好了基础的资料收集工作。

康熙二十九年(1690年)二月,杨宾离开双亲,回到京师,为谋归其父母而奔走呼号。不料其父杨越于康熙三十年(1691年)十一月病逝。按清廷规定,流人死于戍所,不得归葬,妻子等随行者也不得返乡。杨宾闻讯,又为谋求返葬其父而奔走。他在刑、兵二部衙门跪泣陈情达四百五十五天,又纳贿于侍卫内大臣索额图门下,才准返葬。杨宾令杨宝再赴戍所,扶父柩并奉其母范氏而归。启程时,范氏"悉散家财,单车就道"①,而"士汉送者,哭声填路"②。

此后,杨宾将赴戍所考察的结果,与文献中的记载互相印证,于康熙四十六年(1707年)写成《柳边纪略》。此书是第一部比较全面系统地记述黑龙江乃至东北历史、地理之作,被梁启超誉为开边徼地理研究风气的名著。

四、陈之遴、徐灿夫妇

陈之遴,字彦升,号素庵,海宁盐官人。明崇祯十年(1637年)以榜眼身份,授翰林院编修。清顺治二年(1645年)降清。后来受到摄政王多尔衮的器重,任为翰林院侍读学士、礼部右侍郎、都察院左都御史。多尔衮死后,又得顺治帝重用,升礼部尚书加太子太保,后调任户部尚书。顺治九年(1652年)、十二年(1655年),两度被授为弘文院大学士。顺治十三年(1656年),被控结党营私,流放盛京,不久复职。十五年(1658年),又因贿结内监吴良辅论斩,免死革职,籍没家产,与老母、兄弟、妻子流放尚阳堡,死于戍所。

陈之遴的诗作在后世流传不广,成就较高的作品多是在他谪居辽东期间创作的,描述的主要是塞外的风俗景物,表达了被贬流放后复杂的思想感情,以及对回归家乡的期盼。其代表性的词《一剪梅·偶成》:

---

① 李兴盛、辛欣、王宪君:《黑水郭氏世系录(外十四种)》(上),黑龙江人民出版社2003年版,第985页。

② 李兴盛:《中国流人史》,黑龙江人民出版社1996年版,第731页。

　　寒蜑啼送一天愁,人自东流,水自西流。

　　古人谁似我淹留？白老江州,苏老黄州。

　　半生沉梦醒浮沤,春兴妆楼,秋兴书楼。

　　何时黄菊映归舟？扬子江头,西子湖头。①

　　这首词所表达的就是盼望赦归故里的情感。陈之遴的主要作品都收录在《浮云集》当中。

　　此外,陈之遴的夫人徐灿也是明末清初时期有名的才女。陈之遴两次被贬官流放,徐灿都曾随行,丈夫的命运也决定了她苦涩的一生。徐灿的诗词得北宋风格,颇负时誉。当时著名词人陈维崧称其"盖南宋以来闺房之秀一人而已"②。随夫流放后,徐灿的诗词中多是苦闷、忧愁的,充满了人生易老、归期无望的感叹。康熙五年(1666 年),陈之遴去世后,徐灿皈依佛法,不再作诗。

五、其他流人的作品

(一)方志

　　英和撰写的《卜魁纪略》以黑龙江之建置、设官、风俗、物产等为主要内容。英和,索绰络氏,满洲正白旗人,为礼部尚书德保之子。道光八年(1828年)的时候,因之前监修的宣宗陵寝地宫浸水,被重责,本拟处死,幸有太后说情,改发配黑龙江充当苦差,子孙也一并革职。道光十一年(1831 年)被释回,子孙复官。道光二十年(1840 年)卒,赠三品卿衔。流放期间,英和对黑龙江卜魁地区的地理风物考察研究颇多,后根据当时的内容写成《卜魁纪略》。

　　张缙彦所撰写的《宁古塔山水记》是黑龙江第一部山水记与地名学专

---

　　①　陈之遴、徐灿:《浮云集·拙政园诗馀·拙政园诗集》,黑龙江大学出版社 2010年版,第 251~252 页。

　　②　陈维崧:《妇人集》,商务印书馆 1936 年版,第 7 页。

著。张缙彦,字濂源,号坦公,又号外方子,别号大隐,河南人。其少年时即聪颖过人,十岁时即能作文。读书必定寻根究底。明朝天启元年(1621 年)乡试中举人;明崇祯四年(1631 年)中进士,授清涧知县,不久调任三原县知县。之后历任户部主事、编修、兵科都给事中。崇祯十六年(1643 年)升任兵部尚书。于清顺治三年(1646 年)降清。清朝顺治九年(1652 年)后,张缙彦历任山东右布政使、浙江左布政使。顺治十七年(1660 年)六月,因文字狱被捕下狱;十一月被没收家产,流徙宁古塔。清康熙十一年(1672 年),张缙彦逝世于宁古塔。《宁古塔山水记》围绕宁古塔之山水,考其源流,记其形胜,其"杂记"一则留下对宁古塔民族、风俗习惯、物产、贸易、宗教等情况的记载,为他书所鲜见。其中,"东京"一则写渤海国上京龙泉府遗址情况;"泼雪泉"一则写宁古塔名泉;"杂记"一则最长,记述了宁古塔的特产和民俗风情。《宁古塔山水记》具有开创之功,史料价值重大。

除了流放文人所写的笔记、方志之外,清朝官方也组织撰写了一批史地文献,东北地区参与编修的人员多为文化流人。康熙十一年,清政府通令全国普修文献。由于在东北方志编纂中遇到"文献两阙"和撰志人手缺乏等问题,因此,官员便发动流放文人利用自己的文化特长进行地方文献的编纂工作。《铁岭县志》是清代在东北文化流人的努力下完成的第一部地方文献。全书分上下两卷,包括建置等九志,志下又分二十九个细目。当时铁岭知县贾弘文谓全书"纂辑率出董子,搜采、校正诸绅士咸与有力"①。所谓董子指董国祥,诸绅士指孙梗、罗继谟、邢为枢、左暐生、左昕生等五人,他们都是徙居铁岭的文化流人。康熙二十一年(1682 年),清政府为编修《大清一统志》,再次"敕奉天府尹先修盛京通志"②。《盛京通志》是清代前期东北地区内容最丰富、体例最完备的一部地方总志。在《盛京通志》的修订过程中,被贬谪盛京的原翰林院编修陈梦雷起了重要作用。③此外,陈梦雷还先后审定了《海城县志》《盖平县志》等等。

---

① 贾弘文:《铁岭县志》叙,康熙十六年(1677 年)修。

② 王树楠、吴廷燮、金毓黻:《奉天通志》卷二百四十二,辽宁省人民政府地方志办公室整理,辽宁民族出版社 2010 年版,第 5421 页。

③ 刁丽伟:《清初文化流入对东北地域文化开发的贡献》,光明日报 2006 年 11 月20 日第 11 版。

（二）诗歌

函可，字祖心，别号剩人，广东博罗人。明崇祯十三年（1640 年）遁入空门，是明末清初著名的诗僧。函可因在顺治二年（1645 年）写的《再变记》揭露清兵南下时的暴虐罪行，而触怒了清统治者，于顺治五年（1648 年）四月发遣盛京戍所，奉旨焚修慈恩寺。函可的诗哀怨沉痛，感情真挚，在当时就颇负盛名。他在流放期间，写了大量反映现实的诗篇，如咏叹八旗官庄喂马奴仆的《老人行》，避难出家的《老僧》，被折磨而死的流人《哭吴岸先》，等等。同时，函可的诗也在诸多方面反映出东北的社会生活。其《送梨》一诗就生动地描写了东北特产"冻梨"：

> 不重紫花能消热，不美张公大谷希。
>
> 只爱关东土上长，汁酸肉涩墨作皮。
>
> 王公一张口，走杀百群黎。
>
> 满筐二百或三百，昼夜担向玉京弛。
>
> 天下何处无冻梨？王公何不一念之？①

戴梓，字文开，号耕烟，浙江仁和（今杭州）人。戴梓自幼聪颖不凡，博学多能，通晓天文、历法、河渠、诗画、史籍等，是康熙时期非常著名的火器制造专家。曾向康亲王献"连珠火铳"，并奉命仿造荷兰的枪支、西班牙和葡萄牙的"佛郎器"。后因受人排挤，戴梓晚年被流放到了盛京，在盛京艰难地生活了三十多年，直到七十多岁才遇赦回归京城，但不久就因贫病交加而辞世。戴梓不仅在研制火器方面有很大的成就，在诗词上也有很高的造诣。他的诗大多基调悲愤，以纪实、感怀为主，著有《耕烟草堂诗钞》，其中有不少诗作反映了诗人流放东北期间的生活。这些诗作往往雄健沉郁，关注的是生活在社会底层的民众，具有很强的思想性和很高的艺术价值。

---

①　释函可、张春：《千山诗集·不二歌集》，黑龙江大学出版社 2011 年版，第 96～97 页。

此外,丁澎、祁班孙、张贲、孙旸等人也是流放诗人中的代表,都曾在发配边塞期间创作出大量的优秀诗歌,并记录了不少当地的风光、民俗和重要的历史事件,这些诗作不仅有文学意义,还具有重要的史料价值,值得深入地研究。

(三)戏剧

《龙沙剑传奇》为清代程煐所著,是黑龙江的第一部戏剧作品。程煐,字星华,一字瑞屏,号珂雪头陀,安徽天长人,嘉庆三年(1798 年)因其父程树榴受文字狱牵累而受株连,被遣黑龙江卜魁。《龙沙剑传奇》是一部三十出的神话剧,主要讲述的是:一头蛟怪独霸了鄱阳湖,为非作歹。官员李鹬偕同妻子萧绛云赴任,途经鄱阳湖,为蛟怪所困。仙人许逊、樊夫人前来相助,经过种种波折,终于将蛟怪擒获,以龙沙剑将其斩除,为百姓除了祸害。之后还将龙沙剑赠予赴庐山修道的李、萧二人,作为镇洞之宝。《龙沙剑传奇》是程煐刚刚抵达卜魁时所作,并没有上演,只是在程煐的几个朋友之间传阅。该作品表面上看起是一部"神仙道化"的传奇,宣扬的是"惩恶扬善"这一古老主题,却在深层次上表达出程煐悲壮激越的情怀,以及惩奸除佞、匡扶社稷的志向。作为流人文学中的优秀作品,《龙沙剑传奇》是后世研究的宝贵资料。

(四)散文

张缙彦写的散文集《域外集》是黑龙江第一部散文集。《域外集》共二十二篇,汇集了张缙彦在流放期间所写的散文,文笔优美,有较高的文学价值。其中《苍头街移镇记》是关于中俄关系最早的一篇著述,文中提到的黑龙江口石碣,是对永宁寺碑的最早记录。

六、流人结社

顺治七年(1650 年)十一月二十七日,同属流人的原明朝官员左懋泰五十五岁生日,盛京、铁岭、尚阳堡等地二十多名文化流人聚于盛京,为左懋泰祝寿,函可当场赋诗相贺,其他文化流人及僧道众人纷纷相和。事后,和诗汇篇成卷,共计有三十三人。在此次诗会的基础上,函可倡议成立了"冰天诗社"。七天之后,适逢函可三十九岁生日,又由左懋泰主诗,冰天诗社第二次集会,众人赋诗为函可庆生。两次集会诗作均收入函可的《千山诗集》当中。冰天诗社一共只集会两次,存在的时间不长,却是东北第一个文人诗社,首开东北文化史上文人结社之先河,具有标志性的意义。

康熙四年(1665年)四月的时候,同是谪居宁古塔的张缙彦邀集吴兆骞、姚其章、钱威、钱虞仲、钱方叔、钱丹季等六人,发起"七子诗会"(亦称为"七子之会"),进行诗歌写作。他们的唱和之作很多,仅是吴兆骞《秋笳集》中就收录了近二十篇诗作。"七子诗会"规定每月集会,然后分派题目,限定诗韵,吟诗作赋。这个诗社坚持了两年多时间,是东北文学史上的一段佳话。此后,齐齐哈尔地区还出现了王性存发起的"梅花""菊花"两大诗社。文人诗社的建立,激发了流放文人的创作热情,同时也对东北地区的文化发展起到了积极的推动作用。

由此可见,流人中的知识群体是清代东北特殊的存在。这些被流放的文人蛰居东北期间,充分发挥他们的学识,通过"外来者"的视角对生活在东北的满族及其他少数民族进行观察,对东北的自然环境、生活生产方式、社会风俗习惯等做了较为详细的记录,使得东北的社会能够见诸史料当中,弥补了史籍中对东北记载不足的缺憾,为东北的文化交流与传播做出了重要的贡献。

第二章

地理环境与经济生产

自然环境和人的经济生产、生活行为之间存在着极其紧密的关系，特定的地域环境为人提供了用以栖息的空间和满足生活所需的物质资料，它是人们生产、生活所必需的基本条件。人们采用哪种方式进行生产、生活状况如何，在很大程度上受到所处地域环境的影响，有什么样的地域环境就会产生什么样的行为方式。因而人们的生活方式、生产习惯、思想意识等都具有浓厚的地域特色，在此基础之上才形成地域文化。在流放东北的文人留下的文献中，记述自然环境和经济生产的内容亦有很多，为我们描绘出清代东北受到地理环境影响而形成的基本经济状况。

第一节　孕育满族的自然地理环境

　　现存清代东北流人的方志文献并不都记载东北地区的自然环境，这主要是因为撰著者体验的差异。这些文献中，以杨宾的《柳边纪略》和方式济的《龙沙纪略》对山川、河流等自然和地理情况记载得最为详细。其他流人文献，如《卜魁风土记》、《绝域纪略》与《卜魁纪略》等则以风俗、物产为主，描述自然环境的内容相对较少。

　　以《龙沙纪略》为例，该书共九门，其中的"山川"一门，主要内容即是对黑龙江的水系和山脉所做的翔实记录。其中以黑龙江的河流水系为主线，黑龙江南岸、北岸及黑龙江下游东岸、西岸的许多支流、湖泊等所组成的巨大水系都有所涉及。同时，"山川"门中还着重记录兴安岭和察哈盐峰等山脉的情况。可以说,该书为研究东北地区的地理风貌提供了资料,具有一定参考价值。

在东北地区众多的山川、河流中,长白山与黑龙江被视为满族发源地的象征,具有特殊意义,因而在清代东北流人文献中记载较多。其他自然地理情况,如兴安岭、混同江、虎尔哈河以及火山、窝集等分布情况亦有所记录,在此作一概述。

一、长白山

长白山为图们江、鸭绿江、松花江三江的发源地,在今天吉林省东南。早在新石器时代,这里就有人类居住。长白山的主峰白云峰为东北地区的第一高山,其峰顶的天池是由火山口形成的。

对于长白山的文献记载,最早可以追溯到《山海经》,其"大荒北经"中记载:"东北海之外……大荒之中,有山名曰不咸,有肃慎氏之国。"[①]学者经分析,认为不咸山即应是长白山。《魏书·勿吉传》载:"(勿吉)国南有徒太山……"[②]这里所说的"徒太山"就是指长白山。唐宋时期,长白山之名称还未出现,不咸山的名称已经不再使用,当时普遍称其为纵太山、徒太山、纵白山等。长白山的山名应是出现在辽金时期。《契丹国志》记载云:"长白山在冷山东南千余里……禽兽皆白。"[③]

满族及其先世认为他们的祖先就来自于长白山,清代时还有"发祥长白始,根本启皇清"的说法。金世宗完颜雍于大定十二年(1172 年)将长白山封为兴国灵应王,并修建庙宇供奉。《金史》卷三十五载:"长白山在兴王之地,礼合尊崇,议封爵,建庙宇。"[④]将长白山与五岳并列进行祭祀。在清代官修史书中详细记载了满族源流始于长白山的传说。据《清太祖武皇帝实录》卷一载:

① 周明初校注:《山海经》,浙江古籍出版社 2000 年版,第 233 页。
② 魏收:《魏书》卷一百,中华书局 1974 年版,第 2220 页。
③ 叶隆礼:《契丹国志》,上海古籍出版社 1985 年版,第 146 页。
④ 脱脱等:《金史》卷三十五,中华书局 1975 年版,第 819 页。

满洲原起于长白山之东北布库里，山下一泊名布儿湖里。初，天降三仙女浴于泊，长名恩古伦、次名正古伦、三名佛古伦。浴毕上岸，有神鹊衔一朱果置佛古伦衣上，色甚鲜妍。佛古伦爱之不忍释手，遂衔口中。甫着衣，其果入腹中，即感而成孕。告二姐曰："吾觉腹重，不能同升，奈何？"二姐曰："吾等曾服丹药，谅无死理，此乃天意，俟尔身轻，上升未晚。"遂别去。佛古伦后生一男，生而能言，俟尔长成。母告子曰："天生汝，实令汝为夷国主，可往彼处。"将所生缘由，一一详说，乃与一舟，顺水而去，即其地也。言讫忽不见。①

关于三仙女和布库里雍顺的传说，在清代其他官修史书，如《满洲源流考》等当中已有记载，均将长白山奉为满洲始祖诞生的神山。清代将祭祀长白山作为国家大典，多位皇帝都有祭祀长白山的御文或诗词。因此，清代流放到东北的文人学士对于长白山也高度关注，形成了多条地理方面的信息资料，其具体地理数据对于研究长白山的变化情况有所帮助。

《柳边纪略》所载内容最为详尽，其卷之一云：

长白山在乌喇南千三百余里，高二百里，横亘五之。无树木，惟生丛草，草多白花。山半有石台，可四望。山颠积雪皑皑，五峰环峙。南一峰稍下如门。中有潭，周二十五里。峰顶至潭二百五十丈。潭水南流入海者三：曰土门江，曰鸭绿江，曰佟家江。北流者五：曰赛因讷因河，曰额黑讷因河，曰昂邦土拉库河，曰娘木娘库河，曰阿脊草土拉库河，总汇于混同江。金大定十二年即山北建庙，册为兴国灵应王。明昌四年册为开天弘圣帝。今康熙十六年遣官确勘，十八年己未，遣官致祭，照明初封五岳例，册为长白山之神。初于宁古塔西南九里温德恒山致祭，今改于船厂城外。春秋仲月初旬，宁古塔将军主祭，盛京礼部遣官读祝文赞礼。②

---

① 《清太祖武皇帝实录》，转引自张佳生：《满族文化史》，辽宁民族出版社2013年版，第267页。

② 杨宾、方式济、吴桭臣：《龙江三纪》，黑龙江人民出版社1985年版，第14~15页。

这段文字不仅重点记述了长白山所处方位、总周长、高度以及山顶天池的情况，还列出了发源于长白山的河流水系，并对历代册封、祭祀长白山的历史做了总结，表现出满族及其先世对长白山的尊崇。

旧时皆认为长白山在宁古塔之北，而《柳边纪略》却明确了二者的地理方位。"柳边纪略自序"中云，"如长白山在宁古塔南，旧图皆画于北，山半一潭，周三十里弱"①。

二、黑龙江

孕育满族的地理环境中，不仅有"白山"，还有"黑水"，也就是黑龙江。黑龙江是我国东北地区的主要河流，全长达四千四百余公里，流域内分布着大小不等的湖泊、沼泽和湿地等生态系统，其中有许多具有很高经济价值的水生生物。满族及其先世的繁衍生息也与黑龙江紧密联系在一起。

在清代东北流人文献中，黑龙江同样受到关注，文人学士对其发源地、河流走向、得名原因等都做了记述。

《柳边纪略》卷之一记载："黑龙江发源塞北，南流而东；混同江发源长白山，北流而东，虽入海处合而为一，而其源则相去甚远。《金史》世纪称：混同江亦号黑龙，大误。又两江之水，手掬之皆白色，惟远望略如柳汁耳。'金志'及《松漠纪闻》称：掬之则色微黑，皆不可信。"②

《龙沙纪略》"山川"中记载，混同江"其流自南而北，黑龙江自北而南。其与黑龙会，历二千五百里之遥，则两江不得混称"③。

以上两条记载，在黑龙江的流向上是吻合的，称其自北向南流淌，与发源于长白山的混同江汇合后入海。对于黑龙江的名称由来，《柳边纪略》还做出特别说明，考订了《金志》《松漠纪闻》中的错误，证明黑龙江的水并非黑色。

① 杨宾、方式济、吴桭臣：《龙江三纪》，黑龙江人民出版社 1985 年版，第 14～15 页。
② 杨宾、方式济、吴桭臣：《龙江三纪》，黑龙江人民出版社 1985 年版，第 22 页。
③ 杨宾、方式济、吴桭臣：《龙江三纪》，黑龙江人民出版社 1985 年版，第 191 页。

此外,对于黑龙江还有一些零散记载。

如《宁古塔纪略》中载,"爱荤城临乌龙江"①,此乌龙江即黑龙江。

《卜魁纪略》载,卜魁"东北八百余里为黑龙江"②,即齐齐哈尔距离黑龙江八百里。

三、兴安岭

东北区域内,大小兴安岭占据了极大的面积,是横贯黑龙江省的重要山脉。兴安岭位于我国黑龙江省北部,由大、小兴安岭组成,嫩江以西称大兴安岭,嫩江以东称小兴安岭。兴安岭北起黑龙江岸,南抵松花江岸和西拉木伦河上游,是我国古老的山地之一。兴安岭古称"东金山",又称"夏思阿林""金阿林","金阿林"为锡伯语,意为"白色的山",表明是极冷的地方,后演变为兴安岭。

清代东北流人文献中关于兴安岭的记载不多。《龙沙纪略》"山川"中所载较为详细:"兴安岭,一名新安岭,或曰葱岭之支络也。盘旋境内数千里,襟带三江之左右,为众流发源。由卜魁至墨尔根、艾浑,置驿岭上。巡边者渡诺尼西北数百里,则陟降取道。松柞数十围,高穷目力。穿林而行,午不见日,石色斑驳,若赵千里画幅间物,有石洞,洞中几榻天然如琢,行者辟草得之,籍少憩焉。"③

《龙沙纪略》"山川"一门中还有几处涉及兴安岭的记载:"卜魁以南至新城,数百里皆平漠。其三面之二百里内亦无山。过此,则岩峦环叠,多从兴安岭发脉"④;"今按江源出宜呼尔山,山在黑龙江之南、兴安岭下"⑤;"东郭罗发源于兴安岭,与江源斜并"⑥。

---

① 杨宾、方式济、吴桭臣:《龙江三纪》,黑龙江人民出版社1985年版,第259页。
② 徐宗亮等:《黑龙江述略(外六种)》,黑龙江人民出版社1985年版,第121页。
③ 杨宾、方式济、吴桭臣:《龙江三纪》,黑龙江人民出版社1985年版,第194~195页。
④ 杨宾、方式济、吴桭臣:《龙江三纪》,黑龙江人民出版社1985年版,第188页。
⑤ 杨宾、方式济、吴桭臣:《龙江三纪》,黑龙江人民出版社1985年版,第192页。
⑥ 杨宾、方式济、吴桭臣:《龙江三纪》,黑龙江人民出版社1985年版,第192页。

另外,在《龙沙纪略》"经制"中也有兴安岭的相关记载:"卜魁往者,渡诺尼江,指西北,过特尔枯尔峰、兴安岭,涉希尼客河、开拉里、依木等河";"墨尔根往者,亦渡诺尼江西北过兴安岭,盘旋层嶂中,其路径为易识"。①

《卜魁纪略》对于兴安岭和俄罗斯的边境有所记载:"(卜魁)正北二千六百余里至兴安岭,与俄罗斯交界。"②还对内兴安岭的位置、环境有所记载:"内兴安岭去城百余里,为赴黑龙江所必经,其他山麓绵亘,不可枚数。"③

四、混同江与虎尔哈河

混同江和虎尔哈河是东北重要的河流,清代东北流人文献中不但对二者多有记载,还对混同江和长白山的源流关系做了考证。如,《柳边纪略》载,"混同江发源长白山"④;《宁古塔纪略》载,"(牡丹)江发源自长白山"⑤;而《龙沙纪略》"山川"门载,"考混同源出长白山,旧名粟末江,辽改为混同江,土人呼松阿里江"⑥,"松阿里江发源长白山"⑦。此类内容对于东北地区河流发源地的分析非常重要。

(一)混同江

混同江之名于辽金时期始见于史籍。《辽史》曾记载:圣宗太平"四年春正月庚寅朔,宋遣张传、张士禹、程琳、丁保衡来贺。如鸭子河。二月己未朔,猎挞鲁河。诏改鸭子河曰混同江"⑧。

关于混同江,古今说法不一。在清代东北流人文献中对混同江的情况

---

① 杨宾、方式济、吴桭臣:《龙江三纪》,黑龙江人民出版社 1985 年版,第 205 页。
② 徐宗亮等:《黑龙江述略(外六种)》,黑龙江人民出版社 1985 年版,第 121 页。
③ 徐宗亮等:《黑龙江述略(外六种)》,黑龙江人民出版社 1985 年版,第 121 页。
④ 杨宾、方式济、吴桭臣:《龙江三纪》,黑龙江人民出版社 1985 年版,第 22 页。
⑤ 杨宾、方式济、吴桭臣:《龙江三纪》,黑龙江人民出版社 1985 年版,第 237 页。
⑥ 杨宾、方式济、吴桭臣:《龙江三纪》,黑龙江人民出版社 1985 年版,第 190~191 页。
⑦ 杨宾、方式济、吴桭臣:《龙江三纪》,黑龙江人民出版社 1985 年版,第 193 页。
⑧ 脱脱等:《辽史》本纪第十六,中华书局 2000 年版,第 135 页。

做出了解释与说明,使得我们对于古代混同江的认识更为清晰。

《柳边纪略》卷之一载:"混同江,一名粟末江,又名速末江,又名宋瓦江,又名松花哩乌喇。松花哩者,汉言天,乌喇者,汉言河,言其大若天河也。混同江之名,改于辽圣宗四年。其源发于长白,北流绕船厂城东南,出边受诺尼江,东注,北受黑龙江,南受乌苏里江,曲折流入大东海。其在船厂东南者,阔三十丈。"①

方式济在《龙沙纪略》中对于混同江、黑龙江、乌苏里江的情况有着清晰的表述:"松阿里江北与诺尼江合流,折而东北受黑龙江,又南受乌苏里江,汇注于海。因其纳三江之大,故名混同。则其上游未会于诺尼,仍当称松阿里江也。"②

关于混同江的零散记载还有:

《宁古塔纪略》载:松花江"源亦发自长白山。通黑龙江、墨尔根、爱珲等处,总归于混同江"③。

《宁古塔山水记》之"兀喇"载:"其地在吉陵江畔,(兀喇)城七十里,四面阻山,盘纡郁积,绵亘数千里,江流出其中。……江直北通乌龙、黑水,东接大海。"④此吉陵江应该就是混同江。

《宁古塔山水记》之"马莲河"载:"松花江上流,自五龙口而下,散为涧溪,至此复合,广阔三五里,水势平衍,中流为大石森列,遥望如马牛饮河。其产鱼鳖菱荷。"⑤此马流河应为松花江的支流。

《卜魁纪略》载:卜魁"正南五百余里至松花江,与吉林交界"⑥;"混同江口有看丹河,会江入海"⑦。

(二)虎尔哈河

虎尔哈河即现在之牡丹江,唐朝时叫作"忽汗河",元朝时称"忽尔哈

---

① 杨宾、方式济、吴振臣:《龙江三纪》,黑龙江人民出版社1985年版,第15~16页。
② 杨宾、方式济、吴振臣:《龙江三纪》,黑龙江人民出版社1985年版,第191页。
③ 杨宾、方式济、吴振臣:《龙江三纪》,黑龙江人民出版社1985年版,第253页。
④ 杨锡春、李兴盛:《宁古塔历史文化》,黑龙江人民出版社2004年版,第229页。
⑤ 杨锡春、李兴盛:《宁古塔历史文化》,黑龙江人民出版社2004年版,第227页。
⑥ 徐宗亮等:《黑龙江述略(外六种)》,黑龙江人民出版社1985年版,第121页。
⑦ 徐宗亮等:《黑龙江述略(外六种)》,黑龙江人民出版社1985年版,第123页。

江"，明时改为"虎尔哈河"，到清朝，上游叫"穆丹乌拉"，镜泊湖以下称"瑚尔哈河"。满语"mudan"的意思是弯曲的，牡丹江即为"mudan"的音转，意为弯曲的河流。

清代东北流人文献中对于虎尔哈河的记载较为详细。

《柳边纪略》卷之一载："虎儿哈河即镜泊下流，金胡里改江也。阔二十丈，源出色出窝稽，绕宁古塔西南，东北折入混同江，汇黑龙、乌苏里二江入海。其水色白味甘，在第二泉上，饮之益人精力，或曰参水也。"①

《宁古塔纪略》载："（宁古塔）南门临牡丹江。江发源自长白山……江中有鱼，极鲜肥而多。"②冬天可于江上冬捕。"江中出石砮，相传松脂入水千年所化。……水中产五色石，如玛瑙……"③"江之南，有索儿河溪，噶什哈必儿汀，此处水极深。"④

《宁古塔山水记》之"沙岭"载："屯临大河，源自长白，流为混同江。混同江分流经五龙口而下，河口狭急，水激而怒，裂石崩崖，冲啮益甚。至沙岭，诸溪汇会，河道漫衍，方二三里，即古之松花江也。"⑤

《宁古塔山水记》之"河湾"载："河湾者，土音通哩也。其地三面濒河，河由南而东注，又折而北入交罗屯。其岔出支流，则自通哩趋北，又斜折而东，故此地中央临水者□（几）遍四方矣。"⑥"交罗"载："东南枕河，河东北流，抵山而旋，辄西流三里许，又北流五里许，又抵一山，再转东流，过大山，近乌棘矣。"⑦

---

① 杨宾、方式济、吴桭臣：《龙江三纪》，黑龙江人民出版社1985年版，第18页。
② 杨宾、方式济、吴桭臣：《龙江三纪》，黑龙江人民出版社1985年版，第237页。
③ 杨宾、方式济、吴桭臣：《龙江三纪》，黑龙江人民出版社1985年版，第239～240页。
④ 杨宾、方式济、吴桭臣：《龙江三纪》，黑龙江人民出版社1985年版，第242页。
⑤ 杨锡春、李兴盛：《宁古塔历史文化》，黑龙江人民出版社2004年版，第226页。
⑥ 杨锡春、李兴盛：《宁古塔历史文化》，黑龙江人民出版社2004年版，第228～229页。
⑦ 杨锡春、李兴盛：《宁古塔历史文化》，黑龙江人民出版社2004年版，第230页。

五、火山与窝集

在清代东北流人文献中，对于火山和窝集的记载是较为与众不同的。特别是对于五大连池火山喷发情况的记录，在其他史籍资料中较为罕见，对于研究东北的自然环境可以提供难得的资料。

（一）火山

东北地区地形丰富，因其濒临环太平洋火山带，曾有过较为活跃的火山活动。东北地区的火山遗迹，主要分布在长白山、大兴安岭和东北平原的松辽分水岭地区。

对于火山的地理地貌及火山的活动情况，在清代东北流人文献中都有过一定的关注，给予了详细的记述。

《宁古塔纪略》载："离城东北五十里，有水荡，周围三十里。于康熙五十九年六、七月间，忽烟火冲天，其声如雷，昼夜不绝，声闻五、六十里。其飞出者，皆黑石硫磺之类。经年不断，竟成一山，兼有城郭。热气逼人，三十余里，只可登远山而望。今热气渐衰，然隔数里，人仍不能近。……嗅之，惟硫磺气。"[1]据研究，这一记载应是私人著述中关于五大连池火山喷发的最早记载。

虽然吴桭臣的这一记载，火山喷发的地点记录不详，方位描述也很笼统，喷发的时间也不具体，另外火山与城池的距离记载也有误，应为五百里[2]，但是，这一记载对确定五大连池火山喷发现象的存在有重要意义。同时，其可与《黑龙江外记》以及《黑龙江将军衙门满文档案》相互比对印证，为研究康熙年间五大连池火山喷发的相关问题提供了宝贵资料。

另《龙沙纪略》载："（察哈盐峰）腰亘两带，深黑，火光出带间，四时腾炽

---

① 杨宾、方式济、吴桭臣：《龙江三纪》，黑龙江人民出版社1985年版，第259页。
② 陈洪洲：《五大连池火山喷发史料研究概述》，载《国际地震动态》2004年第4期，第33页。

不绝。大雨则烟煤入雨气中,延罩波上。"①察哈盐峰是位于呼玛河北岸的一座火山,被当地百姓称为"冒烟山"。这也是清代东北流人文献中明确记载的火山活动资料。

熔岩的活动使得火山群附近留下了喷发后的特殊产物——玄武岩。位于今宁安市渤海镇西、沙兰镇南,有一块巨大的玄武岩台地,被称为德林石,满族人称之为"德林楼赫",也有的称之为"德林楼肯",当地人还将其俗称为"石岗子""石头坑子""石头甸子"。

清代东北流人方志文献中对此玄武岩台地有较为详细的记载。《柳边纪略》卷之一载:"宁古塔西八十里有大石曰德林,在万山中,广二十余里,袤百余里,其平若砥,色或青或黑或绀,或若龟文,或若羊肚,又复嵌空玲珑,马蹄冬冬然,若行鼓上。而曲池横沼,志所称如井如池,如盆盂者,莫不冻鱼鳖焉。"②《宁古塔纪略》所记赎归行程中,出宁古塔,过沙岭,经过一处名"石头甸子"的地方:"石质相连不断,阔三十里,东西长三百余里。其底嵌空玲珑,车马行动有声,冰泮时,下有流澌潺湲。亦一奇也。"③此石头甸子也是指杨宾笔下宁古塔西八十里的德林石,即玄武岩台地。

(二)窝集

"窝集"一词在东北文献中时有出现,其为满语音转而来,史书中也写作"握集""乌稽""窝稽""阿几"等,意思是指东北的原始森林地带。

关于窝集,在清代东北流人方志文献中有多处记载。

杨宾《柳边纪略》中曾云,"山间多树木者曰窝稽,亦曰阿机"④。其卷之一载:"自混同江至宁古塔,窝稽凡二:曰那木窝稽,曰色出窝稽。那木窝稽四十里,色出窝稽六十里,各有岭界其中,万木参天,排比联络,间不容尺。近有好事者,伐山通道,乃漏天一线。而树根盘错,乱石坑呀,秋冬则冰雪凝结,不受马蹄。春夏高处泥淖数尺,低处汇为波涛,或数日、或数十日不得

---

① 杨宾、方式济、吴桭臣:《龙江三纪》,黑龙江人民出版社 1985 年版,第 195 页。

② 杨宾、方式济、吴桭臣:《龙江三纪》,黑龙江人民出版社 1985 年版,第 18~19 页。

③ 杨宾、方式济、吴桭臣:《龙江三纪》,黑龙江人民出版社 1985 年版,第 252 页。

④ 杨宾、方式济、吴桭臣:《龙江三纪》,黑龙江人民出版社 1985 年版,第 17 页。

达。蚊虻白蛾之类,攒啮人马;马畏之不前……凡入窝稽者,必挂一物于树,言笑不敢苟,若斋然。"①

《宁古塔纪略》"赎归行程"中亦载:"大乌稽,古名黑松林。树木参天,槎牙突兀,皆数千年之物。绵绵延延,横亘千里,不知纪极。车马从中穿过,且六十里。初入乌稽,若有门焉。皆大树数抱,环列两旁,洞洞然不见天日。惟秋、冬树叶脱落,则稍明。凡进乌稽者,各解小物悬于树上以赠神……其中多峻岭巉岩,石径高低难行。其上鸟声咿哑不绝。鼯鼪狸鼠之类,旋绕左右,略不畏人……穿过小乌稽,经过三十里,情景亦相似。"②

《绝域纪略》载,"四至百余里外,皆有大树林,曰大阿稽、小阿稽,千章之木,杀其皮以令之朽,万牛不能送"③。

《宁古塔山水记》之"新城"载:"河而南□里,叠翠三十里,则乌鸡林也。"④"杂记"载,"乌棘,土语大树林也。南去宁古百余里,东西去宁古数十里,纵横不知尽处。其中多山神野鬼,过者挂巾带衣物纸钱于树枝上,以乞神佑……夏日常雨,冬日常雪,四时晦冥,出林则晴明如故。杉松合抱,大材不可胜用"⑤。

窝集浩瀚磅礴、幽僻深邃,不仅当地人心生敬畏,这些来自于江南等地的流人们更是平生未见,故望而生畏,并且对窝集林莽中有山神鬼魅等传说也信以为然,因此才会有诸多关于窝集的记载出现在流人文献中,而这些记载,也是东北文献中关于窝集最早、最详尽的记载。此后,高士奇的《扈从东巡日录》及魏声和的《鸡林旧闻录》等对窝集亦有记载。这些记载不仅客观真实地记录了清初东北地区原始森林密布、动植物资源富集的状况,更为研究东北地区独有的森林文化和民风民俗等提供了珍贵的基础资料。

---

① 杨宾、方式济、吴桭臣:《龙江三纪》,黑龙江人民出版社1985年版,第19~20页。
② 杨宾、方式济、吴桭臣:《龙江三纪》,黑龙江人民出版社1985年版,第252~253页。
③ 杨锡春、李兴盛:《宁古塔历史文化》,黑龙江人民出版社2004年版,第209页。
④ 杨锡春、李兴盛:《宁古塔历史文化》,黑龙江人民出版社2004年版,第219页。
⑤ 杨锡春、李兴盛:《宁古塔历史文化》,黑龙江人民出版社2004年版,第230~231页。

六、关于其他自然环境的记载

由于流放的文人多是从中原地区或江南流放到东北的,因此东北地区独特的自然环境给他们留下深刻的印象。

杨宾的《柳边纪略》就是他从华北地区一路前往东北探望父母的过程中所见所闻之事,其中,《柳边纪略》卷之一曾对东北地区的环境进行过描述:"边外多山,戴沙土者曰岭,如欢喜岭、盘头岭之类。戴石者曰拉,亦作砬,如拉伐、必儿汉必拉之类。平地有树木者曰林,如恶林、王家林之类。山间多树木者曰窝稽,亦曰阿机……如那木窝稽、色出窝稽、朔尔贺绰窝稽之类。瀑布曰发库。平地曰甸子,亦作佃子,如宽甸子、张其哈喇佃子之类。坡陀曰阿懒。山之锐者曰哈达,如山阴哈达之类。"①

《柳边纪略》卷之一又载:"自山海关至十三站,连冈复岭,无径寸之木。自十三站至奉天,平壤为多。自奉天至柳条边,山野相错,或断或续。自柳条边至混同江,冈岭似十三站西,而草木则随地皆有。自混同江东尼失哈站至必儿汉必拉,半属窝稽,崎岖阴惨,不类人间!至沙阑则又别有天地,而宁古塔尤佳。"②

可见,东北的自然环境以平原多山为主,林木茂密,河流广布。其地势与内地相比,主要特征为:东、北、西三面为中低山环绕,中部是一片广阔的大平原。北部是小兴安岭,其走向为西北至东南方向。西部有大兴安岭和辽西山地,东部有长白山脉。三面环绕的山脉呈马蹄形环抱着中部包括三江平原、松嫩平原和辽河平原在内的东北大平原。

继杨宾之后,也有一些流放文人对东北地区的自然环境做过记述,如,吴振臣在《龙沙纪略》中对东北地区的河流情况曾有记述:"卜魁以南至新城……溪间陂湖之水,潆洄于境内者以百计数,皆蒙古名,莫晓其义。最大者三江:黑龙、精奇尼、诺尼也。宁古塔属之松阿里、乌苏里二江。与诺尼、黑龙会为混同,而受境内诸支流,故并纪之。江曰乌喇、河曰必拉、湖曰诺罗、

---

① 杨宾、方式济、吴振臣:《龙江三纪》,黑龙江人民出版社 1985 年版,第 17 页。
② 杨宾、方式济、吴振臣:《龙江三纪》,黑龙江人民出版社 1985 年版,第 20 页。

海曰鄂模。"①这些内容言简意赅,将东北地区的水系情况表述得非常明白,记述了包括乌苏里江、松花江在内的黑龙江水系。

此外,清代东北流人文献中还对冷山、威伊克阿林山、察哈盐峰等有所记述。

《柳边纪略》卷之一载:"冷山,宋洪忠宣公皓所居也。余于必儿汉必拉北望,相去约数十里,积素凝寒,高出众山之上,土人呼为白山,以其无冬夏皆雪也。"②这是迄今为止关于冷山的唯一记载。

根据杨宾的记载,冷山在必儿汉必拉以北数十里。必儿汉必拉,也记为"毕尔罕毕拉"。"毕尔罕"是满语音译,汉语的意思是"浅水细流","毕拉"是满语"河流"的意思。清代宁古塔通往吉林乌拉的驿道在此设有驿站,即为毕尔罕毕拉站,当时称为毕尔罕站,简称"尔站"。由此可知,驿站就是以其旁边的河流来命名的,当年驿站的旧址就在今天宁安市沙兰镇二间村西三公里处,二间村在当地又称为尔站村③。按照杨宾的记载,此处的"必儿汉必拉",既可指驿站,也可指河流。无论是哪种理解,据此都可以判断,冷山应该位于"必儿汉必拉"以北百里范围内。

威伊克阿林山,据学者考证,即现在俄罗斯境内的德尔斯克岭④,此为外兴安岭的支脉,是中俄《尼布楚条约》之后的中俄东北界山。关于此山,《柳边纪略》卷之一载:"威伊克阿林,极东北大山也。上无树木,惟生青苔,厚常三四尺。康熙庚午与阿罗斯分国界,天子命镶蓝旗固山额真巴海等,分三道往视,一从亨乌喇入,一从格林必拉入,一从北海绕入,所见皆同,遂立碑于山上。碑刻满洲、阿罗斯、喀尔喀文。"⑤

《龙沙纪略》"方隅"载:"俄罗斯自西北袤延至正北,为地甚广。今界碑

① 杨宾、方式济、吴振臣:《龙江三纪》,黑龙江人民出版社1985年版,第188页。
② 杨宾、方式济、吴振臣:《龙江三纪》,黑龙江人民出版社1985年版,第15页。
③ 关治平:《找寻毕尔罕站》,载《黑龙江日报》2007年11月16日第12版《北国风》。
④ 刘远图:《〈柳边纪略〉所记威伊克阿林界碑补证》,载《学习与探索》1985年第6期,第135页。
⑤ 杨宾、方式济、吴振臣:《龙江三纪》,黑龙江人民出版社1985年版,第21页。

在西北昂班格里必齐河之东,而北有山为限。"①《龙沙纪略》此条记载点出了中俄边界上的界河和界山。昂班格里必齐河是康熙二十八年(1689 年)中俄《尼布楚条约》规定的中俄两国东段国界的界河,后中俄《瑷珲条约》将此河划入俄境内。而这里的"北有山为限"指的是什么山呢?从《柳边纪略》卷之一的记载可知,威伊克阿林山是位于外兴安岭的中俄界山,上有威伊克阿林界碑。《龙沙纪略》所载"为限"之北山究竟是中俄《尼布楚条约》所议定的外兴安岭山脉还是外兴安岭的支脉、树有界碑的威伊克阿林山,尚有待考证。《龙沙纪略》"山川"中还记载:"境内极北之山,在察哈盐峰之北将及千里。"②此"境内极北之山"与前文"北有山为限"所指应为同一山脉或山峰。

察哈盐峰位于大、小兴安岭交界地带的呼玛河北岸,是一座火山,被当地百姓称为"冒烟山"。乾隆《大清一统志》和《盛京通志》将冒烟山命名为"察罕峰",蒙语为"白色"的意思,也有的解释为"陡峭悬崖下的河流"之意,此外又有"察哈盐""察哈岩""察哈颜哈达"等名称。

关于察哈盐峰的最早记载,是方式济在《龙沙纪略》"山川"中的描述:"察哈盐峰,在黑龙江东北隅。山形如剖璧,面西南,背东北,峭削千寻,根插江底。土色黄赤,无寸草。腰亘两带,深黑,火光出带间,四时腾炽不绝。大雨则烟煤入雨气中,延罩波上。巡边者舟过其下,续长竿取火为戏。两带相去数丈许,竿止及下带也。山背万木葱郁,蓝翠异状,虽穷冬不凋。"③嘉庆时西清《黑龙江外记》也有相关记载:"查哈颜峰,在黑龙江城北九百里,峰上一穴,昼见焰,夜见火,嗅如石灰,色黄白,捻之成屑,不识为何物。"④

察哈盐峰也是黑龙江转向的重要地标,这一点在《龙沙纪略》"山川"中也可找到相关记载:"(黑龙江)东抵察哈盐峰,凡一千五百余里。复东南流六百里,经多斯峰、呼麻拉故墟之间,至额苏里与精奇尼江合。"⑤从上述记载中可以看出,黑龙江向东流抵察哈盐峰之后,就折向东南方向,故称其为黑

① 杨宾、方式济、吴桭臣:《龙江三纪》,黑龙江人民出版社 1985 年版,第 182 页。
② 杨宾、方式济、吴桭臣:《龙江三纪》,黑龙江人民出版社 1985 年版,第 191 页。
③ 杨宾、方式济、吴桭臣:《龙江三纪》,黑龙江人民出版社 1985 年版,第 195 页。
④ 西清:《黑龙江外记》,黑龙江人民出版社 1984 年版,第 5 页。
⑤ 杨宾、方式济、吴桭臣:《龙江三纪》,黑龙江人民出版社 1985 年版,第 188 页。

龙江的东北点。

宁古台,即位于黑龙江省东南海林市海浪河(即柳河)下游右岸的龙头山,距离宁古塔旧城约四里,是张广才岭的余脉。龙头山是一座突兀的孤山,前后不与任何山岭相连,自金代以来,是重要的军事哨卡,也是进出宁古塔旧城的必经之路。关于宁古台其名,张缙彦《宁古塔山水记》之"宁古台"曰:"或以山形如台,故名。"①而《宁古塔山水记》中的详细记载,也是关于宁古台的最早记载:"其山甚小,半方半圆二里,□由东北而□[跻],路稍夷而至,可骑其东亦可步陟。其南上有丘,下有堑,晓确阻绝,不可上。西北濒河,石壁磊落,突者为埠、罅者为坎,奇势怪状,有如鼻、如口、如耳、如杈、如人、如鸟之形。无大草木,□冬不凋,盖山气涛声窅冥相接……此山绝水独倚,四面空旷,不与众山为伍,去郭四五里……"②

关于牧山的记载只有张缙彦《宁古塔山水记》之"牧山",其他文献未见记载。"牧山"中记载牧山因马场在此而得名:"山与城最逼……山无峻峰,垒垒皆土埠……无大石老树……山形卷连,可数十里,渐入渐深……山去河稍远,水势不及……"③由此记载可知,牧山可能是宁古台旧城外的山包,因适宜放牧而得名。

关于岸山的详细情况也为他志所未见,只有张缙彦《宁古塔山水记》之"岸山"中载:"山半入水,石势层起,悬堑百尺,如河之岸,故曰岸山。山之秀不在山,在山之石,石之秀不在石,在乎水石之间。水与石相荡,坳洼昂砥,绿藓蒙荟,似山之崩石,沉于水中,不可推挽而出,怪状纵横,形如虎蹲、如鹰厉、如熊起、如猿攀,如牛马之饮于流溪……山上有峰,高数十仞……山长五六里,与宁古台甚近……杂卉布地……"④

白石崖在宁古塔新城以东,即今天的宁安城东牡丹江边的东山,当地人俗称为东大砬子,原名上阳哈达,白石崖是流人根据东山的特点命名的。

---

① 杨锡春、李兴盛:《宁古塔历史文化》,黑龙江人民出版社 2004 年版,第 220 页。
② 杨锡春、李兴盛:《宁古塔历史文化》,黑龙江人民出版社 2004 年版,第 220~221 页。
③ 杨锡春、李兴盛:《宁古塔历史文化》,黑龙江人民出版社 2004 年版,第 221 页。
④ 杨锡春、李兴盛:《宁古塔历史文化》,黑龙江人民出版社 2004 年版,第 221~222 页。

《宁古塔山水记》中两篇记载涉及白石崖,其一为"白石崖"载:"郭东四五里有山曰白石崖,土人所云上阳哈达也。隔河望之,若白垩画墁,其嵯岈欹折,殊少秀色……抵崖逼视之,则断岸千尺,怪石嶙峋,前所见如白垩画墁者,皆山之□空处……杳冥深郁,乱石相撑……及半有大石三,方如矩,平如砥,可坐三五人,在北二石,相去尺有咫,南一石约五步外……仰视山巅,青茸如蒿者,长不径尺,历历可指数……老桧百十株,伛偻古怪……此山去城甚近……"①其二为"新城"中载:"东有白石崖,松桧葱郁,山脚有洞窈杳,河水荡激,与水波上下。西出郭,长埠如蛇盘山,下有洞。西出灵泉,入冬不涸。"②

欢喜岭,又名凄惶岭,位于山海关以东四五里的地方。《柳边纪略》卷之一载:"山海关外三里曰凄惶岭,又曰欢喜岭。"③《宁古塔纪略》中记载与之同:"山海关……关门向东大路有一岭,出关者称为凄惶岭,入关者称为欢喜岭。"④

上述为清代东北流人方志文献中记载较为详细的山峰或山岭。从这些记载中我们可以看出,所介绍的山峰或山岭以黑龙江地区为主。有的可与其他文献相互印证,有的则未见其他文献记载,流人撰著的方志文献成为唯一记载。这些记载,对于研究东北地区特别是黑龙江地区的山川地貌等是第一手珍贵资料。

除上述记载较为详细的山峰或山岭之外,清代东北流人方志文献中还有一部分山峰或山岭是简略提及的,这样的记载不在少数。

医巫闾山,位于辽宁省北镇市与义县交界处,是东胡语"伊克奥利"的音译,意为"翠绿的大山"。今称"闾山",又称"广宁大山"。自隋开始,此山便成为"五大镇山"之一,从而声名鹊起。《柳边纪略》卷之四载:"北镇医巫闾山在辽东广宁县。"⑤

十三山,现在辽宁省凌海市东七十五里处,因其峰有十三座而得名。

① 杨锡春、李兴盛:《宁古塔历史文化》,黑龙江人民出版社 2004 年版,第 225～226页。

② 杨锡春、李兴盛:《宁古塔历史文化》,黑龙江人民出版社 2004 年版,第 219 页。

③ 杨宾、方式济、吴桭臣:《龙江三纪》,黑龙江人民出版社 1985 年版,第 12 页。

④ 杨宾、方式济、吴桭臣:《龙江三纪》,黑龙江人民出版社 1985 年版,第 255 页。

⑤ 杨宾、方式济、吴桭臣:《龙江三纪》,黑龙江人民出版社 1985 年版,第 108 页。

《柳边纪略》卷之一载:"十三山在锦县境内……山不高大,有十三峰,峻若削,杂立如人。"[1]

此类记载数量很多,在此不一一赘述。

第二节　丰富多样的生产方式

人们的物质生产活动必定受到地域的影响,具有地域特色。东北地区的生产方式具有与其他区域不同的特征。生活在东北的满族先世最初主要从事狩猎、捕鱼和采集等较为传统的生产活动。清朝入关后,出于政治上和军事上的原因,开始有大量移民进入东北,至清末民初,东北已形成"满汉杂居"的局面。人口流动是推动东北社会变迁的主要因素之一。受内地流民持续流入以及中原和东北地区沟通交流日益加强等多方面因素的影响,东北地区经济结构和生产方式都发生了重大改变,农业生产也得到了长足的发展。清代东北流人所做的与经济生产相关的文献记载有助于我们更深刻地认识清代东北地区的生产方式。

一、自然传承的狩猎生产

东北地区山林资源丰富,孕育了貂、狍子、熊等多种野生动物,为生活在此区域内的满族及其他各民族开展狩猎活动创造了得天独厚的自然条件。满族先世自肃慎时期开始,就在这片白山黑水中以狩猎作为主要的经济生产方式,经过其后世延续传承,形成满族生活中的文化特征之一。

狩猎在满族人心中占有较高的地位,满族也被人称为"马背上的民族"。在满族说部《恩切布库》中,就曾多次提到了满族狩猎的风俗。人们在山野之中打来虎、豹、熊等大型动物,先剥皮以制作居住的帐篷或制成鼓,之后将这些大型动物的肉烧烤食用。在恩切布库女神带领人们制造工具后,人们更能打下高空中的飞禽,并将肉烧烤食用。

---

① 杨宾、方式济、吴桭臣:《龙江三纪》,黑龙江人民出版社 1985 年版,第 12 页。

族人摆上野果及打来的牲畜，

以水代酒，

跪地裸拜。

后来，南沟的妈妈剥来了虎皮，

北岔的妈妈剥来了熊皮和豹皮，

东山的妈妈剥来了东海的鲸鱼皮。

大家将肉烧烤而吃，

厚厚的皮张做帐篷。

时间长了，

皮张变得非常僵硬，

有些族人手拿木棒顺手往帐篷上一敲，

皮张梆梆直响，

声音洪亮震耳，

很远就可以听到，

再后来，

皮张又作为传递心声之用。

族人只要把皮张一敲，

山外的人，

迷路的人，

被野兽惊吓的人，

只要一听到这声音，

就有了信心，

有了勇气，

有了力量，

就知道了艾曼所在。

于是，人们又渐渐发明了鼓。①

---

① 富育光：《恩切布库》，吉林人民出版社 2009 年版，第 64～65 页。

可以见得,狩猎为满族人提供了基本却重要的饮食来源,狩猎的野生动物也成为满族饮食的又一重要的组成部分。

在清代以前,东北地区的野生动物资源较为丰富,《柳边纪略》卷之五当中就有"顿辔狡兔惊,扬鞭野鸡落"[①]的描述,足以见得当时捕获猎物还是很容易的。居住在这里的满族民众根据季节变化获取不同的猎物,有的作为贡品缴纳给清廷,多数作为商品进行贸易活动,换取银钱或其他所需物品。

狩猎以多人合作的方式为主,一般由几人或十几人形成一个行动的团体,共同出猎,称为"打围"。然后,按照提前划定的"围场"捕猎。围场是按照八旗来划分的,各旗不拘平原山谷,圈占一处,作为自己打猎的范围。参与狩猎的人员,不论数量多少,都要分成两队,从不同方向在围场内搜索猎物,发现猎物后,由远及近地慢慢将其围住,形成"合围",确保能够捕获。所获动物,由参与围猎的人共同分配,与亲友们一起食用。

《宁古塔纪略》对出猎的时间和捕获的猎物记载得较为详细:"四季常出猎打围。有朝出暮归者,有两三日而归者,谓之打小围。秋间打野鸡围。仲冬打大围,案八旗排阵而行,成围时,无令不得擅射。二十余日乃归。所得者,虎、豹、猪、熊、獐、狐、鹿、兔、野鸡、雕羽等物……每一猎,车载马驼,不知其数。"[②]可见,满族的狩猎活动在一年四季中都会进行,其中以冬季为狩猎的好时机。出猎时间长短不同,短则一天即回,长则持续近一个月。每个季节猎获的动物各不相同,从大型的兽类到小型的飞禽都有。如有善于打猎的,一个冬天能够捕获的猎物数量往往十分可观。

在狩猎活动中,鹰和犬都是人们的好帮手,满族人在打猎时一般也会借助鹰、犬这类敏捷的动物。在清朝中后期的许多宫廷画作中,也有对皇室成员出猎时驾鹰、使犬场面的描绘。

海东青是生活在东北地区的一种猛禽,满族人狩猎所用之鹰多为海东青。因而,捕获海东青并将其驯化为己用也是满族狩猎活动中的重要一项。

---

① 杨宾、方式济、吴桭臣:《龙江三纪》,黑龙江人民出版社 1985 年版,第 145 页。
② 杨宾、方式济、吴桭臣:《龙江三纪》,黑龙江人民出版社 1985 年版,第 250~251 页。

但海东青性格凶猛，并不易得。《柳边纪略》卷之三载："每年十月后即打鹰，总以得海东青为主。"①捕猎海东青也极为讲究方法："凡鹰生山谷林樾间，率有常处。善打鹰者，以物为记，岁岁往，无不遇。视其出入之所，系长绳，张大网，昼夜伏草莽中伺之，人不得行，行则惊去。"②

除捕猎海东青之外，东北满族在狩猎中又以捕貂为最盛。貂皮是珍贵的皮毛，满族先世就已经开始捕貂。史书中曾载"挹娄貂"是挹娄时期十分难得的珍品。貂皮在清代也是东北地区供给宫廷的贡品之一。

因貂皮极为名贵，且貂的捕捉难度大，所以捕貂属于技术水平比较高的狩猎活动。在清朝以前就有关于貂皮及其制品的采集记录；到了清中期以后，随着社会经济文化的发展，人们对貂皮及其制品的需求越来越大，捕貂成为一种十分普遍的现象。清代东北流人的方志文献，对捕貂过程与方式的记录亦最为丰富。

《柳边纪略》卷之三载："貂鼠喜食松子，大抵穴松林中，或土窟，或树孔。捕者以网布穴口，而烟熏之，貂出避，辄入网中。又有纵犬守穴口，伺其出而啮之者。"③

《龙沙纪略》"经制"载："捕貂以犬，非犬则不得貂。虞者往还，尝自减其食以饲犬。犬前驱，停嗅深草间，即貂穴也。伏伺噬之，或惊窜树末，则人、犬皆息以待其下。犬惜其毛，不伤以齿，貂亦不复戕动。纳于囊，徐俟其死。"④

《宁古塔山水记》之"杂记"载："貂鼠出乌棘山中，穴居。取之者，雪地看其踪迹，跟寻得其巢穴，或用弓弩，或用木夹，潜置□处，以火熏之，中机而毙。"⑤

《卜魁风土记》载："捕貂以犬，虞者裹粮以往。犬尝前驱，见其停嗅深草间，即貂所在。伏伺貂出，逐而噬之。貂爱其毛，受噬不自戕，犬知毛贵，亦

① 杨宾、方式济、吴桭臣：《龙江三纪》，黑龙江人民出版社1985年版，第91页。
② 杨宾、方式济、吴桭臣：《龙江三纪》，黑龙江人民出版社1985年版，第91页。
③ 杨宾、方式济、吴桭臣：《龙江三纪》，黑龙江人民出版社1985年版，第81页。
④ 杨宾、方式济、吴桭臣：《龙江三纪》，黑龙江人民出版社1985年版，第206页。
⑤ 杨锡春、李兴盛：《宁古塔历史文化》，黑龙江人民出版社2004年版，第232页。

不伤以齿,故皆生得也。"①

从以上几处记载中不难看出,东北地区在捕貂方法上相差无几,主要是通过找寻貂鼠的洞穴,利用烟熏或其他工具来捕猎;找寻时,多会借助猎犬,根据貂鼠的气味确定洞穴位置。因貂皮价值昂贵,狩猎时要格外小心,尽量不破坏皮毛的品相,以提高售价。

东北的满族人除了海东青和貂皮之外,还猎取其他的飞禽走兽,如野猪、鹿、野鸡等,都是狩猎时的主要对象,且不同的动物在猎取方法上也是不一样的。

鹿为群居,因而狩猎时多采用围猎的方式。《宁古塔山水记》之"杂记"载:"鹿,凡山皆有,若千百成群……因群鹿俱随,兵士围猎,每一日即可得数百……"②冬季长时间持续在外狩猎,难免会遇到食物短缺的情况,这时也多会猎捕鹿作为食物来充饥:"有时出猎,则冒雪凌山,捕鹿雉以为食。"③

《龙沙纪略》"经制"当中记载:"江冰始猎。参领以下猎雉,将军猎野彘于通铿河,备贡数。"④《卜魁风土记》亦载:"江冰后,猎野彘于通铿河。"⑤雉,即为野鸡;野彘,即野猪。这两种动物,在当时的东北地区也十分常见,冬天江面封冻之后,军队也会进行围猎,就以射猎野鸡和野猪为主。

《龙沙纪略》"经制"另有:"正月雪后,黄羊乃大集。水师营率水手步猎之,梃击辄中。"⑥黄羊,即蒙古羚,是一种野生羚羊,在清代的东北也是狩猎的主要对象。当正月下过大雪之后,黄羊会聚集在一起,这时候射猎,非常容易猎获。

根据流人方志文献当中所记载的有关狩猎的内容可见,清代居住于东北地区的满族人仍在传承着狩猎这种生产和生活方式,并且是作为广大民众的主要经济来源之一而存在着的。对于清朝统治者来说,狩猎不但可以保障清廷皇室按时获得海东青、貂皮等珍贵的贡品,还是他们维护满族传统

---

① 王锡祺:《小方壶斋舆地丛钞》第 1 册,杭州古籍书店 1985 年版,第 413 页。
② 杨锡春、李兴盛:《宁古塔历史文化》,黑龙江人民出版社 2004 年版,第 231 页。
③ 杨锡春、李兴盛:《宁古塔历史文化》,黑龙江人民出版社 2004 年版,第 218 页。
④ 杨宾、方式济、吴桭臣:《龙江三纪》,黑龙江人民出版社 1985 年版,第 207 页。
⑤ 王锡祺:《小方壶斋舆地丛钞》第 1 册,杭州古籍书店 1985 年版,第 413 页。
⑥ 杨宾、方式济、吴桭臣:《龙江三纪》,黑龙江人民出版社 1985 年版,第 207 页。

骑射习俗的主要方式。狩猎是培养东北驻防官兵骑射技能有效的训练手段,共同围猎活动有利于加强八旗内部团结,增强军队战斗力。总之,狩猎活动不仅丰富了满族人民群众的精神文化生活,而且促进了经济发展和社会繁荣。所以,这一满族先世就在从事的生产方式对清朝的东北来说也有一定的现实意义。

二、与狩猎并重的捕鱼生产

因东北地区水网稠密,水系发达,捕鱼成为东北地区民族非常善于从事的一项活动和主要的生产方式之一。清代东北地区渔民在长期的渔猎实践过程中积累了丰富的经验和技术。通过捕鱼,不但实现了清代东北地区食品的多样化,对于清朝统治者而言,渔业生产还是供给进贡物品以保障皇族享用的必要途径。

满族也是一个擅长捕鱼的民族,鱼是他们饮食的重要部分。在满族说部《恩切布库》中,恩切布库女神带领一部分愿意信任她的艾曼逃离了家乡的瘟疫,女神为他们遴选的新生存之地就是一个"溪河里的细鳞鱼多的像银带……一舀下去,三个壮汉吃不了"的渔猎基础良好的靠河山坡。随着定居后艾曼逐渐发展,渔猎已渐成规模,每次渔猎丰盈之时艾曼都会欢歌喜舞,庆祝丰收。

《恩切布库》中,大马哈鱼也极受舒克都哩艾曼的青睐。

德乌咧——德乌咧——
大马哈鱼的鱼肉
红嫩鲜美,
大马哈鱼的鱼子
又大又香,
它是当地野人重要的口粮。
大马哈鱼可以生吃,
可以炖吃,

可以烤吃。①

由于自然条件和社会环境等因素的影响,捕鱼是清代东北的满族人从事的主要生产活动之一。

《柳边纪略》卷之三载:"盖宁古塔城临虎儿哈河,冰开后,无贵贱大小,以捕鱼为乐,或钓、或网,或以叉,或以枪,每出必车载而归,不须买也。惟冬月凿冰,则捕者少,好逸者乃买耳。"②从这段史料中可以看出,清代的宁古塔因临近虎尔哈河,一年四季都可捕鱼。特别是春天冰雪融化,河水不再冰冻时,满族人不论年龄大小、身份贵贱都会前去捕鱼,以此为乐。捕鱼方式很多,可以用鱼竿钓鱼,用渔网捞鱼,或是用鱼叉、鱼枪来捕鱼。春、夏、秋三季,不仅鱼类众多,数量还极大,想要吃鱼即可去捕鱼,往往都会满载而归,不用购买。只有在冬天时,因为江河封冻,捕鱼的人较少,有不愿外出捕鱼的人家才会买鱼食用。

东北地区冬季寒冷,捕鱼艰辛,但也更容易捕获大鱼。《宁古塔纪略》载:"冬则河水尽冻,厚四、五尺。夜间,凿一隙如井,以火照之,鱼辄聚其下,以铁叉叉之,必得大鱼。"③这种凿冰捕鱼的方式是东北一直都在沿袭的,现在冬捕仍在运用,甚至在查干湖等地还形成了内涵丰富、意义重大的冬捕文化。冬季捕鱼,因其量少价高,也是重要的经济来源之一。《龙沙纪略》载:"五月,鱼车塞路,长二尺许者,值十余钱。六、七月水涨,则大鱼不入网。江冻,凿冰取之,价十倍。"④在当时的宁古塔地区,五月份捕鱼者最多,有时运鱼的车辆还会堵塞道路,两尺多长的大鱼也只能卖出十余钱;但是等到冬季江河封冻后,鱼价则会上涨到十倍,可见价格之高。

在其他清代东北流人所撰写的志书文献中也留下了很多关于清代东北地区捕鱼生产情况的翔实记录。张缙彦《宁古塔山水记》中对捕鱼活动的记载最多。

---

① 富育光:《恩切布库》,吉林人民出版社 2009 年版,第 97 页。
② 杨宾、方式济、吴桭臣:《龙江三纪》,黑龙江人民出版社 1985 年版,第 91 页。
③ 杨宾、方式济、吴桭臣:《龙江三纪》,黑龙江人民出版社 1985 年版,第 237 页。
④ 杨宾、方式济、吴桭臣:《龙江三纪》,黑龙江人民出版社 1985 年版,第 221 页。

"宁古台"载:"水多大急,土人沉巨网,其鲜可举。"①

"石河山"载:"土人编柳为梁,绝流取鱼,鲂鲤鲫鳗之小者,日集于筐。"②

"沙岭"载:"屯临大河……其水多鱼,土人耕种之暇,以网罟为生。"③

"沙儿浒"载:"(沙儿浒)一名沙柳河……多大鱼,土人名打不垓者是也。鱼虽多种,而此鱼独著,渔者得之,入城市往往得值。"④

"河湾"载:"临河者举网得巨鱼,临溪者垂纶得小鲜。"⑤

"交罗"载:"河中多鱼,居人下长钩,举巨网,亦得水利焉。"⑥

"杂记"载:"捕鱼以石,横截水中,留水口,以柳条织如斗样,下急湍中,名曰亮子。鱼来流入其中,不能回转,尽取之。若捕大鱼,则在水坑中,用网数面四围,尽绝其流,满载而归。若网止一面,则用牛骨系绳上,沉水,二人牵之,远远而来,至网则举网。鱼畏白骨,尽窜入网矣。"⑦

上述内容表明,江河湖溪随处可见各种鱼类,鲤鱼等十分常见,捕鱼方式也多种多样。广大民众在农耕的闲暇都会前去捕鱼,捕获的鱼类拿到城市中售卖往往是比较值钱的,可以作为一种经济上的补充。

另外,在《绝域纪略》和《卜魁风土记》中也有相类似的记载,对捕鱼活动做了更为详尽的补充。

《绝域纪略》载:"川有鱼,不网而刀,月明燎火棹小舟,见鱼而掭之。"⑧

《卜魁风土记》载:"渔者,必夜半乘之网江心,及晨入市,风大浪急则不得鱼。"⑨

捕鱼作为满族人对古老生产方式的继承,虽然在一定程度上受到农业、手工业等多种生产方式的影响,但其在很长时间内仍是清代东北地区的重

① 杨锡春、李兴盛:《宁古塔历史文化》,黑龙江人民出版社 2004 年版,第 221 页。
② 杨锡春、李兴盛:《宁古塔历史文化》,黑龙江人民出版社 2004 年版,第 223 页。
③ 杨锡春、李兴盛:《宁古塔历史文化》,黑龙江人民出版社 2004 年版,第 226 页。
④ 杨锡春、李兴盛:《宁古塔历史文化》,黑龙江人民出版社 2004 年版,第 227 页。
⑤ 杨锡春、李兴盛:《宁古塔历史文化》,黑龙江人民出版社 2004 年版,第 229 页。
⑥ 杨锡春、李兴盛:《宁古塔历史文化》,黑龙江人民出版社 2004 年版,第 230 页。
⑦ 杨锡春、李兴盛:《宁古塔历史文化》,黑龙江人民出版社 2004 年版,第 234 页。
⑧ 杨锡春、李兴盛:《宁古塔历史文化》,黑龙江人民出版社 2004 年版,第 210 页。
⑨ 王锡祺:《小方壶斋舆地丛钞》第 1 册,杭州古籍书店 1985 年版,第 413 页。

要生产方式，并形成了具有特色的冬季捕鱼文化，一直流传到现在，成为构建起东北区域文化的重要元素之一。

三、兼而有之的采集生产

采集活动是东北地区少数民族日常生活的重要副业和生产方式，其采集对象以东北地区的山野土特产品为主。这些物品具有较高的营养价值和药用价值，因而从秦汉时期开始就是满族先世采摘的主要对象。清代东北流人的方志文献中，对满族的采集生产活动也有所记载。

在满族采集的多种植物和果实中，人参久享盛誉，是进呈皇室的重要贡品之一，也是贸易交往中极具经济价值的物品。

对于东北所产人参，《柳边纪略》卷之三中有着详细的描述："辽东人参，四月发芽，五月花。花白色如韭花丛，大者若碗，小者若钟。六月结子，若小豆而连环，色正红，久之则黄而扁。初生一丫，四五年两丫，十年后三丫，年久者四丫。每丫五叶，叶若芙蓉，一茎直上。《扈从东巡日录》所谓百尺杵也。高者数尺，低者尺余。"①从规律上来看，人参一般农历四月发芽，五月开花，六月结子。人参的生长较为缓慢，最初只有一叉，到四五年后长两个分叉，十年后分三叉，时间更久的才会长到四叉。

中医一般认为，人参的分叉越多，药用价值越高，因而生长年份久的人参被视作珍品，主要作为贡品进献朝廷，如有售卖，价格也极其昂贵。同时，人参的售价还与其颜色、重量等有关，如《柳边纪略》卷之三载："关东人呼参曰货，又曰根子。肉红而大者曰红根，半皮半肉者曰糙重，空皮曰泡，视泡之多寡，定货之成色。"②《宁古塔纪略》载："红而明亮者，其精神足，为第一等……凡掘参之人，一日所得，至晚便蒸，次早，晒于日中。晒干后，有大有小，有红有白，并非以地之不同，总因精神之足与不足也。故土人贵红而

① 杨宾、方式济、吴桭臣：《龙江三纪》，黑龙江人民出版社1985年版，第79页。
② 杨宾、方式济、吴桭臣：《龙江三纪》，黑龙江人民出版社1985年版，第81页。

贱白。"①

清代初期,东北地区的人参产量较高,价格略低。吴桭臣《宁古塔纪略》记载,宁古塔"产人参,尔时多贱,竟如吾乡之桃李"②,所述的时间当为康熙初年。后来,随着人参数量减少,采挖难度越来越大,价格逐年上涨。"己巳、庚午间,足色者斤十五两,八九色者斤十二、三两,六七色者斤九、十两,对中者六七两,泡三两。若一枝重两以上,则价倍;一枝重斤以上,价十倍;成人形则无价矣。相传康熙二年,得人形者一枝,重二十二两,献于朝,后绝不得。"③这段史料出自《柳边纪略》卷之三,"己巳、庚午间"即指康熙二十八年至二十九年(1689—1690 年)。从康熙初年至二十九年,不到三十年的时间,人参价格就由贱若桃李快速上升到每斤数两银子,可见其价格的变化之快。相传康熙二年(1663 年),辽东曾采挖到一株形状近似人形的人参,重达二十二两,进贡给清廷之后,再也没有采挖到重量更大的。据《宁古塔山水记》之"杂记"载,"(人参)极大者一根重可七、八两,其价值无算"④,足以见得,在清代中后期,七八两的人参已很难得,属于重量较大的,可以称为价值连城的珍品。

清代,东北地区的人参采挖受到严格的控制,主要通过打牲乌拉、八旗兵丁、贵族特权阶层等官采形式来进行,其目的就是保障进呈给朝廷的人参数量能够达到定额,确保朝廷最大程度地享用人参。为了确保垄断,清政府通过对民间采挖进行限制、设卡盘查、加重处罚等不同方式对人参生产与买卖进行管制。

根据《柳边纪略》卷之一的记载,山海关特别设有"永平府通判一员",其作用就是"讥过客,搜参貂",对人参和貂皮这类贡品做重点盘查,如有发现违禁携带或是贩卖的,都会给予重罚。杨宾还详细记述:"至于人参,惟朝廷及王公岁额得入,余皆不得入,入者死。是以参贾不敢公行,向赂守者,或夜

① 杨宾、方式济、吴桭臣:《龙江三纪》,黑龙江人民出版社 1985 年版,第 238~239 页。
② 杨宾、方式济、吴桭臣:《龙江三纪》,黑龙江人民出版社 1985 年版,第 238 页。
③ 杨宾、方式济、吴桭臣:《龙江三纪》,黑龙江人民出版社 1985 年版,第 81 页。
④ 杨锡春、李兴盛:《宁古塔历史文化》,黑龙江人民出版社 2004 年版,第 232 页。

逾城入,或昼压草车、粮车诈入。康熙己巳、庚午间,天子屡责守关吏,或死或徙,略不行,乃从他口入,亦有泛海自天津、登州来者矣。而关口之搜检愈严,虽裈中不免。"①即便是王公贵族等特权阶层,可以通过免除关税的方式运进山海关的人参也是有限的,清朝严格规定:"亲王人参七十斤,世子六十斤,郡王五十斤,长子四十五斤……"②超过这些数量,宗室王公采挖的人参也需缴纳高额的关税:"宗室人参过山海关,皆有定额,额外人参,照例每斤纳税六钱。"③

清代有着极其苛刻的参禁制度,民间私自采挖人参被认定为违法,但民间采参活动一直都有,且因参价飞涨、利润极高等因素的诱惑,民间私采的情况越来越多,屡禁不止。

《柳边纪略》卷之三详细记载了民间采参的情况和方法:

> 凡走山者,山东西人居多,大率皆偷采者也。每岁三四月间往,九十月间归,其死于饥寒者不知凡几!而走山者日益多,岁不下万余人。凡走山刨参者,率五人而伍,中推一人为长,号曰山头。陆行乘马,水行驾威弧,沿松花江至诺尼江口登岸。覆舟山谷间,乃入山相土。山头坐而指挥,四人者剥树皮为窝棚,又择一人炊,三人樵苏,夜则燎火自卫。晓食已,人携小刀一,火石包一,四尺长木镵一,皮袋一,随山头至岭,受方略,认径路,乃分走丛木中,寻参子及叶,得则跪而刨之。山头者时时立岭上,作声以呼其下,否则迷不能归矣。日暮归窝棚,各出所得交山头,乃洗别而煮,贯以缕,悬木而干之。日惟晓夜再食,粮尽则五人均分而还。④

因参形似人,很多民间流传的故事都将其神化,传说采挖人参时要用红线绑住叶子,也不能吵嚷说找到参了,否则人参就会化形逃走。《宁古塔山

---

① 杨宾、方式济、吴桭臣:《龙江三纪》,黑龙江人民出版社 1985 年版,第 11~12 页。
② 杨宾、方式济、吴桭臣:《龙江三纪》,黑龙江人民出版社 1985 年版,第 101 页。
③ 杨宾、方式济、吴桭臣:《龙江三纪》,黑龙江人民出版社 1985 年版,第 80 页。
④ 杨宾、方式济、吴桭臣:《龙江三纪》,黑龙江人民出版社 1985 年版,第 80 页。

水记》之"杂记"就有类似记载："采之者不言而取,一丛可得数十枝,若喧言有参,则握之不见。"①

东北地区因地理环境特殊,山环水绕,丛林茂密,所以山林、水产资源极为丰富,在这些资源中又有较多特产产出,为东北地区的民众进行人参以外的采集活动提供了品种多样、种类繁复的目标。满族民众通过采集方式获得的,还包括松子、榛子、蘑菇、木耳、东珠等东北地方物产。

《柳边纪略》卷之三载:"松塔……大者高尺许。打松子者,入阿机中伐木取之。木大塔多者,取未尽辄满车……榛,高二三尺草也,而似木,经霜后,子落可拾……"②

《宁古塔纪略》载:"产黄精、桔梗、五味子及鸡腿麻菇。木耳,真经菜,蕨菜,极多而肥……惟松树最多,松子采之不尽。"③

《宁古塔山水记》之"呼郎山"载:"(呼郎山)产多榛、橡、郁李、山梨、葡萄,采取者骑橐交路。"④

《绝域纪略》载:"有松子,有榛子。有酸梨……有麋子尾,即猴头。有蘑菇,有黄菌,有山查子。"⑤

满族人民在长期的生产实践中逐渐形成独特而又系统的采集方式和采集技术。他们会根据动植物的生长规律,充分利用东北地区的植物多样性,按照季节和动植物的特性进行采集,由此创造了丰富多彩的采集文化。这些文化不仅对当时的社会产生过巨大影响,而且至今仍有一定的现实意义,是对满族传统生产和生活方式的延续,也是东北地域文化中重要的组成因素。

四、逐渐增多的农业生产

满族先世已开始从事一定的农业耕种活动,在不同的历史时期略有

① 杨锡春、李兴盛:《宁古塔历史文化》,黑龙江人民出版社2004年版,第232页。
② 杨宾、方式济、吴桭臣:《龙江三纪》,黑龙江人民出版社1985年版,第89页。
③ 杨宾、方式济、吴桭臣:《龙江三纪》,黑龙江人民出版社1985年版,第239页。
④ 杨锡春、李兴盛:《宁古塔历史文化》,黑龙江人民出版社2004年版,第225页。
⑤ 杨锡春、李兴盛:《宁古塔历史文化》,黑龙江人民出版社2004年版,第210页。

不同。

《三国志·魏书·东夷传》曾云:"挹娄……有五谷、牛、马、麻布。"①虽没有言明,五谷和麻是野生的还是种植的,但因五谷、麻布已成为常见之物,种植的可能性更大。

《魏书》列传第八十八"勿吉"载:"其国无牛,有车马,佃则偶耕,车则步推。有粟及麦穄,菜则有葵。水气醎凝,盐生树上,亦有盐池。多猪无羊。嚼米酝酒,饮能至醉。"②可见,勿吉时期,农业生产已得到一定程度的发展,主要采取偶耕的方式进行。因没有牛,耕种时用马在前面拉犁,后面由人推动。种植的农作物有小米、麦子和糜子,蔬菜则以葵菜为主。当时种植的粮食除了食用之外,应有一定剩余。因用米酿酒,也需要一定数量的粮食,如无法满足日常食用,便不能发展出酿酒的方法。

靺鞨时期,随着活动地域的逐渐南移,农业生产更是日益增多,至享有"海东盛国"美誉的渤海国时期,物产极为丰富,"卢城之稻"声名远播。女真人的农业发展并不平衡。辽东地区因与中原地带距离较近,和农耕民族接触较多,农业发展更为迅速;其他区域的女真人亦有从事农耕活动的,但发展程度不一。

清代时期,生活在东北地区的满族人已经将农业生产作为一种主要的经济生产方式,众多流人方志文献中都对此有所记述。

东北地区的地貌以平原为主,一直以地广人稀、土地肥沃而著称。宁古塔作为流人居住较为集中的地区,其附近"地极肥饶,五谷俱生,惟无稻米"③。《宁古塔山水记》中也对不同位置的土地情况有所描述,如沙岭、马莲河、沙儿浒等处皆为适宜耕种之地。

"沙岭"载:"沙岭地广民稀,其壤肥美,其俗醇朴而近古,其生畜蕃庶,种植者收获倍于他处。"④

"马莲河"载:"地皆沃壤,种殖者倍获其息,近置官屯四处,遂为西南大

① 陈寿:《三国志》卷三十,中华书局 2005 年版,第 847 页。
② 魏收:《魏书》卷一百,中华书局 1974 年版,第 2220 页。
③ 杨宾、方式济、吴振臣:《龙江三纪》,黑龙江人民出版社 1985 年版,第 245 页。
④ 杨锡春、李兴盛:《宁古塔历史文化》,黑龙江人民出版社 2004 年版,第 226 页。

聚。耨于原,稼可登,猎于山,鲜可食,钓于渊,鳞可举,是以居人侈称焉。"①

"沙儿浒"载:"东南地平广,宜屯种……"②

"交罗"载:"环村皆平壤高腴之田,五谷咸宜,每多获,倍于他处。近屯多园圃,蔬菜肥美……"③

"石城"载:"其风俗以耕牧为本,地广而民稀,开荒任地则获殖且倍……"④

东北的土地多是肥沃、适宜耕种的,但也有沙化、贫瘠的。对于这种情况,流人文献中也有记述。如宁古塔附近的牡丹屯红山,据《宁古塔山水记》之"牡丹屯红山"载,"地多硗确,其为亩,亢而枯,时常苦旱,收获薄"⑤。对于卜魁附近的土地情况,《龙沙纪略》"饮食"载:"卜魁四面数十里皆寒沙,少耕作。"⑥

清代东北地区农业生产方式与其土地类型是紧密相关的,土地的类型决定了土地上农业生产的方式。而清代东北流人方志文献中关于土地情况的记载比较简略、单一,主要是记载吉林、黑龙江地区官庄的情况。

关于吉林、黑龙江官庄的数量,《龙沙纪略》"经制"载:"卜魁、艾浑官庄各二十,墨尔根官庄十一。"⑦《宁古塔纪略》载:康熙七年(1668年),吴桭臣五岁时,"逻车国人造反",宁古塔将军"奉部檄"迎战,"立三十二官庄,屯积粮草"⑧。虽然吴桭臣所记立官庄时间有误,但是官庄数量还是可信的。后文中在论及同窗陈令昭之事时,吴桭臣又言及官庄数为"总三十二庄"。从上述记载中我们可以得知,康熙年间吉林有三十二座官庄,黑龙江有五十一座官庄。

关于官庄配备的壮丁数及所承担的农业生产任务,《宁古塔纪略》载:

---

① 杨锡春、李兴盛:《宁古塔历史文化》,黑龙江人民出版社 2004 年版,第 227 页。
② 杨锡春、李兴盛:《宁古塔历史文化》,黑龙江人民出版社 2004 年版,第 227 页。
③ 杨锡春、李兴盛:《宁古塔历史文化》,黑龙江人民出版社 2004 年版,第 230 页。
④ 杨锡春、李兴盛:《宁古塔历史文化》,黑龙江人民出版社 2004 年版,第 218 页。
⑤ 杨锡春、李兴盛:《宁古塔历史文化》,黑龙江人民出版社 2004 年版,第 225 页。
⑥ 杨宾、方式济、吴桭臣:《龙江三纪》,黑龙江人民出版社 1985 年版,第 214 页。
⑦ 杨宾、方式济、吴桭臣:《龙江三纪》,黑龙江人民出版社 1985 年版,第 203 页。
⑧ 杨宾、方式济、吴桭臣:《龙江三纪》,黑龙江人民出版社 1985 年版,第 233 页。

"每一庄共十人,一人为庄头,九人为庄丁,非种田即随打围烧炭。每人名下责粮十二石、草三百束、猪一百斤、炭一百斤、石灰三百斤、芦一百束。凡家中所有,悉为官物。衙门有公费,皆取办官庄。"①《龙沙纪略》"经制"载:"庄二十夫,夫输谷十石(准制斛三十石),草五百束,岁欠则计分以减。"②《龙沙纪略》"饮食"载:"国家立官庄,给牛、种,一兵卒之力,岁纳粮十石,则地固非瘠,而力亦可用。今流人之赏旗者,且倍于兵。"③《卜魁纪略》记载:卜魁"旗站官庄,共一万一千十二户,男女共七万四千五百七十九名口"④。

正是官庄的发展有效地保证了军粮的充足。流人文献中所记载的粮食数量就能说明这个问题。《龙沙纪略》"经制"载:"今贮仓者,卜魁积十二万石,墨尔根、艾浑各三万石。"⑤《龙沙纪略》"饮食"载:"则岁征粮不啻万计。"⑥顺治十八年(1661年),清政府为了解决旗人的生计问题,开始设立养育兵耕种土地。养育兵属八旗编制,而且享受正兵一半的军饷。关于养育兵,《卜魁纪略》载:"官屯外,旗营耕种公田,养育兵三百四十名,又壮丁三百名,牛三百头。每丁交粮二十二石,入备用仓。"⑦这是流人文献中关于清代养育兵的唯一记载。

关于东北地区用于农业生产的田地的土壤情况,在清代东北流人方志文献中有较多的记载。根据这些记载,我们可以对东北地区不同地域的土壤情况进行对比了解。

清代东北流人方志文献的撰著者,大多来自农耕技术水平相对较高的地区,因此很自然会将之与清代东北地区的农业耕作技术进行比较。从他们的相关记载中可以看出,当时东北地区地广人稀,人均土地较多,但是农业生产方式却比较粗放,大多采取抛荒耕作法,耕作水平比较低。《龙沙纪略》"饮食"中记载了内蒙古地区的抛荒耕种方式:"蒙古耕种,岁易其地,待

---

① 杨宾、方式济、吴桭臣:《龙江三纪》,黑龙江人民出版社1985年版,第234页。
② 杨宾、方式济、吴桭臣:《龙江三纪》,黑龙江人民出版社1985年版,第203页。
③ 杨宾、方式济、吴桭臣:《龙江三纪》,黑龙江人民出版社1985年版,第215页。
④ 徐宗亮等:《黑龙江述略(外六种)》,黑龙江人民出版社1985年版,第124页。
⑤ 杨宾、方式济、吴桭臣:《龙江三纪》,黑龙江人民出版社1985年版,第203页。
⑥ 杨宾、方式济、吴桭臣:《龙江三纪》,黑龙江人民出版社1985年版,第215页。
⑦ 徐宗亮等:《黑龙江述略(外六种)》,黑龙江人民出版社1985年版,第124页。

雨而播，不雨则终不破土，故饥岁恒多。雨后，相水坎处，携妇子、牛羊以往，毡庐孤立，布种辄去，不复顾。逮秋复来，草莠杂获。计一亩所得，不及民田之半。"①相较于内蒙古地区，其他地区采用的虽也是抛荒制，但要好于内蒙古地区的农耕水平。《绝域纪略》"土地"载："随山可耕，官给人耕地，四亩一行，如中华五亩。无赋税焉。地贵开荒，一岁锄之，犹荒也，再岁则熟，三四五岁则腴，六七岁则弃之而别锄矣。"②《宁古塔山水记》之"石城"载："数年后地力已尽，则弃之，不以粪。"③

由于耕作技术粗放，因此粮食的单产量不高，广种薄收。这一点在《柳边纪略》卷之三有所记载："宁古塔地，不计亩而计晌。晌者尽一日所种之谓也，约当浙江田二亩零。一夫种二十晌，晌收谷自一石至二石，以土之厚薄为等杀。"④由于东北地区气候寒冷，农作物成熟时间较长，故一年只能有一季收获，《宁古塔纪略》载："四月初播种，八月内俱收获矣。"⑤

关于清时东北地区粮食作物的种类，流人文献中记载较为详细。《柳边纪略》卷之三载："谷凡十种：曰稗子、曰小麦、曰大麦、曰粟、曰秫、曰黍、曰稷、曰高粱、曰荞麦、曰穬麦……"⑥《龙沙纪略》"饮食"载："三城之地，艾浑为腴，产粟、黍、大小麦。墨尔根产糜、穬麦。卜魁土最瘠，惟产糜……三城并产荞麦……中土所未得有。"⑦《绝域纪略》"树畜"载："有粟，有稗子，有铃铛麦，有大麦……近亦有小麦，卒不多熟，面麦亦堪与小麦乱也。"⑧《卜魁纪略》载："包谷，一名蜀黍。豆有黑、黄、赤、小之分。复有芸、蚕、豌、扁之别。"⑨《宁古塔山水记》之"石城"载："其产宜菽、麦、黍、稷、豆、粱、稊、稗、

① 杨宾、方式济、吴振臣：《龙江三纪》，黑龙江人民出版社1985年版，第214~215页。
② 杨锡春、李兴盛：《宁古塔历史文化》，黑龙江人民出版社2004年版，第208页。
③ 杨锡春、李兴盛：《宁古塔历史文化》，黑龙江人民出版社2004年版，第218页。
④ 杨宾、方式济、吴振臣：《龙江三纪》，黑龙江人民出版社1985年版，第83页。
⑤ 杨宾、方式济、吴振臣：《龙江三纪》，黑龙江人民出版社1985年版，第245页。
⑥ 杨宾、方式济、吴振臣：《龙江三纪》，黑龙江人民出版社1985年版，第83~84页。
⑦ 杨宾、方式济、吴振臣：《龙江三纪》，黑龙江人民出版社1985年版，第214页。
⑧ 杨锡春、李兴盛：《宁古塔历史文化》，黑龙江人民出版社2004年版，第209页。
⑨ 徐宗亮等：《黑龙江述略（外六种）》，黑龙江人民出版社1985年版，第122页。

麻、苇……"①

这里记载的主要是吉林和黑龙江地区的农作物,沈阳地区因为毗邻农业发达的中原地区,因此农作物种类远远多于吉、黑。尤其是水稻的种植,《龙沙纪略》"饮食"载:"稻米甚贵,贩自沈阳……"②《宁古塔纪略》又载:"地极肥饶,五谷俱生,惟无稻米。"③《绝域纪略》"树畜"载:"开辟来,不见稻米一颗。"④由此可以看出,当时的东北地区,吉林和黑龙江地区尚无水稻种植,而沈阳地区的水稻种植有所发展,因此稻米需从沈阳贩运,而且价格较高。

另一种重要的农作物稗子是东北地区的传统作物,种植范围较广,而且也被百姓视为珍物。如《柳边纪略》卷之三载:"以稗子为最,非富贵家不可得。"⑤卷之五载:"稗子在五谷上"⑥,"贫家少"⑦。《绝域纪略》"树畜"载:"稗则贵者食之,贱则粟耳。"⑧而且,从记载的当时的粮食价格也可以看出,稗子的价格居五谷之首。《柳边纪略》卷之三载:"稗子谷石五两,小麦石三两,大麦石二两五钱,秫、黍、稷、高粱、荞麦石各二两,穬麦石一两三钱。"⑨

穈、稷、黍都属于黍类,在当时的东北地区种植范围较广。在清代东北流人方志文献中可以找到相关记载。根据《龙沙纪略》"饮食"载,黑龙江三城,无论是土地比较丰腴的艾浑,还是相对贫瘠的卜魁,穈都是主要的农作物。而从黑龙江将军移驻卜魁后约十年的时间,卜魁开始种植穈,居民的主食也从铃铛麦变为穈。《龙沙纪略》"饮食"中还记载了穈的加工方法:"夏秋间,以未脱者入釜,浅汤熟爆,暴以烈日,焙以炕火,砻而炊之,香软可食。

① 杨锡春、李兴盛:《宁古塔历史文化》,黑龙江人民出版社 2004 年版,第 217 页。
② 杨宾、方式济、吴振臣:《龙江三纪》,黑龙江人民出版社 1985 年版,第 214 页。
③ 杨宾、方式济、吴振臣:《龙江三纪》,黑龙江人民出版社 1985 年版,第 245 页。
④ 杨锡春、李兴盛:《宁古塔历史文化》,黑龙江人民出版社 2004 年版,第 209 页。
⑤ 杨宾、方式济、吴振臣:《龙江三纪》,黑龙江人民出版社 1985 年版,第 84 页。
⑥ 杨宾、方式济、吴振臣:《龙江三纪》,黑龙江人民出版社 1985 年版,第 156 页。
⑦ 杨宾、方式济、吴振臣:《龙江三纪》,黑龙江人民出版社 1985 年版,第 151 页。
⑧ 杨锡春、李兴盛:《宁古塔历史文化》,黑龙江人民出版社 2004 年版,第 209 页。
⑨ 杨宾、方式济、吴振臣:《龙江三纪》,黑龙江人民出版社 1985 年版,第 84 页。

冬则生砻,香稍减。"①

关于蔬菜品种,《柳边纪略》卷之三载:"瓜往时绝少,今李召林学种,各色俱有,然价甚贵。"②《绝域纪略》"树畜"载:"瓜茄果豆,随所种而获,霜迟则皆登于俎矣。丝瓜、扁豆较难熟,熟亦不能得子。"③《卜魁纪略》载:"王瓜、西瓜、甜瓜、倭瓜之属,皆可种植。"④《宁古塔山水记》之"石城"载:"其蔬菜则有葱、蒜、韭、芥、苣、蕨、扁豆、白菜、黄芽、莱菔、茄子之属。"⑤

从上述记载中不难看出,清初还是"五谷鲜有""惟黍生之"的东北地区,随着关内流民和大批流人的到来,其相对落后的农业生产状况有所改观。不仅耕种技术大大改进,而且农作物的单产量显著提高,在作物品种方面也因引进而有了较大幅度的扩展。粮食作物的品种由相对单一发展到多样,有些品种甚至是东北地区所独有的,尤其是蔬菜品种的增加,大大造福于当地百姓。

除上述农作物之外,《卜魁纪略》中还记载了经济作物——烟叶的种植:"淡巴菰草,以东三省产者良,今假借烟字,谈[读]若菸。按烟有菸音,故阏氏读为燕支。"⑥这是清代东北流人方志文献中唯一一处关于清代东北地区烟草种植情况的记载。

总体来看,清代东北流人的方志文献中,较详细地记录了东北地区山脉、丘陵、河流、湖泊、沼泽、火山、森林等地形地貌。这些记录中有许多涉及当时当地气候条件和自然环境的变化情况,具有一定的真实性。因为当时东北地区缺少由地方官修形成的地理资料,通过流人文献,可以探知清代该地区的地理环境和自然状况。同时,又因为流人所记述的东北自然环境在时间上存在一定的连续性,所以其资料的研究价值就更值得关注。特别是,有些地理记述是第一次出现在文献记载中,为其他方志史料所未见,对于研

① 杨宾、方式济、吴振臣:《龙江三纪》,黑龙江人民出版社1985年版,第214页。
② 杨宾、方式济、吴振臣:《龙江三纪》,黑龙江人民出版社1985年版,第88页。
③ 杨锡春、李兴盛:《宁古塔历史文化》,黑龙江人民出版社2004年版,第209页。
④ 徐宗亮等:《黑龙江述略(外六种)》,黑龙江人民出版社1985年版,第123页。
⑤ 杨锡春、李兴盛:《宁古塔历史文化》,黑龙江人民出版社2004年版,第217页。
⑥ 徐宗亮等:《黑龙江述略(外六种)》,黑龙江人民出版社1985年版,第123页。

究该地区历史、地理情况来说弥足珍贵;有些记述可同其他文献彼此互证,也可以作为研究边疆地理情况的重要资料,对于东北地理的研究具有重要价值。

清代东北地区经济的发展状况受到其历史和自然条件等方面的现实因素影响,同时还受到全国经济发展大环境和人口向东北地区流动等因素的影响。

东北地区的经济生产方式有着极大的特殊性,主要表现为既有从先辈人那里继承得到的传统生产方式,亦有通过向外部的民众学习形成的先进农业生产方式。满族人由于自然环境的限制,多生活在山林中或河流边,因而形成了以渔猎、采集为主的生产方式,并在一段时期内延续传承着,在其生活中占据主体地位。后来受到中原农耕文化的影响,在耕种方式、农作物种类上都有所发展,促使一部分东北地区的满族人将农业生产作为经济来源之一,丰富了满族的生产方式。

在清朝统治者"因俗而治"政策下,东北地区的经济生产主要呈现出多样发展的态势,但由于地域辽阔,各地情况又有所不同,其差异很大。农、牧、猎、采、渔多种经济形式在东北地区共存,并表现出各自的特点,在整个东北地区的经济和社会发展中担当了不同的角色,对东北区域文化的构建都产生了不可忽视的作用。

第三章

衣食住行

风俗习惯是一定区域内依托历史文化,在经济和社会发展中逐步形成的普遍接受和相习成风的传统。这种传统,与这一地区的自然条件、历史渊源、经济发展等因素密切相关。人的生活方式就是建立在这些因素的基础之上的。对于不同时期、不同民族来说,与日常生活相关的衣食住行等方面是风俗习惯的最直接体现,因为它们与每个人的生活紧密联系在一起。通过对衣食住行的解读,可以看到清代东北不同因素作用于生活而形成的外显性的地域文化特征。

第一节　服　　饰

　　清代东北地区为多民族居住区,衣着服饰上最为突出的表现是,每个民族都充分保留了自己丰富多彩的民族服饰特征。由于受不同时期政治、经济、文化等因素的影响,清代东北地区各民族服装款式及色彩都存在着明显差异,这些差异主要表现在穿着样式、装饰纹样、面料以及材质等方面。与此同时,当汉族流民和流人迁入东北地区以后,不同民族间经过了漫长的接触和交往,相互影响和交融,而这种影响和交融也表现为衣着服饰等方面的改变。因此,清代东北地区的社会生活发展与变迁,透过满族服饰即可窥一斑。

一、满族先祖的服饰

　　满族作为我国东北边疆地区一个曾经靠打猎、捕鱼谋生的民族,其历史源远流长,最早可追溯到几千年前的肃慎及其后的挹娄、勿吉、靺鞨、女真等。满族在长期的历史发展中,形成了具有自身特点的文化,而这一文化又在满族共同体的形成和发展中不断发生着变化。民族文化基本上是该民族发展经历与发展水平的体现,并能展现该民族一些基本特点。满族服饰文化发展的经历,也充分印证了这个道理。

(一)肃慎、挹娄、勿吉、靺鞨时期的服饰

肃慎时期,由于生产力水平较低,以及地理位置、生活环境等多种因素的影响,服饰仅起遮体护身的作用,人们依循社会生产方式获取制作服饰的材料,服饰形制较为简单朴素。作为渔猎民族,肃慎人通过狩猎和驯养动物,得到大量兽毛、兽皮,这就是他们制作服装的原材料。围披皮毛,是古代衣服的一种形制。肃慎人就地取材,身被野兽皮毛包裹,充分利用了动物皮毛。《晋书》记载,肃慎"多畜猪,食其肉,衣其皮,绩毛以为布……俗皆编发,以布作襜,径尺余,以蔽前后"①。肃慎人以猪皮为衣御寒,并已经知道以猪毛织布,蔽前遮后。冬天,他们也会给自己抹上一层厚厚的猪油御寒,将动物脂肪作为保暖的用品。毛皮制作成的衣服,虽然保暖效果不错,但不能完全适应东北地区寒冷的气候特点。到了东汉时期,随着生产工具和纺织技术的进步,制裘工艺开始发展起来,皮衣、皮帽得到更为广泛的穿戴。因此,将动物皮毛作为服饰的主要材料是肃慎人根据自然条件养成的一种习惯。

挹娄时期,根据史料记载,麻布兴起②,民众开始穿着麻布的衣服。服饰的主要制作材料由皮毛逐渐演变成麻布。挹娄人穿着的麻布虽为数不多,却也从侧面反映出当时的挹娄民众不但掌握了毛纺织工艺,也学习利用植物纤维织成布料制作衣服。同时,挹娄时期的裘皮加工技术得到进一步发展,裘衣品种增多,有贵有贱,其中以貂狐最为贵重,羊鹿皮则较为低廉。"挹娄貂"③声名远播,成为中原地区深受人们喜爱的方物。随着社会生产力

① 房玄龄等:《晋书》卷九十七,中华书局 1974 年版,第 2534~2535 页。
② 陈寿:《三国志》卷三十,中华书局 2005 年版,第 847 页。
③ 陈寿:《三国志》卷三十,中华书局 2005 年版,第 848 页。

的提高和经济文化水平的发展,挹娄人的衣服表现出由粗到细、材料逐渐丰富多样的变化。此时的服饰形制尚不完全清楚,推测应以方便行走、适宜生产和生活需要为主。

从现存史料分析,勿吉时期的服装基本继承了肃慎、挹娄的服装习俗,并在生产力日益发展的前提下得到了一定发展,开始具有精致考究的趋势。当时,勿吉人的经济生产方式主要有两种:一是狩猎;二是采集野生植物。因此,勿吉人不再单纯地使用兽皮做服装,而是进一步使用植物纤维纺线、编织布帛,使服装面料种类不断增多。受到东北地区气候条件和勿吉人经济生产等因素的影响,在服饰上,"妇人则布裙,男子猪犬皮裘"[①]。这是因为,东北在冬季时天气寒冷,男人外出狩猎时须着皮裘保暖御寒,而女人相对较少外出,多在居所内劳动生产,所以以着布裙为主。另外,通过"头插虎豹尾"[②]的描述,可知勿吉人在配饰上也表现出民族特性,多以狩猎获得的虎尾或豹尾来装饰头部,展现他们的勇猛和善猎。

靺鞨时期,在服饰上基本沿袭了勿吉时期的习俗,与勿吉人"妇人则布裙,男子猪犬皮裘"的着装方式并无太大区别,靺鞨男子还是以裘皮制作的服装为主,而女子多是穿布裙。在装饰品上,多以野猪牙、野鸡尾部插头为饰,依然保留了狩猎民族的自身特点。

(二)女真时期的服饰

历史上,女真延续时间较长,在不同阶段也表现出不完全一致的服饰特征。特别是在女真人所建立的金代,服饰变化相对较大。

辽代女真在经济上还处于相对落后的时期,服饰变化不大,主要继承前代风俗,仍然以毛皮、麻布和少量丝织品为主要服装原料。辽代统治时期的女真人,屡次以"名马、貂皮"为贡。可见,貂皮在当时仍是名贵的皮毛,是较为稀有的服装材料。此外,亦有其他皮类制作的服装。贫苦之人以牛、马、猪、羊、猫、犬、鱼、蛇、鹿之皮制衣;富人春夏以丝绸、细棉制衫,亦以细布制之,而秋冬季则用貂鼠、青鼠、狐貉皮或羊羔皮制裘。因辽代女真人的纺织

---

① 魏收:《魏书》卷一百,中华书局1974年版,第2220页。
② 魏收:《魏书》卷一百,中华书局1974年版,第2220页。

技艺还较为粗糙,丝绸、棉布等多是与中原地区贸易交换所得,价格昂贵,富有之家才会以此制作衣裳。着装上的不同能够反映出辽代女真人在贫富上的差距。

随着政权的建立和发展,金代的女真人对服饰进行了改革与创新,使其逐渐摆脱以往的束缚,开始形成自己独特的服饰文化。《金史·舆服下》记载,金代男子服饰有四种:"带,巾,盘领衣,乌皮靴。"①这是金代男子服饰之通制,可由大量金墓壁画及阿城齐国王墓中出土的服饰实物来印证。金代男子的冠饰分为两种:一种是左文右武之冠;另一种是右文左武之冠。其中以左文右武冠为主。这一时期女性上装团衫,直领,左衽式,腋下两侧做双折裥。衣以棉为主,并夹有锦缎;裙以丝绢为体;裤多用麻线缠扎而成。金代女子多喜金、珠玉首饰,常头戴羔皮帽。女真女子多辫发盘髻。② 其服饰大都保留着旧俗。

元代女真人仍然以传统皮毛为衣料,夏天则以麻布为衣。在服饰上,他们既保留着北方游牧民族的特点,又吸收和融合了中原汉族文化中的精华。元末女真族统治者对民族融合有一定的认识,采取一些措施进行调整。服装形制与金代民间女真人服装式样基本相同。

明代女真以朝贡、马市等方式得到新型服装面料,绢、布、缎等都成为新增织物之一。明代建州、海西女真"善缉纺"③,是满族祖先流传至今的手工工艺,对后世纺织业发展有启蒙作用。明代女真族服饰款式变化不大。

二、清代满族服饰

(一)清代流人记载的东北的满族服饰

清代流人文献中有关衣着服饰方面的记录,大多表现出了服装原料上

① 脱脱等:《金史》卷四十三,中华书局 1975 年版,第 984 页。
② 脱脱等:《金史》卷四十三,中华书局 1975 年版,第 985~986 页。
③ 《辽东志》卷七,转引自魏国忠:《肃慎》,黑龙江人民出版社 2017 年版,第 313 页。

的差异,这一差异可以折射出民族特点、社会地位和贫富差距等问题。清中叶以后,随着商品经济的发展,人们生活水平提高了,服饰原料及工艺不断发生变化,对穿着的要求也随之发生变化。

当时,民间服饰以织物为主,服装的材质多为麻布。如《宁古塔山水记》之"石城"载:宁古塔"编麻为布","其妇女着麻布"。① 《柳边纪略》卷之三载:昔日"满洲富者缉麻为寒衣,捣麻为絮,贫者……不知有布帛……今居宁古塔者,衣食粗足,则皆服绸缎矣……惟贫者乃服布"②。

除了麻布外,还包括各种以动物皮毛为原料的服装,如《卜魁纪略》载:堪达汉……皮以为衣、裙、靴、鞋,可避枪箭。亲达卑[罕]……其皮毛,冬白色,春夏秋青色,为衣,最轻暖。"③《柳边纪略》卷之三载:昔日"贫者衣狍、鹿皮",而"今居宁古塔者……天寒披重羊裘,或猞猁狲、狼皮打呼"。④《宁古塔纪略》载:"出门者,腰带必系小刀匙子袋、火链袋、手帕等物。"⑤

(二)满族特色服饰

满族人生活在北方地区,因此环境对于满族服饰的影响不言而喻。满族人的内心当中蕴含一种不服输、不怯懦的性格,面对严寒酷暑迎难而上,这种性格在满族服饰中展现得淋漓尽致。制作适合冬季戴的帽子、防风旗袍、各种毛皮外衣等都能体现出满族人热爱生活、面对恶劣环境不退缩、聪明机智、注重实用性的民族心理。满族是一个生活在马背上的民族,半游牧、半定居的生活使得他们在方方面面都要考虑到便利问题,这也是影响满族服饰文化的重要方面。满族人勇敢强悍,擅骑射,在服装设计上多考虑到骑射的方便,由此更能体现出他们把骑射当作最重要的事,甚至在太学、宫办学中均设骑射课程。

1. 旗装

清代入关后,规定了一整套严格的服装制度——八旗制,即由皇帝直接

---

① 杨锡春、李兴盛:《宁古塔历史文化》,黑龙江人民出版社 2004 年版,第 218 页。
② 杨宾、方式济、吴桭臣:《龙江三纪》,黑龙江人民出版社 1985 年版,第 84 页。
③ 徐宗亮等:《黑龙江述略(外六种)》,黑龙江人民出版社 1985 年版,第 123 页。
④ 杨宾、方式济、吴桭臣:《龙江三纪》,黑龙江人民出版社 1985 年版,第 84 页。
⑤ 杨宾、方式济、吴桭臣:《龙江三纪》,黑龙江人民出版社 1985 年版,第 246 页。

统辖下的所有旗人的服饰习惯。其中包括旗袍。旗袍是我国古老的时装之一,清代时非常流行。在满语里,旗袍也可叫作"衣介"。旗袍多以绸缎缝纫而成,花色丰富,做工精细。旗袍的领口、衣襟和袖边上都要嵌上数条花条或者彩牙儿,有些还需要镶十八条衣边才能把旗袍缝好。有的在旗袍面上绣一套花纹,并在衣襟、袖口、领口、下摆等部位镶几层细密花边。旗袍主要可分为单、夹、皮、棉等四种不同形态,即现在所说的单衣、夹衣、皮衣、棉衣。

通常情况下,提起旗袍,我们的头脑里都会闪现出婀娜多姿的女性形态,但旗袍不只属于女性,男性同样可以穿旗袍。两者风格相差不大,只不过女性旗袍外表更精致,而男性旗袍则更宽松些。

随着时代的发展,男性旗袍渐渐荒废,女性旗袍则得到了继承和发扬,成为现代社会具有代表性的女性传统服饰。发展到今天,作为"旗装"的旗袍逐步融入现代文化,但旗袍始终保留着其强烈的东方色彩,彰显穿着者雍容华贵的仪态和娴雅的气质,保持着代表服饰的地位。

2. 旗鞋

旗鞋也是满族服饰的经典代表。旗鞋不仅体现出了满族人民的生活方式,更将他们独特的审美情趣展现出来。从某种意义上来说,它代表着一个人的身份、地位与精神追求。满族人民的民族文化里,有"女履旗鞋男穿靴"①这一经典风俗。

满族男子更爱穿乌拉鞋。这类鞋子多以兽皮缝制而成,兽皮内絮有很厚的乌拉草,能起到良好的御寒保暖作用,而且穿起来也较轻便,非常适合冬季男子出猎。

满族女性穿着的旗鞋也称"寸子鞋"。入关后,女性所穿着的旗鞋也渐渐改变,发展成了"高跟木底鞋",鞋底中心位置嵌有一个约三寸长的高底。该木质鞋底正中部细,两侧较高,当时人把它叫作"花盆底"或"马蹄底"。木底周围裹有白布。鞋面上,富家多用缎,贫者用布,均彩绣花卉图案,素而不花。贵族妇女往往在鞋面上装饰珠宝翠玉,或在鞋头上加璎珞。

"马蹄底"最初只是用来走路时垫脚的,后来渐渐演变成女性穿鞋的标

---

① 彭勃:《满族》,民族出版社 1985 年版,第 86 页。

准样式之一。少女到十三四岁时开始穿着此鞋。

妇女们穿着这种鞋子走路的姿势,迎合了那个时代满族贵族男子对美的追求,也反映出那个时代的民族文化。到了清代后期,"马蹄底"有改换成布鞋的趋势。民国后,该样式的鞋子就很少见了。

3. 马褂与坎肩

在历史上,满族男子大都穿着马蹄袖袍褂,腰束衣带,或长袍外着对襟马褂,夏戴凉帽,冬戴皮马虎帽。由于居住地域和生产生活方式不同,他们的服装也有明显差异。

满族妇女穿着的多是一种长筒裙式短衣。服装喜青、蓝、褐等多种颜色,棉、丝、绸、缎等不同质地衣料,裤腿扎以青色腿带,足蹬棉布靴或皮靴等,冬着皮制乌拉。

马褂是清代服饰中不可缺少的部分。马褂的样式是:圆领,对襟,"身长齐脐,袖长及肘,四边开褉"①。马褂有短袖、长袖两种,短袖又有对襟、大襟、琵琶襟等几种。徐珂《清稗类钞·服饰类·卧龙袋》载:"卧龙袋,马褂之窄袖而对襟者也。其身较对襟、大襟之马褂略长,亦曰长袖马褂,河工效力之人员常以之为正式之行装,相传某相国尝随驾北征,其母夫人忧其文弱,不胜风寒,为纫是衣,取其暖而便也。相国感母恩,常服之不去身。一日,急诏论事,未遑易衣,帝问所衣何名。因直陈其事,帝褒其孝,命得服以入朝。当时名之阿娘袋,后误为卧龙袋,久之,又称为鹅翎袋矣。"②长袖马褂通称"卧龙袋",有单的、夹的、纱的、皮的、棉的各种式样。清前期,马褂盛行于八旗军旅。到了康雍时期,满族男子穿着马褂之俗已经流行,年轻人喜欢穿马褂,以显示武勇。因清帝主张骑射,常用马褂奖励大臣,马褂成了礼服。它既能显示身份和地位,又可使人显得潇洒飘逸。因此,马褂受到统治者和贵族阶层的青睐。清代统治者特别重视对"黄马褂"的制作。帝王赏"黄马褂",也就成了一种极崇高的殊荣。

坎肩也是满族服饰中典型的表现形式之一,它源于汉族的"半臂",是满汉文化融合而成的崭新服饰形式。清朝,坎肩已成为满族服饰的一个重要

---

① 魏国忠:《肃慎》,黑龙江人民出版社 2017 年版,第 345 页。
② 徐珂:《清稗类钞》第十三册,中华书局 1986 年版,第 6181 页。

组成部分。它制作精美,形制独特,贵族用布嵌缝各种花边,也可绣制各种纹样和图案,可作为外衣,也有装饰作用。

坎肩的材质较多,分为单、夹、棉、皮等不同的样式,种类丰富,其中琵琶襟、人字襟、一字襟、巴图鲁等均是满族人民喜爱的坎肩形式①。其中"巴图鲁"是满族男子十分推崇的坎肩种类,其在满语中有"勇士"的意思,男子的巴图鲁上会镶嵌鹰的花纹。满族坎肩多用皮毛、缎、纱、缂丝、绸、棉等做面料,根据季节的变化变换穿着,如春秋季节多用绸、缎,冬季用皮毛,夏季则选用纱或缂丝。坎肩的扣子多为银扣或铜扣。

女性坎肩是用色彩绚丽的锦缎作为主要缝制材料制作而成的,领口、袖口和坎肩边缘等处以绣有寓意吉祥花纹的绦带为饰,部分坎肩还有大襟,前后两面有纹饰。

大坎肩满语叫 guwalasun,又名长坎肩、褂襕等。这是满族女子在春秋天凉时穿用的,衣长过膝。小坎肩衣长及腰。

妇女们喜欢穿长而足的旗装或外披坎肩。服装多采用不同颜色、不同花纹的丝绸、花缎、罗纱或者棉、麻等衣料。有的采用中国传统服饰纹样,如牡丹、莲花等;也有的采用几何图形设计而成。

满族男女喜欢将佩饰悬挂于腰或衣之大襟上。男子有火镰、耳勺、牙签、眼镜盒、扇带等,妇女有香囊、荷包之类。

4. 发式

大拉翅是满族贵族女子的发式。它始于清同治初年(1862 年),兴盛于光绪、宣统时期。据记载,此俗流行于京、津一带,其式样为顶发梳成圆髻,脑后发呈燕尾式。另外用黑缎、绒或纱做成"不"字形头板;其底用铁丝做成扣碗的形状,称为"头座",扣在头上的发髻上,用头发缠在一起,使之固定。一般在头板中央佩戴彩色大绢花,称为"头正"或"端正花",并加珠、玉簪、步摇及鲜花等装饰,或在右边缀以彩色长丝穗等。② 此发式因其头板像两个翅膀打开,故名。

---

① 杨清源、徐玉良:《满族历史文化研究》,中国戏剧出版社 2008 年版,第 98 页。
② 屈雅君等:《阅读织物上的历史:中华嫁衣文化调查》,陕西师范大学出版社 2018 年版,第 45 页。

由于大拉翅式样的旗头出现,清晚期形成"旗头燕尾"的满族经典发型。由于大拉翅能够承载更多的配饰,所以宫廷女子也不必再花很多工夫来打理头发。

5. 帽子

帽满语称为"玛哈"。满族不论长幼,一年四季均可戴。春、夏礼帽是无檐凉帽,呈锥伞形。贵族以"得勒苏草"(俗称"玉草")编织而成,平民以其他草本植物编织而成。秋冬季佩戴暖帽,暖帽由呢、毡做成,呈圆形,有二寸左右宽的檐口,檐口镶着毛皮。贵族多用貂皮、水獭皮制作,平民则用青鼠、狍皮镶边,帽顶用红缨装饰。

便帽,又称小帽,俗称"瓜皮帽",老幼均可佩戴。帽形上锐下阔,方瓣拼接,帽顶镶丝绒结,多为红黑两色,贵族帽檐额头中央缀以珍珠、翠玉、猫眼石、银片等。

年轻的八旗子弟喜欢在帽疙瘩上穿一尺多长的红丝绳,显得英姿飒爽。瓜皮帽一直传承到民国时期。

老年人在冬季戴大风帽,俗称"风兜"。它的帽扇较长,能遮住脖颈,便于保暖。

满族女子平日喜爱平顶帽,帽的边缘绷着檐口,上面装饰着云子卷图案。

老年妇女佩戴的"脑包",为一中部宽大、两端狭窄的长条带子,上面镶有素边,正中绣有素花,围在额头处可以挡住冷风,还能让发型整洁。

第二节　饮　食

清代东北地区虽然地远天寒、生存条件差,但就清代东北流人文献记载的粮食情况看,民众在同自然环境不断抗争的过程中已极大地拓展了粮食来源范围。

东北满族的饮食习俗说到底受到先民的影响甚大。受到自然环境的影响,千百年来,生活于东北地区的满族及其祖先,上至肃慎、挹娄,下至勿吉、靺鞨、女真等各个时期都体现出特定的饮食习惯。

一、满族先民的饮食习俗

肃慎时期以渔猎为主。《晋书·四夷传》记载其"无牛羊,多畜猪,食其肉,衣其皮,绩毛以为布"①,生产力相对低下,导致肃慎人利用火将肉弄熟的能力有限。因此,生吃食物现象较为常见,如《晋书·四夷传》所记载:"坐则箕踞,以足挟肉而啖之,得冻肉,坐其上令暖。"②

和肃慎时期相比,挹娄时期,猪同样是普遍饲养的家畜和主要的食物来源之一。如《后汉书·东夷列传》记载:"好养豕,食其肉,衣其皮。"③但有所不同的是,挹娄时期,原始农业、饲养业和手工业有所发展。挹娄人开始种植五谷,农业在挹娄时期越来越重要,五谷杂粮也开始成为挹娄人的食物。《后汉书·东夷列传》载:"有五谷、麻布,出赤玉、好貂。"④从食肉到食谷是满族先民饮食结构的一大变化。

勿吉人除继承了之前的饮食结构外,还初步掌握了酒的酿造技术。《北史》卷九十四载:"嚼米为酒,饮之亦醉。"⑤同时,勿吉人掌握了更为合理的盐的获取方式。勿吉人居住的地方有生盐的盐碱地和盐池:"水气咸,生盐于木皮之上,亦有盐池。"⑥

隋唐时,靺鞨形成了部落联盟,并建立了渤海国。靺鞨时期的饮食结构又与先前发生了变化。在农业方面,特别是渤海时期,靺鞨人种植的农作物种类增加。据《隋书·东夷传》载,靺鞨"土多粟麦穄"⑦。《新唐书·北狄传》载,渤海有"栅城之豉""卢城之稻"⑧,并且在东康遗址出土有粟、黍等碳化谷物,说明渤海时期粮食已有粟、麦、黍、稻、穄、菽(豆类的总称)等。其

---

① 房玄龄等:《晋书》卷九十七,中华书局 1974 年版,第 2534 页。
② 房玄龄等:《晋书》卷九十七,中华书局 1974 年版,第 2534 页。
③ 范晔:《后汉书》卷八十五,中华书局 1973 年版,第 2812 页。
④ 范晔:《后汉书》卷八十五,中华书局 1973 年版,第 2812 页。
⑤ 李延寿:《北史》卷九十四,中华书局 1974 年版,第 3124 页。
⑥ 李延寿:《北史》卷九十四,中华书局 1974 年版,第 3124 页。
⑦ 魏徵等:《隋书》卷八十一,中华书局 1973 年版,第 1821 页。
⑧ 欧阳修、宋祁:《新唐书》卷二百一十九,中华书局 1975 年版,第 6183 页。

中,水稻大面积栽培在改变渤海人民食物结构、保障粮食供应等方面起到了举足轻重的作用。

渤海国的畜牧业也较发达,饲养猪、马、牛、羊等家畜,其中以郑颉府养猪最为有名。《旧唐书·靺鞨传》载,靺鞨,"其畜宜猪,富人至数百口"①。其渔猎经济也很重要,如《新唐书·北狄传》记载靺鞨"善射猎"②,"太白山之菟……扶余之鹿,郑颉之豕,率宾之马……湄沱湖之鲫"③皆名扬中原。农业、畜牧业的发展,扩大了渤海人民的食物来源范围,饮食结构得到了进一步完善。

在女真时期,随着当时的社会经济发展水平的提高,其饮食文化的特点也发生了相应的变化,有了明晰的主副食结构和调味品等。谷物食品多样,有粥、米饭、饼、馒头及糕点等。炒面为女真人经常食用的一种主食。该主食制作工艺简单,便于携带,为行军打仗中最主要的军粮。《金史》卷一"世纪"记载,世祖时与桓赧、散达大战,其士兵"以水沃面,调麨水饮之"④。"麨"即炒面。

女真人的餐饭,是用小米(粟)做成主食,然后再加动物肉、内脏、血以及蔬菜等混合而成。粥也是人们日常生活中及行军时的主要食品。

女真人食肉的品种增多,并且不乏乳和乳制品。女真人食肉品种丰富源于畜牧、饲养、渔猎等活动,凡猪、羊、鸡、鹿、兔、狼、麂、獐之类的肉类,均属女真人所食。在不适宜农耕的草原地区,乳及乳制品是各民族人民的主要饮品。

女真人生活的地区有一种野生白芍药花,许多女真人采摘白芍药花嫩芽制作菜肴,切碎,拌入面条,煎成蔬菜饼即可食用,口感脆嫩可口。

女真人在很早的时候就开始酿醋。《松漠纪闻》卷下记载:金朝招待宋使的食物清单上有"醋二斤"⑤。在很多菜里,要用醋来调味,烹鱼尤其是这

① 刘昫:《旧唐书》卷一百九十九下,中华书局 1975 年版,第 5358 页。
② 欧阳修、宋祁:《新唐书》卷二百一十九,中华书局 1975 年版,第 6178 页。
③ 欧阳修、宋祁:《新唐书》卷二百一十九,中华书局 1975 年版,第 6183 页。
④ 脱脱等:《金史》卷一,中华书局 1975 年版,第 8 页。
⑤ 李澍田:《松漠纪闻　扈从东巡日录　启东录　皇华纪程　边疆叛迹》,吉林文史出版社 1986 年版,第 43 页。

样。郭正平曾有诗《赋醋鱼》："身卧不知云子白，气醋聊作木奴酸。"①似乎烹鱼用醋，那时已经十分普遍了。

油，是女真人很早之前就能做出来的调味品。前引《松漠纪闻》卷一食品清单有"油一斤"②。此外，女真人的面食多用油煎而成，亦表明油是主副食中经常使用的调料。

女真的面食除了用油煎以外，也有的用蜜涂抹混合。随着女真社会生产力发展和与汉人交往增加，其食品制作渐趋考究。辽金时期，辽东女真及汉人食品中已出现蜜糕和松糕。《松漠记闻》中记载了松糕的做法，就是将松实与胡桃肉一起渍上蜜汁，然后和入糯米粉中，做成方、圆等形状，大略与浙中宝塔糕相同。

女真人在很早的时候就能做出酱料，用盐和面做成。前引金国招待宋使的食物名单上，有"面酱半斤"的字样。《三朝北盟会编》亦有女真"以豆为酱"③的记载。这里的"酱"，有的版本作"浆"，但似应作酱。直至今日东北农家仍用盐与大豆做酱。

女真人生活的地区本不产姜，"至燕方有之，每价至千二百金，人珍甚，不肯妄设，遇到宾至，缕切数丝置碟中，以为异品，不以杂之饮食中也"④。女真人食野兽、家畜肉和鱼、雁，或焚或煮，生肴不断，"多芥蒜渍沃"，就是借用这些辛辣味来缓解腥膻。

由于掌握了酿酒技术，饮酒盛行于金代女真人的各个阶层，成为其日常生活中的一个组成部分。景祖乌古乃即嗜酒，世祖幼里钵更嗜酒，"尝乘醉骑驴入室中"⑤。

金初视茶叶为尊贵之饮，皆源于宋人岁贡及对宋贸易。《松漠纪闻》

① 陈衍：《元诗纪事》卷三十二，商务印书馆，1925 年版，第 5 页。

② 李澍田：《松漠纪闻　扈从东巡日录　启东录　皇华纪程　边疆叛迹》，吉林文史出版社 1986 年版，第 43 页。

③ 徐梦莘：《三朝北盟会编》卷三"政宣上帙三"，上海古籍出版社 2019 年版，第 17 页。

④ 宋德金、史金波：《中国风俗通史》辽金西夏卷，上海文艺出版社 2001 年版，第 261 页。

⑤ 脱脱等：《金史》卷一，中华书局 1975 年版，第 10 页。

载:"宴罢,富者瀹建茗,留上客数人啜之,或以粗者煎乳酪。"①这里"粗者煎乳酪"指的是奶茶。这时候的女真人饮茶之风盛行,成为上层社会的流行风尚。

女真人的宴席主要分为两种类型。一种是一般的酒宴,《三朝北盟会编》载:"下粥肉味无多品,止以鱼生、獐生,间用烧肉。冬亦冷饮,却以木楪盛饭,木碗盛羹。下饭肉味与下粥一等。饮酒无算,只用一木杓子,自上而下,循环酌之。炙股烹脯,以余肉和菜捣臼中,糜烂而进,率以为常。"②另外一种是御宴,也就是统治者和百姓同饮同食的一种宴席,类似于一种丰盛的野餐。史料载:"阿骨打聚诸酋共食,则炕上……人置稗饭一碗,加匕其上,列以蓳韭、野蒜、长瓜,皆以盐渍者,别以木盛猪、羊、鸡、鹿、兔、狼、麂、獐、狐狸、牛、驴、犬、马、鹅、雁、鱼、鸭、虾蟆等肉。或燔或烹,或生育,多芥蒜渍沃,续共列,各取佩刀,脔切荐饭,食罢,方以薄酒传杯冷饮,谓之御宴者亦如此。"③

二、清代东北地区的饮食习俗

随着农业的逐渐发达,清代东北饮食亦倾向于农业产品。朴素原始的饮食方式正在逐步改变,表现为饮食礼仪逐步增多,饮食特色也趋于丰富。

(一)主食类

清代东北地区满族人主要的粮食作物有十余种,如:《卜魁纪略》记载有包谷④;《绝域纪略》记载有粟、稗子、铃铛麦、大麦、小麦、面麦等⑤;《龙沙纪

---

①　李澍田:《松漠纪闻 扈从东巡日录 启东录 皇华纪程 边疆叛迹》,吉林文史出版社 1986 年版,第 29 页。

②　徐梦莘:《三朝北盟会编》卷三"政宣上帙三",上海古籍出版社 2019 年版,第 17 页。

③　宝力格:《草原文化研究资料选编(第七辑)》,内蒙古教育出版社 2012 年版,第 199 页。

④　徐宗亮等:《黑龙江述略(外六种)》,黑龙江人民出版社 1985 年版,第 122 页。

⑤　杨锡春、李兴盛:《宁古塔历史文化》,黑龙江人民出版社 2004 年版,第 209 页。

略》"饮食"记载有粟、黍、大小麦、糜、穄麦(铃铛麦)、稻米等①;《宁古塔山水记》之"石城"载有菽、麦、黍、稷、豆、粱、稊、稗、麻、苇等②;《柳边纪略》卷之三载"谷凡十种:曰稗子、曰小麦、曰大麦、曰粟、曰秫、曰黍、曰稷、曰高粱、曰荞麦、曰穄麦"③;《宁古塔纪略》则载"五谷俱生,惟无稻米"④。

满族饮食文化中,主食首推黏食,即以稷(糜子)为主要食物。它由高粱、黏苞米、糜子、红黏谷等组成。古人出捕或打鱼,一般都会携带大量面食,尤其是黏食,既耐寒又解饥饿,满族人尤其如此。黏食对满族人的生活至关重要。黏食能提供身体需要的能量。清代黏食对满族饮食的重要性也表现在祭祀祖先、敬神方面。在《钦定满洲祭神祭天典礼》一书中就有相应的记载。在每一年的春天和秋天,有一个祭祀之日。在那天,人们通常用打糕和搓条饽饽来祭祀,并且在不同的月份有不同的祭祀品:"正月以馓子供献。五月以椵叶饽饽供献。六月以苏叶饽饽供献。七月以新黍蒸淋浆糕供献。八月以新稷蒸饭,用木榔头打熟,作为饺子、炸油供献。"⑤

满洲贵族对面食也情有独钟,入关前宫廷中的面食多采用"蒸""贴""炸"等方式制作而成。《满文老档》卷五十三,天命八年(1623年)五月记载:"汗(努尔哈赤)在二十四对八贝勒家人说:'在宴席桌上摆的东西,麻花饽饽一种、麦子饽饽二种、朝鲜饽饽一种、炸食饽饽一种、馒头、绿豆粉、果子、鹅、鸡、各种汤中的一种、大肉汤。'"⑥

宫廷筵宴必做之菜也有汤羹类,如大肉汤和蛤士蚂羹就是经常出现的汤羹类菜肴。

烧酒以高粱为原料酿制而成,为宫廷筵宴上的主酒,在祭祀中亦有使用。米酒就是黄米酒(也称芦酒),满语称"詹冲努力",通常在入秋以后以大黄米或者小黄米熬成粥状,盛入缸中,经过发酵酿制而成,味甘、香、微酸。努尔哈赤统一女真各部每一次庆功会筵席上都要喝这种酒。除酒外,茶的

① 杨宾、方式济、吴桭臣:《龙江三纪》,黑龙江人民出版社1985年版,第214页。
② 杨锡春、李兴盛:《宁古塔历史文化》,黑龙江人民出版社2004年版,第217页。
③ 杨宾、方式济、吴桭臣:《龙江三纪》,黑龙江人民出版社1985年版,第83~84页。
④ 杨宾、方式济、吴桭臣:《龙江三纪》,黑龙江人民出版社1985年版,第245页。
⑤ 赵志忠:《满族文化概论》,中央民族大学出版社2008年版,第247页。
⑥ 太祖朝:《重译〈满文老档〉》第三分册,辽宁大学历史系1979年版,第53页。

品种亦多,有芝麻茶、面茶、天池茶、松茶、清茶、黑茶、奶茶等等。其中面茶是满族的特色。面茶又称油茶面,就是用牛的骨髓油与干果仁(如芝麻仁、核桃仁)在面粉中炒制而成,吃的时候,按量盛在碗里,加入糖或食盐,用开水冲到半液的状态即成。

(二)肉食类

东北地区冬天又长又冷,要靠吃热量高的肉类食物来御寒。

满族人早期生活方式主要是狩猎、吃肉、穿毛取暖。同时东北地区动物资源丰富,给满族人带来了生存条件,养成了喜欢吃野味的习惯,像野猪、鹿、熊、野鸡、狍和野鸭就是当时肉食的来源,造就了"山八珍""禽八珍"的独特饮食系列。其中"山八珍"有熊掌、哈士蟆、猩唇、豹胎、犀尾和鹿筋等;"禽八珍"包括红燕、飞龙、鹌鹑、天鹅等。[1]

家禽和牲畜方面,《绝域纪略》中记载的有鸡、豚、鹅、鸭[2],《宁古塔纪略》中记载的有猪、羊、鸡、鹅[3],《宁古塔山水记》中的"石城"记载的有马、牛、犬、豕、鸡、鹅[4]。

东北地区老百姓每天都能吃到的水产品也非常丰富,如:《绝域纪略》记载有遮鲈、剌姑等[5];《宁古塔纪略》载有"形似缩项鳊,满名'发禄'"[6]的鱼,此外还有"鲟鳇鱼,他如青鱼、鲤鱼、鳊鱼、鲫鱼"[7]等,以及"上半身似蟹,下截似虾"的"哈什马"[8];《宁古塔山水记》之"杂记"载有折罗、打不害、蝼蛄等[9];《柳边纪略》卷之三载有牛鱼[10]、大发哈鱼[11]等;《龙沙纪略》"物产"载有

---

① 李自然:《生态文化与人——满族传统饮食文化研究》,民族出版社 2002 年版,第 53 页。

② 杨锡春、李兴盛:《宁古塔历史文化》,黑龙江人民出版社 2004 年版,第 210 页。

③ 杨宾、方式济、吴桭臣:《龙江三纪》,黑龙江人民出版社 1985 年版,第 248 页。

④ 杨锡春、李兴盛:《宁古塔历史文化》,黑龙江人民出版社 2004 年版,第 217 页。

⑤ 杨锡春、李兴盛:《宁古塔历史文化》,黑龙江人民出版社 2004 年版,第 210 页。

⑥ 杨宾、方式济、吴桭臣:《龙江三纪》,黑龙江人民出版社 1985 年版,第 237 页。

⑦ 杨宾、方式济、吴桭臣:《龙江三纪》,黑龙江人民出版社 1985 年版,第 237 页。

⑧ 杨宾、方式济、吴桭臣:《龙江三纪》,黑龙江人民出版社 1985 年版,第 237 页。

⑨ 杨锡春、李兴盛:《宁古塔历史文化》,黑龙江人民出版社 2004 年版,第 232 页。

⑩ 杨宾、方式济、吴桭臣:《龙江三纪》,黑龙江人民出版社 1985 年版,第 92 页。

⑪ 杨宾、方式济、吴桭臣:《龙江三纪》,黑龙江人民出版社 1985 年版,第 87 页。

鲫、鲤、鳊、鳜、勾星鱼等①。

满族人也经常吃海参、海虾、海菜、海鱼。

满族人吃鱼的方法较多,素有晾晒鱼干之俗。此外,捕到鱼后,以湖水或河水煮熟,称"活水焖活鱼"。鳇鱼席就是以鳇鱼为材料做成宴席的,既可做成鱼肉丸子,又可做成煎鱼肉和生鱼片。

满族的哈士蟆羹味道很好,哈士蟆肉煮熟或烤熟食用,其卵往往制成哈士蟆羹。

(三)果蔬类

菜蔬方面,《卜魁风土记》载俄罗斯菘②可供食用,《卜魁纪略》载黑豆、黄豆、赤豆、小豆、芸豆、蚕豆、豌豆、扁豆③,瓜包括王瓜、西瓜、甜瓜、倭瓜、老羌瓜、西壶卢④,《绝域纪略》载丝瓜、扁豆、撇兰、小菱、莲子等蔬菜⑤,《柳边纪略》卷之三则载"瓜往时绝少,今李召林学种,各色俱有"⑥,《宁古塔纪略》亦载"余地种瓜菜,家家如此。因无买处,必须自种"⑦。

冬季严寒,蔬菜比较缺乏,可供食用的蔬菜品种单一,家家户户每到秋末冬初都要在庭院中向阳背风的地方挖一个土坑,把白菜、土豆、萝卜之类的蔬菜储存起来,其上横放木杆,铺秫秸,覆盖土壤,供冬季食用鲜菜。到第二年春天,当气温回升时再种回地中,让这些蔬菜重新生长起来,直到秋季收获为止。这种方法叫"反季节种植"。这种方法有很好的经济效益和社会效益。

东北满族也有食用山野菜之习,春天山野菜较多。《黑龙江外记》载:"野菜有名柳蒿者,春日家家采食,味道不甚鲜美,满语谓之额穆毗。"⑧山野

① 杨宾、方式济、吴桭臣:《龙江三纪》,黑龙江人民出版社1985年版,第221页。
② 王锡祺:《小方壶斋舆地丛钞》第1册,杭州古籍书店1985年版,第413页。
③ 徐宗亮等:《黑龙江述略(外六种)》,黑龙江人民出版社1985年版,第122页。
④ 徐宗亮等:《黑龙江述略(外六种)》,黑龙江人民出版社1985年版,第123页。
⑤ 杨锡春、李兴盛:《宁古塔历史文化》,黑龙江人民出版社2004年版,第209~210页。
⑥ 杨宾、方式济、吴桭臣:《龙江三纪》,黑龙江人民出版社1985年版,第88页。
⑦ 杨宾、方式济、吴桭臣:《龙江三纪》,黑龙江人民出版社1985年版,第232页。
⑧ 西清:《黑龙江外记》,黑龙江人民出版社1984年版,第83页。

菜中既有明叶菜、蕨菜、薇菜、柳蒿菜,又有多种木耳、榛菇和其他菌类,种类丰富。

东北地区的气候寒冷,无霜期短,新鲜蔬菜、水果冬天在平常人家很少出现,在此情况下人们能够利用冬季的低温创造有特色的冷冻食物。冻梨、冻柿子等冻货成为其中的代表。《黑龙江述略》载:"奉天产梨,经冬则冻如枯木,以盆贮冷水浸之,历日乃转润可食,理正同耳。"[1]

为了冬天能吃上充足的菜,满族人还会把秋天的菜晒干,等到冬天泡好之后煮着吃,口感也一样好。

(四)发酵类

腌酸菜是满族人们冬天存菜的一种方式。每到晚秋季节,把白菜在热水里烫熟,层层叠叠地放进缸内,并且在上面撒上盐,盛满缸后注水,在上面压上大石块,等待大约一个月就能腌好。腌出来的酸菜足以供一冬天食用。酸菜还有很多种食用方法,可以炒制、炖煮、熬汤、当馅吃等等,缓解油腻。该传统一直流传到现在。

豆酱也是满族人不可缺少的调味品之一。满族人"以豆为酱"的风俗,是沿袭祖先的传统。每到腊月初,要把黄豆煮好,制成块,通称"大酱块",再贮藏好,待来年春天放入缸内发酵,大约一个月后就可以吃了。

(五)茶类

在历史上,满族人喝的茶是多种多样的。奶茶受到满族人的青睐,其原料可以是牛奶、羊奶或马奶。满族人还自制土茶,具体分为以下几类:柳蕾茶,以嫩柳芽为原料烘焙而成,饮之可清火明目,有益健康,多用于招待客人;糊米茶最为普遍,老百姓用饭糊加沸水制成,可养胃、助消化;酸茶为满族人夏季自制饮料,其制作工艺为把发酵好的黄豆面和黄米面拌入水中煮沸,冷却后饮用。

---

[1] 徐宗亮等:《黑龙江述略(外六种)》,黑龙江人民出版社1985年版,第80页。

（六）酒类

满族先民便已有酿酒的习惯。满族人的酒类中，米儿酒、烧酒、松苓酒等具有代表性。酒亦见于清代东北流人的方志文献中，例如《龙沙纪略》和《绝域纪略》所载土人自酿米儿，《宁古塔纪略》既载米儿，又言土人以梨子和葡萄为酿，《柳边纪略》卷之四所载宁古塔烧酒曰汤子。

初期饮用的酒以米儿酒为主。米儿酒的酿制原料以黄米为主，因此也有"黄酒"之称，满语称 nure。《中华风格志》载："土人以黄米造酒，谓之黄酒，又有名秋酒者，关以东处处卖之。"①米儿酒的酿制方法就是把黄米用水浸泡后，上锅蒸一下，装在预备好的坛子里，加米汤并补充充足的水分，与黄酒掺充分混合，过几天就可以饮用，滋味甘醇，饮之不醉。米儿酒制作简便，流传甚广。在历史上，米儿酒除供应前方将士在战时饮用之外，也被广泛应用于满族百姓的生活和祭祀等大型活动之中。

烧酒也是满族人爱喝的酒。据《柳边纪略》记载："宁古塔烧酒曰汤子酒，斤银四分，黄酒斤银三分。烧酒家为之，惟黄酒多沽饮。"②清代宁古塔为军事重镇和满族人集聚之地，宁古塔的饮酒记录基本上反映了满族人的饮酒习俗。

松苓酒在清代属较珍贵的葡萄酒。松苓酒是一种药酒。从山上寻得一株古松，砍伐木根后，把白酒装在陶制酒器里，埋于其下，把松木之精华吸进酒里，经数年后掘出，酒色似琥珀，故称松苓酒。喝这种酒可以达到清心、明目之效，还能驱寒保暖，为生活在东北寒冷地区满族民众所欢迎。

（七）食用油

满族食用油主要是苏子油。例如《宁古塔纪略》中记载："油用苏子油……亦有麻油，稍贵。"③《柳边纪略》卷之三中也有榨取苏子油的记载，而《柳边纪略》卷之四中记载，苏子油的质量不及菜油："油皆苏子所打，斗得油

① 胡朴安：《中华风俗志》，上海文艺出版社，1988 年版，第 135 页。
② 杨宾、方式济、吴桭臣：《龙江三纪》，黑龙江人民出版社 1985 年版，第 110 页。
③ 杨宾、方式济、吴桭臣：《龙江三纪》，黑龙江人民出版社 1985 年版，第 246 页。

八九斤……气颇触鼻,品在菜油下。然菜油至自奉天,不常有。"①

(八)糕点类

清代东北地区也有许多富有民族特点或者地方特色的美食,例如《绝域纪略》中就有关于蜂蜜和打糕的记载②,《宁古塔纪略》中则记载了当地人制做山楂糕和玫瑰糖的习俗③,另外还包括香瓜和蜂蜜之类的美食。《柳边纪略》卷之四记载满族人在跳神完毕后,要吃祭祀用的叫作"飞石黑阿峰"的黏谷米糕④。

(九)宴会饮食

《柳边纪略》卷之三记载了宁古塔宴会的规模:"宁古塔宴会,以十二簋为率,小吃之数亦如之,争强斗胜,务以南方难致之物为贵,一席之费,大约值三四金。满洲则例用特牲,或猪、或羊、或鹅,其费更甚。"⑤"满洲有大宴会……主人先送烟,次献乳茶,名曰奶子茶;次注酒于爵……进特牲,以解手刀割而食之。"⑥可见,当时生活在东北的满族人已经开始重视宴客,会购买昂贵之物用于招待客人,与之前朴素的待客之道已有区别。

第三节　民　　居

民居是人们根据所处的环境,利用已有的材料和技术所建造出来的遮风避雨的空间,故民居是依附于自然环境而形成的。满族民居的产生不是一蹴而就的,而是在漫长的历史中不断思考与摸索的结果。

---

① 杨宾、方式济、吴桭臣:《龙江三纪》,黑龙江人民出版社1985年版,第110页。
② 杨锡春、李兴盛:《宁古塔历史文化》,黑龙江人民出版社2004年版,第212页。
③ 杨宾、方式济、吴桭臣:《龙江三纪》,黑龙江人民出版社1985年版,第238页。
④ 杨宾、方式济、吴桭臣:《龙江三纪》,黑龙江人民出版社1985年版,第109页。
⑤ 杨宾、方式济、吴桭臣:《龙江三纪》,黑龙江人民出版社1985年版,第84页。
⑥ 杨宾、方式济、吴桭臣:《龙江三纪》,黑龙江人民出版社1985年版,第91~92页。

一、满族先世的居住习俗

在《晋书》中记载，肃慎氏"夏则巢居，冬则穴处"①，由此可见，此时满族先民夏季由于湿润、猛兽众多，他们选择像鸟一样栖居于树上，冬季天气寒冷，为御寒则主要采取穴居的方式。这就是古代北方民族原始定居性聚落形成与发展的基础。活动于白山黑水地区的肃慎部族以渔猎生产为主，与这种生活方式相对应的原始居住方式巢居、穴居应运而生，居址大多选在渔猎资源较多的山林中或者湖泊周围。

至挹娄时，穴居较为盛行。《三国志》中说，挹娄"常穴居，大家深九梯，以多为好"②。

对于尚不具备建造房屋能力的挹娄人来说，穴居更牢固、更有保障，这一民居形式上的转变也充分反映出其对自然环境更深层次的顺应。与此同时，从该书中"深九梯"可见对住所的建造水平有了提升，掘土为室以御严冬。由"以多为好"还可以感觉到，这时住所上所反映出来的等级制度已经萌芽了。这些都是当时社会发展与经济发达的表现。随着时代进步和科学技术的发展，人们对居室环境有更高要求：首先要满足基本的生活需求；其次还要满足精神上的需要。居者身份越尊贵，穴室就越深。

此后，勿吉时的居住形式有所改变。在《魏书》中记载："勿吉国，在高句丽北，旧肃慎国也……其地下湿，筑城穴居……开口于上，以梯出入。"③可见此时勿吉人虽然继续过着半地穴式生活，但是对穴口做了补强，使其能较好地御寒。勿吉人所居住的半地穴居室称为半穴房。建筑方法如下：首先在地表挖出一至两米深的土坑，将木梁架于土坑之上，上面覆盖树枝织成的大棚，大棚上面再用草泥抹平。出口处，常以石板和木板搭成障碍，这是满族民居特色"影壁"的雏形。一些居室内已出现专用取暖设备，即火墙。"半穴房"出现了地面以上的框架结构，这是走向地面建筑的一大步。穴居群外

---

① 房玄龄等：《晋书》卷九十七，中华书局 1974 年版，第 2534 页。
② 陈寿：《三国志》卷三十，中华书局 2005 年版，第 847 页。
③ 魏收：《魏书》卷一百，中华书局 1974 年版，第 2219~2220 页。

面，还筑起了一堵数百米长的形似土堤的围墙，把"半穴房"围起来。这表明勿吉人已拥有相对稳定的一夫一妻制家庭和氏族，其部落具有鲜明的军事性质。在这个椭圆形城中，一排排有序的"半穴房"构成了满族先民最古老的村落。

公元七世纪，粟末靺鞨人建立渤海政权。《隋书·靺鞨传》载："所居多依山水……地卑湿，筑土如堤，凿穴以居，开口向上，以梯出入。"①《旧唐书·靺鞨传》载："无屋宇，并依山水掘地为穴，架木于上，以土覆之，状如中国之冢墓，相聚而居。夏则出随水草，冬则入处穴中。"②渤海人对唐朝的文化是抱着开放的态度来研究和借鉴的。他们以中原文化为根基，同时也保留了一些民族性、区域性特点。渤海五京地区的房屋建筑大多模仿唐朝长安城造型，居住条件也因此得到了很大改善。上京地区（今黑龙江省宁安市渤海镇）一般平民住宅大多为地面建筑，有的建筑室内还有火炕、烟道等设施。受唐文化影响，渤海的建筑技术亦有所发展。当地石材丰富，所以建筑台基用大石块夯筑。上京遗址遗留的土坯墙上，发现有用于提高墙体韧性与强度的草拌泥。渤海民居是东北地区满族先民与其他民族文化相互交融的体现。

《新唐书·黑水靺鞨传》记载："居无室庐，负山水坎地，梁木其上，覆以土，如丘冢然。夏出随水草，冬入处。"③从该书的记述中不难看出，黑水靺鞨的居住形式也因技术水平与生产能力的提高而发生变化。黑水靺鞨的民居建筑已从地下穴居变为半地上，并且具有了房屋的雏形，奠定了以后房屋依地而建的基础。

辽金时期，居住的建筑又向依地而建的方向发展。如《三朝北盟会编》中所记，"其俗依山谷而居，联木为栅，屋高数尺……墙垣篱壁，率皆以木……环屋为土床……以其取暖"④。这时居住形式改为地面居住。建筑多

① 魏徵等：《隋书》卷八十一，中华书局1973年版，第1821页。
② 刘昫：《旧唐书》卷一百九十九下，中华书局1975年版，第5358页。
③ 欧阳修、宋祁：《新唐书》卷二百一十九，中华书局1975年版，第6178页。
④ 徐梦莘：《三朝北盟会编》卷三"政宣上帙三"，上海古籍出版社2019年版，第17页。

为木结构,高达几尺,四周用土坯围砌,内置火,用于冬季取暖。此外,不少汉族人进入女真人的聚集地,并把建造技术不断优化。经过曲径通幽的形态演变,女真人开始形成地面生活格局。

此时女真有一种典型的民居叫作"桦皮房",它显示出女真人的建筑技术水平提高,显示出其建造民居不只是对环境的适应,而且还是利用环境营造出更加舒适的居住空间。

女真人建造的桦皮房"桦皮厚盈寸,取以为室,覆可代瓦,旁作墙壁户牖,即以山中所产之木用之,费不劳而工省,乃我满洲旧风,无殊周室之陶复陶穴也"①。房屋整体为木质框架,以树皮作为挡墙,墙体中填充泥和草,外加木条板。这样就使墙壁之中形成夹层,增加了墙体厚度,能够有效地隔绝冷空气,以保持室温。同时门朝东,以吸纳阳光。火炕的广泛应用直接影响了女真人的生活。火炕用砖垒砌,设有三条炕洞,炕洞上面铺砌大块平板石。火炕的出现解决了满族先世的取暖问题,是满族先世建筑史上的重大突破。

居住在东北的女真人可大致划分为三部分,即聚居于黑龙江流域的野人女真、聚居于松花江中游地区的海西女真和散居于长白山到鸭绿江之间的建州女真。明代建州女真、海西女真部落由牡丹江流域渐次南迁至辽东地区定居。这两部分女真人在这一进程中经历了由渔猎文化向农耕文化的转变。野人女真由于位置偏僻,其主要居住形式仍是穴居,但海西女真、建州女真居室已从较简单的地面居演变为"口袋房",屋状似口袋,故名。住宅坐北向南,一般三楹、五楹不等,最东一间房开门,厨房设于开门之屋,称外屋。灶台和里屋的火炕连在一起,火炕是"弯子炕"(民间也称"万字炕""蔓字炕""蔓枝炕""蔓子炕"等),西炕是尊奉祖宗牌位的地方。

二、清代东北的民居

清代东北流人在方志文献中记载了清代东北地区民居情况。清代东北

① 阿桂等:《满洲源流考》,孙文良、陆玉华点校,辽宁民族出版社 1988 年版,第 382 页。

地区民居建筑材料大都就地取材,多以茅草、桦树皮为原料,如:《宁古塔山水记》之"牧山"载,"城中茅茨历历,如蜂房"①;"石城"载,土人"结茅为屋"②。《龙沙纪略》记载最为详细,并设有"屋宇"这一专目予以介绍。《龙沙纪略》"屋宇"载,卜魁城内"茅茨相望"③。《柳边纪略》卷之三注释则记载,"钵室韦用桦皮盖屋"④。

因东北地区冬季时间长,又经常遭受北方寒冷空气的袭击,所以清代东北地区住宅通常会选择坐北朝南或者朝东南方向,希望得到较多阳光照射。另外,在北方传统建筑中,门窗作为建筑物重要的围护构件,对室内采光、通风也起着至关重要的作用。清代东北流人的方志文献中,对此均有所载。如《龙沙纪略》"屋宇"载:"屋皆南向,迎暄也。日斜犹照,故西必设窗。间有北牖,八月瑾之,夏始启。"⑤《柳边纪略》卷之一载:"屋皆东南向","开户多东南"。⑥《绝域纪略》载:房屋"必向南,迎阳也。户枢外而内不键,避风也"。⑦《宁古塔山水记》之"石城"载:"屋皆东南向,杂处如蚁聚。"⑧

这个时期民居房屋规模不等,构造各异,但屋内用火炕御寒则是所有民居共同的选择,且通常在房屋南北两侧设置炕。

《龙沙纪略》"屋宇"载:"屋无堂室,敞三楹,西南北土床相连,曰卍字炕,虚东为然薪地,西为尊,南次之,皆宾位也。"⑨"时令"载,"卧炕必为通夜之火。更设大炉,然薪于侧"⑩。

《宁古塔纪略》载:"房屋大小不等。木料极大。只一进,或三间五间,或有两厢……屋内南、西、北接绕三炕,炕上用芦席,席上铺大红毡。炕阔六

---

① 杨锡春、李兴盛:《宁古塔历史文化》,黑龙江人民出版社 2004 年版,第 221 页。
② 杨锡春、李兴盛:《宁古塔历史文化》,黑龙江人民出版社 2004 年版,第 218 页。
③ 杨宾、方式济、吴桭臣:《龙江三纪》,黑龙江人民出版社 1985 年版,第 224 页。
④ 杨宾、方式济、吴桭臣:《龙江三纪》,黑龙江人民出版社 1985 年版,第 97 页。
⑤ 杨宾、方式济、吴桭臣:《龙江三纪》,黑龙江人民出版社 1985 年版,第 223 页。
⑥ 杨宾、方式济、吴桭臣:《龙江三纪》,黑龙江人民出版社 1985 年版,第 19 页。
⑦ 杨锡春、李兴盛:《宁古塔历史文化》,黑龙江人民出版社 2004 年版,第 209 页。
⑧ 杨锡春、李兴盛:《宁古塔历史文化》,黑龙江人民出版社 2004 年版,第 218 页。
⑨ 杨宾、方式济、吴桭臣:《龙江三纪》,黑龙江人民出版社 1985 年版,第 223 页。
⑩ 杨宾、方式济、吴桭臣:《龙江三纪》,黑龙江人民出版社 1985 年版,第 209 页。

尺,每一面长二丈五、六尺。夜则横卧炕上,必并头而卧,即出外亦然。橱箱被褥之类俱靠西北墙安放。有南窗、西窗,门在南窗之旁。窗户俱从外闭,恐夜间虎来易于撞进。靠东壁间以板壁隔断,有南北二炕,有南窗即为内房矣。无椅凳,有炕桌,俱盘膝坐。"①

《柳边纪略》卷之一载:"土炕高尺五寸,周南西北三面,空其东,就南北炕头作灶。上下男女,各据炕一面,夜卧南为尊,西次之,北为卑。晓起则叠被褥置一隅,覆以毡或青布。客至共坐其中,不相避。西南窗皆如炕大,糊高丽纸,寒闭暑开。"②

《绝域纪略》载:"室必三炕,南曰主,西曰客,北曰奴,牛马鸡犬,与主伯亚旅,共寝处一室焉。近则渐分别矣,渐障之成内外矣。渐有牖,可以临窗坐矣。渐有庑庐矣"③,"炕四时无断薪"④。《宁古塔山水记》之"石城"载,"秋冬坐卧火炕"⑤。《柳边纪略》卷之四载,"近见炕皆外高内低,觉更便,但不甚阔,人稍长便须斜卧,而绝无增广之者"⑥。《卜魁纪略》载,"冬日,窗积霜雪,融则纸脱,故涂以油,取其耐久。屋内,炕皆三面,或煨牛马粪,或烧草木枝叶御寒,外砌砖为筒,以出烟气"⑦。《柳边纪略》卷之四又载:"烟囱多以完木之自然中虚者为之,久之碎裂,则护以泥,或藤缚之,土人呼为摩诃郎。"⑧《述本堂诗集·卜魁竹枝词二十四首》原注载:"冬蔽重门而牖其光,是为风门。"⑨

清代东北流人方志文献中记载的房屋墙壁均为拉核墙。《龙沙纪略》"屋宇"载:"拉核墙,核犹言骨也。木为骨而拉泥以成,故名。立木如柱,五尺为间,层施横木,相去尺许,以碱草络泥,挂而排之,岁加涂焉。厚尺许

① 杨宾、方式济、吴振臣:《龙江三纪》,黑龙江人民出版社 1985 年版,第 247 页。
② 杨宾、方式济、吴振臣:《龙江三纪》,黑龙江人民出版社 1985 年版,第 19 页。
③ 杨锡春、李兴盛:《宁古塔历史文化》,黑龙江人民出版社 2004 年版,第 209 页。
④ 杨锡春、李兴盛:《宁古塔历史文化》,黑龙江人民出版社 2004 年版,第 211 页。
⑤ 杨锡春、李兴盛:《宁古塔历史文化》,黑龙江人民出版社 2004 年版,第 218 页。
⑥ 杨宾、方式济、吴振臣:《龙江三纪》,黑龙江人民出版社 1985 年版,第 115 页。
⑦ 徐宗亮等:《黑龙江述略(外六种)》,黑龙江人民出版社 1985 年版,第 122 页。
⑧ 杨宾、方式济、吴振臣:《龙江三纪》,黑龙江人民出版社 1985 年版,第 110 页。
⑨ 方登峰:《述本堂诗集·宁古塔纪略》,黑龙江大学出版社 2014 年版,第 312 页。

者,坚甚于甓。一曰挂泥壁。"①《柳边纪略》卷之一载,"立破木为墙"②。
《绝域纪略》载,"木颇材而无斧凿,即樵以架屋,贯以绳,覆以茅,列木为
墙,而墐以土"③。《宁古塔纪略》载:房屋墙壁"俱用草盖,草名盖房草,极
长细。有白泥,泥墙极滑可观。墙厚几尺,然冬间寒气侵人,视之如霜"④。
而房屋的屋顶一般都以茅草覆盖,《龙沙纪略》"屋宇"载:"草屋,茅厚尺
许,三岁再葺之。官署亦然,暖于瓦也,庵庙则瓦。"⑤《柳边纪略》卷之一
载:"覆以莎草,厚二尺许,草根当檐际若斩,绚大索牵其上,更压以木,蔽
风雨,出瓦上。"⑥《卜魁纪略》载:"地多风,屋宇藉草,压以大木,然往往尚
为掀拔。"⑦

　　清代东北地区满族民居还有一些附属的建筑,如仓房等。《柳边纪略》
卷之一载:"两厢为碾房,为仓房,为楼房。"⑧《绝域纪略》载:"有小室焉,下
树高栅曰楼子,以贮衣皮。无栅,而隘者曰哈实,以贮豆黍。"⑨一般民居,住
宅四周还有院落,吴桭臣在《宁古塔纪略》中言:"予家在东门外,有茅屋数
椽,庭院宽旷。周围皆木墙,沿街留一柴门。近窗牖处俱栽花木,余地种瓜
菜,家家如此。"⑩《龙沙纪略》"屋宇"载:院子的"土垣高不逾五尺,仅可阑牛
马。门亦如阑,穿横木以为启闭。中土人居之始设门。相传未立城时,惟沟
其宅之四面为界"⑪。《柳边纪略》卷之一载:"四面立木若城,以栅为门,或
编桦枝,或以横木。"⑫《柳边纪略》卷之三载:"夜户多无关,惟大门设木栅,

①　杨宾、方式济、吴桭臣:《龙江三纪》,黑龙江人民出版社1985年版,第223页。
②　杨宾、方式济、吴桭臣:《龙江三纪》,黑龙江人民出版社1985年版,第19页。
③　杨锡春、李兴盛:《宁古塔历史文化》,黑龙江人民出版社2004年版,第209页。
④　杨宾、方式济、吴桭臣:《龙江三纪》,黑龙江人民出版社1985年版,第247页。
⑤　杨宾、方式济、吴桭臣:《龙江三纪》,黑龙江人民出版社1985年版,第223页。
⑥　杨宾、方式济、吴桭臣:《龙江三纪》,黑龙江人民出版社1985年版,第19页。
⑦　徐宗亮等:《黑龙江述略(外六种)》,黑龙江人民出版社1985年版,第122页。
⑧　杨宾、方式济、吴桭臣:《龙江三纪》,黑龙江人民出版社1985年版,第19页。
⑨　杨锡春、李兴盛:《宁古塔历史文化》,黑龙江人民出版社2004年版,第209页。
⑩　杨宾、方式济、吴桭臣:《龙江三纪》,黑龙江人民出版社1985年版,第232页。
⑪　杨宾、方式济、吴桭臣:《龙江三纪》,黑龙江人民出版社1985年版,第223页。
⑫　杨宾、方式济、吴桭臣:《龙江三纪》,黑龙江人民出版社1985年版,第19页。

或横木为限,防牛马逸出也。"①

对一个家庭而言,修房造屋绝对是一件浩大的工程,需要家人、亲朋的鼎力支援。《龙沙纪略》"屋宇"载:"土著人架木覆茅,妇子合作,戚友之能匠事者,助而不佣。"②

三、影响满族民居演变的因素

(一)自然因素

清代满族活动区域主要分布于东北地区中东部,地势为山脉环绕平原,西与大兴安岭相连,东与长白山相连,中部与松辽平原相连,民居建筑材料及饮食资源极其丰富。

这种地理位置和自然环境对其居住条件以及民居建筑风格产生了直接的影响:在不同居住地,人们为了适应当地环境,会使用不同的材料和方法来修建住宅。如窝棚,女真人全部以原木为房架。海西女真在半山区与平原交界地上,因此盖有茅草、稻草、麦秸等;野人女真多使用桦树皮、树枝等,黑龙江沿岸渔民多使用渔网、木板;长白山一带的建州女真多使用树枝、木板、兽皮等。甚至以后的泥草房和木克楞在建筑材料上也存在差异。例如在平原附近以泥草房为主,并大多由长方形窝棚演变而来。垒墙用料及垒法亦多样:有干打垒、土坯垒。山林地区最典型的房屋就是木克楞——一种完全由木材搭建起来的房屋。时至今日,长白山脚下的锦江村仍然随处可见数十年乃至数百年前所建各类木屋。砖瓦房作为一种极具代表性的满族民居,兴起于清代中晚期。其材质以砖、瓦为主,以沈阳故宫为典型。这座砖瓦结构建筑向人们显示出清代中晚期的建筑风格与特色。

---

① 杨宾、方式济、吴桭臣:《龙江三纪》,黑龙江人民出版社 1985 年版,第 85 页。
② 杨宾、方式济、吴桭臣:《龙江三纪》,黑龙江人民出版社 1985 年版,第 223 页。

（二）社会地位

16 世纪晚期至 17 世纪初叶后金政权成立,努尔哈赤一统女真诸部,女真人社会地位改变。皇太极即位统一全国使满族人地位鼎盛,彻底改变了满族人的政治、经济、法律地位,也改变着满族人的社会生活、经济生活、文化生活。满族人已步入定居时代。不论泥草房、木克楞还是砖瓦房,均为定居生活之基本保障。

满族人社会地位变迁使满族民居发生了显著改变。一是砖瓦结构的房屋越来越多,泥草房、木克楞等房屋渐渐少了起来;二是建筑材料的品质越来越好;三是建筑规模越来越大,四合院也越来越多;四是开始兴建庞大的宫廷建筑,沈阳故宫就足以说明满族建筑技术与工艺已发展到一个相当的高度。

（三）思想内涵

随着人口增长,满族民居除了正房外,还增建东、西厢房,形成三合院;南建正中开门洞房,成为四合院。有的富裕人家还建了二进、三进四合院,认为家族的后代越多、越繁荣,就越能彰显家族的活力。庭院式民居可以容纳几个辈分家族成员在一起生活。长辈居住正房、晚辈居住厢房、女性居住内院、来客及男性居住外院等民居内布置方式大大提高了居住空间利用率与居住者的自由度。这一居住方式体现了封建社会在家庭生活中必须分清尊卑、长幼、内外等的礼法要求,同时反映出这些居民乃至民族的家庭伦理观念。

（四）审美情趣

从初期的窝棚、帐幕、撮罗子到地窖子等,其初衷都只是遮风挡雨、抵御寒冷和野兽。后来由简到繁,由任意到规整,由建造到装饰,逐步完成建筑实体由实用向美观转变的历程。

满族人审美意识不断加强,促使满族民居很多建筑部件和装饰水平得到了提升。山墙垒砌有"五花山墙"等新造型,用不规则石材砌筑砖墙下半部分或中间部分装饰,花样百出,东北人称"虎皮墙"。《清式营造则例》云:"悬山山墙上部随排山各层梁及瓜柱之阶梯形结构。"①五花山墙没有盘头和山尖,它的构造较硬山单纯。部分山墙及房檐头也嵌饰了多种纹饰图案,或云纹,或莲花纹,或吉祥纹,或福寿纹,或装隆起檐脊及影窗等。

满族民居变化最复杂、处理最精致的要数门窗了。大门类型包括宫门、仪门、院门、房门、室门、角门、拱门、垂花门、月亮门等。门的大小、高矮、薄厚、质料及装饰等方面均有许多要求与讲究。窗户一开始是用毛头纸糊的,并且是把窗户纸糊在窗外。若要美化,还需要用彩纸剪几朵窗花粘贴上去。后来,用玻璃制作窗户。墙、门、窗的发展均经历了一个从低级到高级,从简朴到华美的发展历程。审美意识的增强,对于它们的发展也起着很大的促进作用。

(五)文化交流与交融

文化具有相对独立性和流动变异性两个特点。1635年,皇太极取消了"女真"称号,更名为"满洲",满族从此初步成型。满族民居建筑形态作为民族文化的一个重要表征,亦呈现出新的特征。

清代前期满族民居基本上是沿承明代女真民居风格。满族民居一般三楹或者五楹,房内格局仍"屋无堂室",以草顶房为主,南墙东端开有门户,房内布局形似口袋,故名"口袋房"。随着社会经济、政治和军事等方面的变化发展,居住方式也发生着相应的转变。以狩猎为主的生产活动逐步退出历史舞台,农耕技术不断提高,农业成为人们主要的经济来源。围合院落作为一种聚居形态,在该时期初见端倪。

满族民居建筑受汉族建筑影响较大,逐渐形成四方形宽敞明亮的院式住宅。这种布局形式是以正、副两进院落为主,同时还保留有少量三进院和四进院等格局。其中主卧室与客餐厅之间用天井相连,便于采光、通风。在正房基础上加东西厢房和马棚。住宅外围筑有院墙,砌有门,构成"四合

---

① 《清式营造则例》,转引自王效青:《中国古建筑术语辞典》,山西人民出版社1996年版,第56页。

院"。满族民居以"口袋房"为基础,逐渐向具有满族特色的"四合院"转变,这为满族民居样式最后的形成打下了基础。

努尔哈赤时,朝鲜人申忠一将在中国东北的所见所闻写成《建州纪程图记》①。书中记载了当时后金政权都城赫图阿拉城庭院布局形制,说明满族前期院落形制与房屋格局还没有进行总体规划与设计,正处在自然生成与发展时期。到了清朝中期,由于经济发展、人口迁移等原因,产生了满、汉杂居模式,满族民居建造技术有了提高。满族屋架用双檩承重,举折平直。院式住宅已形成较稳定的四方形宽敞明亮的格局,普通百姓宅院正房两侧加建东西厢房和马棚。主要表现为:建筑形式由单式向复式转变;墙体材料由木、石为主转向石和砖并用;屋顶采用瓦屋面结构。住宅外围用砖石砌成院墙,南面中间设门,构成左右对称的合院住宅。

满族民居正房前院东南多竖立一根"索伦杆",它是辽金时期萨满祭自然神的神树演变而来的,反映出民居的满族文化特点。

至清朝末期,满族院落形制因其建造技术的愈加成熟而日臻完善。围合方式与院落空间层次,反映了居住者所隶属的阶层。在空间层次构成方面,大部分合院都是一进或者二进模式。富裕阶层宅院多为四合院,采用人工填土夯高台方式将二进、三进院落加高,构成了独具特色的满族"高台庭院"。它反映着山地生活的延续,隐喻着居住者社会地位与经济实力的提升。庶民之宅多为三合院。这一院落布局的形成是中原汉族民居以正房为中心的对称式布局思想与早期满族"依山为宅"的山地聚居生活习惯相结合的产物。

满族民居在保留院落总体风格的同时,更强调美观和实用。如院门口一般都设影壁墙,墙上刻有寓意吉祥如意的雕花图式。民居外部山墙及院墙中出现了精美的木雕、砖雕等,其数量之多,做工之精美,体现了居住者社会地位之高,艺术处理上则表现为粗材细作。汉族建筑吉祥纹饰的表现手法以暗喻、象征为主,而东北地区满族人却以质朴的谐音、借代等方式表达祈福之情。民居在建筑结构和装饰细节等方面都不同程度地反映着满族民

---

① 《建州纪程图记校注 汉译〈鞑靼漂流记〉》,辽宁大学历史系 1979 年版。

风民俗,以上特点至今仍可从东北满族民居上看到。

第四节　交通出行

东北地区地理条件特殊,清代满族人在生产和生活中所使用的交通工具可分为陆上和水上两大类,而水上交通工具又包括冬季在冻结水面上使用的冰上交通工具。

一、陆上交通工具

从陆上交通工具看,由于当时财力与技术水平所限,清代东北地区道路交通条件比较落后,尤以吉林、黑龙江两省驿路条件稍差。吴桭臣在《宁古塔纪略》中这样描述宁古塔到京师的驿路:"宁古去京四千余里。冬则冰雪载道,其深丈余,其寒令人不能受。夏则有哈汤之险,数百里俱是泥淖,其深不测。边人呼水在草中如淖者,曰:'红锈水。'人依草墩而行,略一转侧,人马俱陷。所以,无商贾往来,往来者惟满洲而已⋯⋯后来哈汤之上,俱横铺树木,年年修理,往来者始多。"①《柳边纪略》卷之三则载:塔子头"根紫色,细若线,纠结成团,坚如木石。大者抱,小者握,自相联络,参差立泥淖中。马行其上,春夏最难,一失足,陷隙际不能起。秋冬冰坚,则如陆地"②;"边外驿站,相去远近不一,或百里,或百余里,或七八十里。然所谓七八十里者,三九月间,亦必走马竟日乃得到。行稍迟,或冬月日短不早发,鲜有不露宿者⋯⋯雨雪至,无从避,披裘冻坐而已"③。《绝域纪略》载:"多山多水多虾荡。虾荡者淖也,淖不可渡,中有结草如球,车马履之而渡,失足则陷而(须)[当为倾]掀焉,冬则冰。"④

---

① 杨宾、方式济、吴桭臣:《龙江三纪》,黑龙江人民出版社1985年版,第256页。
② 杨宾、方式济、吴桭臣:《龙江三纪》,黑龙江人民出版社1985年版,第88~89页。
③ 杨宾、方式济、吴桭臣:《龙江三纪》,黑龙江人民出版社1985年版,第89~90页。
④ 杨锡春、李兴盛:《宁古塔历史文化》,黑龙江人民出版社2004年版,第209页。

清代东北流人在方志文献中所记载的陆上交通工具以可骑乘之马、牛、鹿和骆驼为主,也有马车和牛车。如《宁古塔纪略》载,"清明扫墓,富贵者骑马乘车"①;《卜魁纪略》载,"蒙古间有乘驼来城交易者"②;《卜魁风土记》载,鄂伦春"无马多鹿,乘载与马无异"③。《宁古塔纪略》记载全家赦归时曰,将军"拨驿车二辆、驿马二匹"④。在生产劳动中,牛车等是不可缺少的交通工具,如《宁古塔纪略》载:"农隙,俱入山采樵,以牛车载归"⑤;"娶亲用轿车"⑥。

二、冰上交通工具

爬犁作为东北地区一种独特的冬季交通工具,有着更为悠久的使用历史。爬犁可用于雪地和结冰河面上。爬犁一般采用人力或畜力牵引行走,有时还配有犁铧等农具。它不仅用于北方寒冷地区的农业生产,而且还是人们日常出行的一种重要工具。

清代东北流人在方志文献中对爬犁记载较为丰富,主要有牛拉与狗拉之分。牛拉的爬犁如《柳边纪略》卷之四载:"扒犁,土人曰法喇,以木为之,犁而有驾,车而无轮,辕长而软,雪中运木者也,驾以牛。"⑦《宁古塔纪略》载:"雪深冰冻,则不用车。因冰滑,故用扒犁。似车而无轮,仍驾牛,在冰地上行,速而且稳。"⑧《宁古塔山水记》之"白石崖"载:"以木结架,谓之冰车,人牛可引。"⑨狗拉爬犁也有所使用。如《宁古塔山水记》之"杂记"载,"黑筋部落有狗,能驾车行冰上,名为扒犁,日行五百里。车上以铁笋贯之,欲止则插

---

① 杨宾、方式济、吴桭臣:《龙江三纪》,黑龙江人民出版社 1985 年版,第 249 页。
② 徐宗亮等:《黑龙江述略(外六种)》,黑龙江人民出版社 1985 年版,第 123 页。
③ 王锡祺:《小方壶斋舆地丛钞》第 1 册,杭州古籍书店 1985 年版,第 413 页。
④ 杨宾、方式济、吴桭臣:《龙江三纪》,黑龙江人民出版社 1985 年版,第 252 页。
⑤ 杨宾、方式济、吴桭臣:《龙江三纪》,黑龙江人民出版社 1985 年版,第 245 页。
⑥ 杨宾、方式济、吴桭臣:《龙江三纪》,黑龙江人民出版社 1985 年版,第 249 页。
⑦ 杨宾、方式济、吴桭臣:《龙江三纪》,黑龙江人民出版社 1985 年版,第 110 页。
⑧ 杨宾、方式济、吴桭臣:《龙江三纪》,黑龙江人民出版社 1985 年版,第 245 页。
⑨ 杨锡春、李兴盛:《宁古塔历史文化》,黑龙江人民出版社 2004 年版,第 226 页。

入冰中,车不能前"①;《卜魁风土记》载,"三姓一带有以犬牵车载物者"②。

三、水上交通工具

东北地区水系比较发达,所以各种规模不等、用料各异的船只都是不可缺少的交通工具。在这些船中,以木质为主体。如《卜魁风土记》载,"葳瓠,独木舟名"③。《卜魁纪略》载:"战船而外,尚有扎哈、威呼,可以渡人载物。札哈、威呼,皆小船名。"④《宁古塔纪略》亦载:"江中往来,俱用独木船,名:'威呼'。"⑤《柳边纪略》卷之四载:"宁古塔船有二种,小者曰威弧,独木,锐首尾,古所谓刳木为舟者是也,可受三四人……威弧,随处皆有,秋冬则以为马槽。"⑥承载量较大的是五板船,如《柳边纪略》卷之四载,"大者曰五板船,三舱,合五板为之。合处不用灰、麻,钉以木,水渍则以青苔塞之,可受十余人……桨长数尺,两头若柳叶而圆其中,人执之左右棹若飞……富者乃有之"⑦。此外,《绝域纪略》与《宁古塔山水记》之"东京"中亦有土人荡小舟捕鱼、采莲的记载。⑧《宁古塔山水记》之"河湾"载,为采藻荇、菱实,当地人"乘木槽而取"。⑨

东北地区白山黑水和冰原雪野构成了它独特的地理环境。在这片多山多水、自然环境复杂和气候条件严酷的大地上,满族渔猎、采集的生活方式始终活跃着,成为东北满族文化的主要元素之一。正如方拱乾在《绝域纪

① 杨锡春、李兴盛:《宁古塔历史文化》,黑龙江人民出版社 2004 年版,第 231 页。

② 王锡祺:《小方壶斋舆地丛钞》第 1 册,杭州古籍书店 1985 年版,第 416 页。

③ 杨宾、方式济、吴桭臣:《龙江三纪》,黑龙江人民出版社 1985 年版,第 207 页。

④ 徐宗亮等:《黑龙江述略(外六种)》,黑龙江人民出版社 1985 年版,第 123 页。

⑤ 杨宾、方式济、吴桭臣:《龙江三纪》,黑龙江人民出版社 1985 年版,第 242 页。

⑥ 杨宾、方式济、吴桭臣:《龙江三纪》,黑龙江人民出版社 1985 年版,第 110~111 页。

⑦ 杨宾、方式济、吴桭臣:《龙江三纪》,黑龙江人民出版社 1985 年版,第 110~111 页。

⑧ 杨锡春、李兴盛:《宁古塔历史文化》,黑龙江人民出版社 2004 年版,第 210、220 页。

⑨ 杨锡春、李兴盛:《宁古塔历史文化》,黑龙江人民出版社 2004 年版,第 229 页。

略》中所说的："无所谓风俗也。既无土著人，谁为遗之？谁为流之乎？八旗非尽满人，率因其种以为风俗。华人则十三省无省无人，亦各因其地以为俗，故曰无所谓风俗也，姑亦就满汉相沿之久而言风俗也。"①流人文献中对东北地区的满族风俗多有记述，特别是与中原地区汉族文化习俗差异甚大的习俗大都被流人们记载下来。这些资料现在仍是学界研究满族文化的基础资料。

---

① 杨锡春、李兴盛：《宁古塔历史文化》，黑龙江人民出版社 2004 年版，第 210 页。

第四章

婚姻与丧葬

婚丧嫁娶是人生中的重要事件,它不同于日常生活中的普通风俗习惯,在仪式、内涵、禁忌等方面都蕴含着更为丰富的民族情感与民族精神。不同民族在婚姻习俗和丧葬习俗上都有所不同。通过对此二者的解析,可以进一步理解满族生活样态和文化模式的特殊性。对满族婚俗和葬俗保留比较完整的东北地区更具有代表性。

第一节　婚姻习俗

　　婚俗在人类社会生活中占有重要地位,既与特定的个体紧密相连,又体现了那个时代的政治、经济、文化和社会心理。每个国家或地区都有自己独特的风俗和传统,这就决定了不同国家或地区之间存在着明显的差异。这种差异性又往往表现在各自民族特有的风俗习惯上。不同民族在婚姻的发展历程中形成了婚姻习俗的差异,而这些差异,不仅反映着不同历史发展阶段的社会生活,而且还表现出每个民族所具有的不同民族特性。所以研究婚俗有利于我们了解社会形态、民族特点和习俗融合的进程。

一、满族先世的婚俗

(一)肃慎、挹娄、勿吉、靺鞨的婚俗

满族是我国北方历史悠久的民族,其族系源流可以向上追溯到商、周时

期的肃慎,汉、魏、晋时期的挹娄,南北朝时期的勿吉,隋唐时期的靺鞨,辽、金、元、明时期的女真,历经各时期的变化,满族共同体形成了自身独特的婚姻习俗。

入主中原以后,受汉族儒家伦理道德影响较深,满族婚俗有所改变。从禁收继婚、采取一夫一妻多妾制到婚嫁仪式的变更,这一切的变迁既体现出满族渔猎文化为农耕文化替代之后发生的社会变化,也表明满汉民族文化交融带来的重大影响。这些变迁在以《满洲实录》为代表的清代档案史料中记录了下来。与入关后的满族相比,满族先世婚姻习俗所呈现出来的主要特点是较为简单、淳朴自然。

《晋书·四夷传·东夷》记载:"(肃慎)将嫁娶,男以毛羽插女头,女和则持归,然后致礼娉之。妇贞……"①这表明,肃慎时期的婚姻习俗较为简单,男女可根据自己的意愿结为夫妻。在男女两人缔结婚姻之后,女性必须保持对丈夫的忠贞。

挹娄时期的婚俗在史书中很难找到相关的记载。据《三国志·魏书·东夷传》记载:"(挹娄)人多勇力,无大君长,邑落各有大人。处山林之间,常穴居,大家深九梯,以多为好。土气寒,剧于夫余。其俗好养猪,食其肉,衣其皮。冬以猪膏涂身,厚数分,以御风寒。夏则裸袒,以尺布隐其前后,以蔽形体。"②这些都说明在挹娄时期,社会生活比较原始,还没有形成统一的部落联盟,我们可以认为挹娄当时尚处于氏族社会的初期,其婚俗应当与肃慎相差不多。

关于勿吉习俗的记载,保留下来的仅是只言片语,因此也只能以零星的资料为依据做大致的了解。《魏书·勿吉传》记载:"初婚之夕,男就女家执女乳而罢,便以为定,仍为夫妇。"③此外,据《北史》记载,勿吉人对妇女贞洁的要求是非常严格的,"其妻外淫,人有告其夫,夫辄杀妻"④。由此看来,勿吉时期的婚俗同肃慎、挹娄时期不同:在新婚的第一天晚上男方要住到女方

①　房玄龄等:《晋书》卷九十七,中华书局 1974 年版,第 2535 页。
②　陈寿:《三国志》卷三十,中华书局 2005 年版,第 847~848 页。
③　魏收:《魏书》卷一百,中华书局 1974 年版,第 2220 页。
④　李延寿:《北史》卷九十四,中华书局 1974 年版,第 3124 页。

家,这在肃慎、挹娄时期是没有的;没有下聘礼的程序,较前两个时期的婚嫁仪式简单。而且丈夫对妻子严格限制,不允许失贞的情况发生,一旦妻子与他人发生性关系,丈夫就会杀掉妻子。

在隋唐时期,靺鞨是由多个部落构成的,分为黑水、粟末、白山等七部。由于组成成分十分复杂,靺鞨的婚俗也没有定制,只是大体上承袭了勿吉人的婚俗。

需要特别提及的是渤海国的婚俗,它较前几个时期尤为不同。靺鞨七部中的粟末靺鞨不断南迁后,于武则天圣历元年(698年)建立了政权,自称震国,后称渤海国。《金史》记载:"男女婚娶多不以礼,必先攘窃以奔,诏禁绝之,犯者以奸论。"[1]这里所说的"必先攘窃以奔",可能是勿吉时期"女和则持归"习俗的延续。金世宗下令禁止后,这种"私奔"的婚俗逐渐绝迹,后世也鲜有记载。在渤海国时期,妻子对丈夫的婚外性行为也进行限制,要求丈夫对其保持忠贞。"(渤海)妇人皆悍妒,大抵与他姓相结为十姊妹。迭几察其夫,不容侧室及他游,闻则必谋置毒,死其所爱。一夫有所犯,妻不觉则群聚而诟之,争以忌疾相夸,故契丹、女真诸国皆有女倡,而其良人皆有小妇、侍婢,唯渤海无之。"[2]这也从侧面反映出渤海国时期女子的社会地位较高,在自身婚姻的维护中有较大的权利,其婚姻习俗较多地保留了母系氏族社会的遗风。

(二)女真婚俗

"女真"之名始见于后唐明宗天成元年(926年),广泛使用是在辽、金时期。随着社会经济、政治、生活的改变,女真人的婚姻习俗也发生了巨大的变化。辽时女真分为熟女真和生女真,熟女真诸部的习俗与汉族相差无几,因此下面将生女真作为女真各部的代表来探讨其婚姻习俗。

女真是允许一个男子同时娶多个女子为妻的。《三朝北盟会编》曾载,

---

[1]　脱脱等:《金史》卷七,中华书局1975年版,第169页。
[2]　金毓黻:《辽海丛书》第一集《渤海国记》上,1936年版,第14页。

女真"无论贵贱,人有数妻"①。女真人盛行收继婚,也就是"转房"。在兄长死后,其兄弟可以娶寡嫂为妻;父亲死后,儿子也可以收与自己无血缘关系的"母亲"为妻,也就是史料中所说的"父死则妻其母,兄死则妻其嫂,叔伯死则侄亦如之"②。这种收继婚的习俗在女真初期就已经存在,一直延续到女真后期,直到皇太极时期才明令禁止,因而一夫多妻在满族婚俗中也有所体现。

"禁止同姓通婚"是女真婚俗中的重要改变。在大金建国之前,女真人通行氏族外婚制,并且不排斥同姓为婚。阿骨打建立金国之后,屡次下诏禁止同姓通婚,对原有的"同姓为婚"的习俗进行严厉的打击,"同姓不婚"的习俗逐渐形成。

女真时期,还保留着肃慎、挹娄时期男女自由择偶的习俗。"其婚嫁,富者则以牛马为币,贫者则女年及笄,行歌于途。其歌也,乃自叙家世、妇工、容色,以申求侣之意。听者有未娶欲纳之者,即携而归之。后方具礼偕女来家,以告父母。"③贫民女子这种"以歌求偶"的方式与肃慎时期"男以毛羽插女头,女和则持归"的习俗十分相像,但是已经转变为女性表达意欲婚配的心理;男性对女子进行选择则说明女真时期男性在社会中占有更高的地位,女性转为弱势。富家女子则直接以牛马为币进行婚嫁,没有女子"歌于途"的过程,可见贫富分化对女真婚俗的转变也具有一定的影响。

二、清代满族婚姻习俗

(一)清代满族婚嫁流程

1. 议婚

议婚,又称"议亲",是男女商议婚姻之事的关键阶段。议婚的流程不仅

---

① 徐梦莘:《三朝北盟会编》卷三"政宣上帙三",上海古籍出版社 2019 年版,第 17 页。

② 宇文懋昭:《大金国志校证》卷四,中华书局 1986 年版,第 554 页。

③ 徐梦莘:《三朝北盟会编》卷三"政宣上帙三",上海古籍出版社 2019 年版,第 18 页。

复杂,而且十分讲究,包括通媒、相看、纳吉等多道程序。

(1)通媒

通媒是男女双方嫁娶的重要环节,是指男女双方在正式定下婚事之前要通过媒人的牵线撮合。在这个过程中,男方若是有中意的女子,便会委托媒人前去说和。女方若是同意,媒人会将男方的"过门帖"交给女方家里。"过门帖"上主要写着男方的家庭情况以便女方了解男方,男方再通过媒人了解女方的相关情况。选择媒人也十分有讲究,通常都是女方家的亲戚或者是与女方家相熟之人。《瀛台泣血记》①中光绪皇帝和隆裕皇后是由慈禧太后做媒才结合在一起的。静芬是慈禧太后的侄女,光绪既是慈禧太后的外甥,又可以认为是慈禧太后的侄子。由这部作品可见,不仅通媒必不可少,媒人与男女两家的关系也十分重要。

(2)相看

相看,是指男方送过"过门帖"后,男方家中妇人通过媒人到女方家中考察女孩,主要是查看外貌、人品。只有家长相看成功后,两家的亲事才可以定下来。《瀛台泣血记》中光绪帝迎娶静芬完全是慈禧相看欢喜的,光绪帝本身十分不喜欢甚至有些讨厌这个皇后。抛开慈禧本身的权势不说,满族旗人的婚姻,相看也是十分关键的环节。

(3)纳吉

纳吉,字面意思就是采纳吉祥,讨个好彩头,主要是指即将嫁娶的双方要合八字(合婚)。纳吉这一环节源于汉族习俗,后被满族吸纳融合至满族婚俗中。

2. 下聘

经历过通媒、相看、纳吉这一系列流程后,男女双方都彼此满意,便可以商定下聘事宜。下聘即是下定礼,分为"放小定""放大定"两个步骤。

(1)放小定

"放小定"又被称为"插戴",这个过程是指男子的妈妈给准儿媳戴簪珥

---

① 德龄:《瀛台泣血记》,秦瘦鸥译,文化艺术出版社2004年版。《瀛台泣血记》成书时间虽为民国,但其作者为清朝宗室格格,对清代满族的风俗极为熟悉,因此将该作品作为基础资料。

等物件。女子则给男方家来人装烟,谓之"装烟礼"。有史料称"插戴"是由肃慎族"男以毛羽插女头"演变而来的,是满族婚俗中异于其他民族之处。

(2)放大定

"放大定"也叫作"过礼",相当于现在的过彩礼。"放大定"是下聘过程中的重头戏。入关之前的满族人家受到生活和生产方式的影响,聘礼大多是牛、马等牲畜。入关之后受汉族影响,聘礼复杂多样,视男方家的物质条件而定。除猪、羊、牛、马等牲畜仍是不可缺少的部分外,富庶人家会附送很多金银珠宝首饰。这个过程中女方的父母要接受男方女婿叩拜,两家最终敲定婚事。

《瀛台泣血记》中对放大定的描写十分详细,由于是贵族迎娶,放大定的物件和场面自然也极尽奢华。"这一次太后给光绪准备的,第一是两枚金戒指,式样完全一律,都有吉祥的字眼刻着,以便静芬每个手上各戴一枚。其次是一柄如意,是用整块的汉玉雕成的(这当然不是临时备就的,多半是内库旧有之物)。长约一尺半,如意的式样我们此刻虽然是很模糊了,但它所代表的意义,却还是很显明的,就是极简单的一句话,——'称心如意'。再次是一对杏黄贡缎制就的枕头套,上面遍绣着各种花纹,还夹着许多双喜字长寿字,无非也都是用以表示吉祥的意思。此外便是大批衣料了。这些衣料,自然都是极华贵的绫罗绸缎之类,决没有半些布帛在内,而且每一匹都曾送给太后亲自过目。在这几天之内,太后真是兴奋到极点了,什么事情都不屑假手于人,完全由她自己一件件地料理着。这些衣料统是整匹的,并没有经过裁剪的手续,以备女家可以自己去酌用。最后,还有一批很贵重的东西咧!那就是新娘将来需用的首饰了。"①

值得一提的是,随着满汉融合的不断加深,汉族传统的奠雁之礼也被满族学习并融合到本族礼仪之中,成为满族婚俗的组成部分。选择大雁作为聘礼是有双重原因的:其一,雁的一生只有一个配偶,即便原配偶死亡,此生也不会另行寻觅,象征着爱情的忠贞不渝;其二,雁是一种候鸟,它顺应大自然的节气规律,这意味着男女双方的结合是遵从自然的,期待受到自然万物的祝福。所以大雁的美好寓意使它在下聘过程中有着举足轻重的地位。但

---

① 德龄:《瀛台泣血记》,秦瘦鸥译,文化艺术出版社2004年版,第129~130页。

是对于普通人家来说,大雁并不易得,因此许多平常人家用大鹅代替大雁作为奠雁之礼,同样寓意着爱情的忠贞和家室的和睦。

3. 礼成完婚

经历过议婚和下聘这两个环节,男女双方便可以准备完婚。但在举行婚礼仪式之前,女方家还要举行"添箱"仪式,后择吉日将嫁妆送至男方家中。

（1）添箱

"添箱"也称添房,即女方家中亲友馈赠新娘的礼品或礼金。女子收到的"添箱"财物都将作为嫁妆的一部分,女方的箱填得越满,新娘在婆家的面子越大,身价也越高。

（2）送嫁妆

"添箱"之后便可以择吉日过嫁妆了。嫁妆包括一些刺绣和针线活,要在婚礼后"亮箱"时展示给婆家人看。除此之外还有金银首饰、布匹绸缎等。

（3）婚礼仪式

满族的婚礼仪式别具民族特色。

首先新郎家会提前就近选择一个住处,新娘会由自己的哥哥送到这处居所。这个过程被称为"打下处"。另有一种迎亲方式为"插车",即新郎家的迎亲队伍与新娘家的送亲队伍在中途相会,新娘由哥哥抱到新郎家的轿子上或车中。女方在进入喜轿时要抱一个装五谷杂粮的宝瓶,俗称"抱宝瓶",寓意以后不愁吃穿。在迎亲的路上,若有井、坑等需用红纸覆盖,以避煞神。将新娘接到新郎家后,新娘并不直接下车,新郎要朝着喜轿虚射三箭。这源于满族早期的射猎习俗,同时这也寓意驱除邪气。新娘下轿时,越过门前火盆或马鞍,表示日子红火平安。然后新娘与新郎行至天地桌前,向北叩拜,即为"拜北斗"。随后,新人进入新房,新郎要用红纸裹着的新秤杆掀开新娘的盖头。掀开盖头并不意味着婚礼仪式的结束,新郎、新娘还要吃子孙饽饽,喝合卺酒,寓意新郎新娘百年好合,早生贵子。婚礼仪式中,萨满还会为新婚夫妇演唱阿察布密歌[①]等,祝福新郎、新娘二人婚姻幸福美满、子

---

① 沈阳市民委民族志编纂办公室:《沈阳满族志》,辽宁民族出版社1991年版,第276页。

孙繁盛。

回门,又称归宁,是指新娘在婚后首次回娘家探亲,一般是在女子出嫁后第三天进行。有的满族人家,新娘回门时可在娘家住十八天或一个月,称为"住对月"。回门,可以看作婚礼仪式的最后一个程序,代表着男女双方正式完婚。

(二)满族婚俗的独特之处

满族婚俗虽然在入关前后发生了变化,但仍保留着满族文化自身的独特之处。其中,射三箭、夜娶、吃子孙饽饽、祝吉等最具代表性。

1. 射三箭

据《啸亭杂录》①记载,"射三箭"是迎亲时,新妇到男方家中,不能立即下轿,新郎要用弓箭对着喜轿虚射三箭。学界普遍认为,满族最初在喜轿上射箭是为了防止有人掳掠抢夺新娘。抢夺女人可以称为当时男人的最大乐事,抢来的女人可以作为家中男子的配偶,也可以充作家里的劳动力。抢婚现象在满族早期较为普遍,因此对着喜轿射箭,是为了威慑那些想要前来抢婚的人,后来逐渐演变成为婚礼仪式中的一种习俗。

《瀛台泣血记》中在光绪迎娶静芬时也有射三箭的场景描写:"可是静芬却还不能立即出轿,因为尚有一件古礼不能忽略,就是新郎要射三支桃木箭的一回事。"②对于射三箭的习俗,《瀛台泣血记》给出的解释则十分有趣:"古时候曾经有过一件夫妻斗法的事,在结婚的一天,那妻子便把许多魔鬼藏在花轿里带过去,想破坏她丈夫的道法,不料她丈夫早已知道了,当那花轿进门的时候,便拉起一张弓,扣上三支预先准备好的桃木箭,觑定那花轿射去。桃木本来是大家公认为可以镇邪退鬼的东西。于是那新娘所带来的一班魔鬼,便全都给吓走了。"③

如前所述,射三箭源自满族历史悠久的骑射文化。婚礼仪式是成年男女大多会举行的礼仪,将"射三箭"作为骑射文化的缩影融入婚俗中,有助于

① 昭梿:《啸亭杂录》,中华书局 1980 年版。
② 德龄:《瀛台泣血记》,秦瘦鸥译,文化艺术出版社 2004 年版,第 174 页。
③ 德龄:《瀛台泣血记》,秦瘦鸥译,文化艺术出版社 2004 年版,第 174 页。

民族文化的传承。

2. 夜娶

满族习俗崇尚"夜娶"。所谓"夜娶",就是在夜晚娶亲。这种习俗和汉族大不相同。汉族人嫁娶一般都是在白天进行,特别讲究早晨或午间结婚,以晴天能看到太阳为吉祥顺利。

对满族夜婚习俗的渊源,说法不一。《白虎通义》载:"昏时行礼,故谓之婚也。"①古人常用阴阳来解释说明世间万物,认为黄昏正是阴阳交替更迭之时,所以选在傍晚娶亲不会违背阴阳交合之道,天时最佳。除时间得当之外,"昏"与"婚"同音,也寓意吉祥。关于"夜娶"另外一种常见说法是为了避免白天娶亲,有山贼流寇或是高权贵胄抢亲,因而"夜娶"流行开来。

3. 吃子孙饽饽

子孙饽饽是满族特有的食物。它一般以栗子、花生、桂圆等为馅,早期以黏谷、黏高粱为皮,后用面粉做皮,是一种类似于饺子的面食。子孙饽饽里包上栗子、花生等寓意早日喜得贵子,表达了对子孙繁盛的美好愿景。子孙饽饽一般是从女方家带到男方家中的。在婚礼仪式上,新娘还要吃煮得半生不熟的子孙饽饽,新娘一边吃,旁人一边询问"生不生",新娘回答"生",寓意多生贵子,以示吉祥。《瀛台泣血记》中写道:"交杯酒喝完,新夫妇还不能自由,他们必须仍在床上安坐着,再待人家送一样东西进来吃。这是一种制作得很精致的包子,里面的馅是用的莲心、松子、桂圆等各种东西,名字叫做'子孙饽饽'。外皮染着淡红色,模样很好看,滋味也不差,尤其对于因为举行婚礼而饿了半天肚子的新夫妇,实在分外用得进。可是这东西本来不只是一种点心,就是你用不进,至少也得请你用一个。因为成了亲就不能不希望有子孙,要有子孙,便必须吃'子孙饽饽'。"②

4. 祝吉

值得一提的是,满族的婚嫁中有一个较为特殊的祝吉仪式,即新郎家的院子里需设置神桌,新郎、新娘入洞房吃子孙饽饽之前,在神桌前跪拜受吉,

---

① 班固:《白虎通义》卷九,中国书店出版社 2018 年版。
② 德龄:《瀛台泣血记》,文化艺术出版社 2004 年版,第 177 页。

萨满唱"阿察布密歌"祝福新人。"阿察布密歌"也叫"合卺歌"或者"喜歌"，作为满族结婚仪式中演唱的歌曲，它被认为可以保佑夫妇子孙绵延，长寿无灾。萨满每唱完一节就切下一片肉扔向天空，再向地上倒一壶酒。满族婚礼中的祝吉仪式源于其萨满信仰，是其婚俗中的独特之处。

（三）满族婚俗的嬗变

满族入主中原以后，文化习俗受汉族的影响而有了转变，这一转变也反映到婚俗中。

1. 婚嫁年龄延后

满族入主中原前，生活环境相对恶劣，且各部落战争频发。为了种族繁衍，提倡早婚。《建州考》记载："男少女多，女始生十岁即嫁。"① 可见当时提倡女孩十岁便要婚配于男子。后由于满族文化与汉族文化不断交流融合，婚嫁年龄也有所延后。据《清太宗实录》所载，皇太极时期，"凡女子十二岁以上者许嫁，未及十二岁而嫁者罪之"②。到乾隆时期，婚嫁年龄进一步延后，《啸亭杂录》记载："满洲民族，罕有指腹为婚者，皆年及冠笄，男女家始相聘问。"③ "冠笄"是指男子弱冠和女子及笄，古代男子二十岁行弱冠之礼，女子十五岁行及笄之礼。由此可见入关后满族婚嫁的年龄明显延后。

2. 婚礼尚白转为尚红

满族婚礼在早期是"尚白"的。"尚白"的风俗习惯与满族早期的生活环境有关。满族先祖以渔猎为生，冬天冰天雪地的时候外出，白色可以作为一种保护色，利于狩猎者的隐藏。同时满族早期贱红，因为红色在外出捕猎的过程中最容易受到攻击。但是，汉族与满族不同，一直崇尚鲜艳的红色，认为红色代表着吉祥，能够驱除厄运，并在婚嫁等喜庆之事中大量使用红色物品。入关后，满族与汉族的交流融合不断加深，也转变为崇尚红色，并将红色视为吉祥之色，应用为婚庆的主色。福格《听雨丛谈》载："京师娶新妇，

① 陈继儒：《建州考》，《清入关前史料选辑》（一），中国人民大学出版社1984年版，第133页。

② 《清太宗实录》卷二十三，天聪九年三月庚申，转引自佟冬：《中国东北史》第4卷，吉林文史出版社2006年版，第1301页。

③ 昭梿：《啸亭杂录》，中华书局1980年版，第326页。

落轿后,以红毡藉地,弗令新人履尘。"①通过这些描写,我们可以了解到,此时的满族婚嫁已普遍使用红色。这一转变,体现了满族对汉文化的吸纳。

3. 收继婚的消亡

史载女真人"父死则妻其母,兄死则妻其嫂,叔伯死则侄亦如之"②。根据《三国志》引王沈《魏书》所记:"父兄死,妻后母执嫂;若无执嫂者,则己子以亲之次妻伯叔焉,死则归其故夫。"③努尔哈赤统治时期,其婚姻"嫁娶则不择族类,父死而子妻其母"④。这三则材料说明了收继婚制度在满族先世不仅是普遍存在的,而且还有一定的规章制度可循。在满族和汉族不断交融的过程中,满族还接受着汉族封建伦理观念。皇太极在崇德元年下诏:"自今以后,凡人不许娶庶母及族中伯母、婶母、嫂子、媳妇。"⑤之后,清军入关,在其颁布的《大清律例》中规定:"凡同姓为婚者,各杖六十,离异。"⑥此后,叔嫂通婚为大众所不耻,满族收继婚的风俗随之消亡。

4. 一夫多妻到一夫一妻多妾的演变

满族社会早期,一个男子娶多个女子为妻,除了为繁衍更多的后代外,也是出于劳动的需要。以狩猎和采集为生的满族,男子负责获取食物,其余的事情全部都要由妇女来做,妇女的劳动十分繁重,因此多娶妻子便成为家庭增添劳动力的有效手段。除此之外,一夫娶多妻也是男子炫耀财力的一种方式,到了上层社会又增加了政治色彩。清朝入关前,在后妃制度上实行的是并后制,所有后妃均称为"福晋",她们在身份上都是一样的,是皇帝的妻子。后满族转为效仿汉族,并后制虽然存在,但实质却发生了变化。崇德元年(1636年),清宁宫正宫大福晋为国君福晋,又以律规定:"妻在以妾为妻者,杖九十。"⑦这是清代从法律上确立一夫一妻制的开始,后又出现了侧

---

① 福格:《听雨丛谈》,中华书局1982年版,第144页。

② 宇文懋昭:《大金国志校证》卷四,中华书局1986年版,第554页。

③ 陈寿:《三国志》卷三十,中华书局2005年版,第832页。

④ 辽宁大学历史系:《清初史料丛刊第八、九种 栅中日录校释 建州闻见录校释》,1978年版,第43页。

⑤ 《清太宗实录稿本》,辽宁大学历史系1978年版,第6~7页。

⑥ 《大清律例》卷十,中华书局2015年版。

⑦ 陈戍国:《中国礼制史(元明清卷)》,湖南教育出版社2002年版,第488页。

室、妾等。清代中后期将身边的奴婢纳为小妾成为旗人社会的普遍风气,甚至是一种资本的象征。后来价买也成为纳妾的主要手段,满族贵族和大臣多有价买江南女子为妾者。需要注意的是,妾的家庭地位明显低于妻,婚礼仪式上也不具有正式的娶亲流程。从一夫多妻到一夫一妻多妾,代表着满族婚姻制度的转变,同时也代表着满族逐渐在婚姻观念上趋同于汉族。

5. 婚礼仪式发生融合

满族婚礼仪式中的合八字、抱宝瓶环节都表达了对婚姻生活的美好祝愿,是满汉文化逐渐融合的表现。以抱宝瓶为例,宝瓶被赋予了美好、吉祥的寓意。满族婚礼中的抱宝瓶又被称为"抱保媒壶",通常是在锡壶中分别盛装大米、铜钱或金银物品、五谷杂粮等。新娘把锡壶拥入怀中或夹于腋下,有招财进宝之意。宝瓶可视为满族男女婚嫁的吉祥物件,就更深层次分析,"抱宝瓶"的习俗是在满汉文化融合过程中产生的,体现了满族人对美好生活的向往,对平安幸福的憧憬。

《瀛台泣血记》中静芬也在婚嫁过程中手持宝瓶:"她的双手也不得空闲,有一个阔口的金瓶是要她自己捧着的,这瓶里藏的东西很多:第一件是两株万年青,它的意义是预兆这一对新夫妇的百年长寿和子孙昌盛;第二件是两枚黑枣,代表伉俪和谐,岁岁平安的意思;第三件是两颗莲子,用以预祝他们万事都能称心如意;第四件是两个青果,这是祝福他们健康快乐的;第五件是两枚龙眼,又称桂圆,它们所代表的意义是预断这位新嫁娘过门以后,最初所生的两个孩子必须是男孩子,因为从前的人是一直重男不重女的。"①

三、清代东北流人视野中的满族婚俗

对于满族婚姻习俗,清代东北流人所撰方志文献对其记述的繁简程度各有不同。

《绝域纪略》中记载:"一男子率数妇,多则以十计,生子或立或不立,惟其意也。其惮妇甚者,倍于恒情。有弃妇者,亦倍于恒情。结发老矣,曾无

---

① 德龄:《瀛台泣血记》,秦瘦鸥译,文化艺术出版社2004年版,第170~171页。

他嫌,男子偶有(所)悦于东家女,女父母曰必逐而妇,归遂不动色而逐之,即儿娶妇[妻]、女嫁婿,亦不敢牵衣而留,新妇入,儿女遂以事其母者事之。弃妇他日适后夫,(犹)过故夫庐而问新妇,相见无作容,无怼言也。"①可见,在清代前期的东北,仍然保留着一夫多妻的婚姻制度,同时男女婚姻相对自由,这都是较为不同的。

《绝域纪略》载"男子死则必有一妾殉"②,《宁古塔山水记》"杂记"中所记"殉葬,主人死,有妻妾愿从者,关于官府,为给衣衾"③,《柳边纪略》卷之四中所记"惟妾则横卧其主脚后"④等内容,也从侧面反映出东北地区一夫多妻的婚俗特点。

《柳边纪略》卷之四所载婚俗则已经有了较为明显的汉化趋势,特别是门第观念已经非常明显:"婚姻择门第相当者,先求年老为媒,将允则男之母径至女家视其女,与之簪饵布帛。女家无他辞,男子父乃率其子至女之姻戚家叩头,姻戚家亦无他辞,乃率其子侄群至女家叩头,'金志'所谓男下女礼也。女家受而不辞,辞则犹未允也。既允之后,然后下茶请筵席,此男家事也,女家惟陪送耳。结婚多在十岁内,过期则以为晚。"⑤

吴振臣《宁古塔纪略》中则较为详细地介绍了东北婚俗中聘礼、嫁妆等物品的定制以及满汉婚俗的不同礼仪:"遇婚丧喜庆等事,无缄帖,无鼓乐,无男女傧相。订婚时,父率子同媒往拜妇之父母,次日,女之父亦同媒答拜。行聘,名曰:'下茶',俱用高桌——如吾乡之官桌——上铺红毡,茶果、绸缎、布匹仍用盘放桌上,多至数十桌。贫富不等。羊酒必需。嫁时妆奁如箱匣、镜台、被褥之类,亦置高桌上,两人扛之。娶亲用轿车,仍挂红绿绸。妇入门,只拜翁姑,无交拜礼。如汉人,请亲戚扶新人行礼。满洲人家喜筵宴,客饮至半酣时,妇女俱出敬酒,以大碗满斟,跪于地奉劝,俟饮尽乃起。"⑥

《宁古塔山水记》"石城"中所载内容可视为婚俗聘礼的补充:"婚礼以

①　徐宗亮等:《黑龙江述略(外六种)》,黑龙江人民出版社1985年版,第111页。
②　徐宗亮等:《黑龙江述略(外六种)》,黑龙江人民出版社1985年版,第112页。
③　杨锡春、李兴盛:《宁古塔历史文化》,黑龙江人民出版社2004年版,第233页。
④　杨宾、方式济、吴振臣:《龙江三纪》,黑龙江人民出版社1985年版,第115页。
⑤　杨宾、方式济、吴振臣:《龙江三纪》,黑龙江人民出版社1985年版,第108页。
⑥　杨宾、方式济、吴振臣:《龙江三纪》,黑龙江人民出版社1985年版,第249页。

牛马为聘,或以豕酒。"①作为订立婚约的重要部分,聘礼是必不可少的,然而也会有因聘礼而发生的婚姻不幸。《龙沙纪略》载:"各部落聘妇,例纳牛马。其远者、贫者,或挽媒定其数,先以羊、酒往,如赘婿,然待牛马数足而后归其夫焉。夫将老,终不能给,惭而去,亦听之。其女及所生,终其身于母家。近亦稍除其旧俗矣。"②

总之,满族婚俗是一种文化形态,具有丰富的文化内涵,是满族文化的组成部分。满族婚俗在变化过程中保有一定的独特性,射三箭、吃子孙饽饽、夜晏等习俗的保留彰显了满族的独特之处。入关后,满族文化与其他文化的融合,促使其婚姻制度、婚姻观念、婚嫁仪式等均发生变化,不但体现了满族人对吉祥、美好的渴望,也体现了满族文化的开放与接纳。满族婚俗的嬗变并非单一地接受汉族文化,而是满汉文化融合后的再发展与再创造。

第二节 丧葬习俗

丧葬习俗是人生礼仪中的一个重要内容,它在历史的发展演进中成为具有强烈民族特色的风俗。中国古代的丧葬礼俗具有悠久的历史和深厚的文化底蕴,影响范围很广,包括政治、法律、宗教信仰和婚姻等多个方面。因时代、地域、宗教等因素的不同,我国各民族形成了多种风格迥异的丧葬习俗,从中反映出各民族不同的文化心理。

满族葬法有一个不断构建与演进的历程。随着时代的发展与社会环境的变化,逐渐形成了独具特色的丧葬礼制体系。它是当时社会生活的反映,也体现出了满族独特的民族心理以及宗教信仰等方面的特征。

一、满族先世的葬法及丧葬习俗

历史上满族曾采用过土葬、树葬、兽葬和火葬等葬法,每种葬法均反映

---

① 杨锡春、李兴盛:《宁古塔历史文化》,黑龙江人民出版社 2004 年版,第 218 页。
② 杨宾、方式济、吴桭臣:《龙江三纪》,黑龙江人民出版社 1985 年版,第 211 页。

出满族文化的内涵。

肃慎与挹娄时期，满族先世用简易土葬葬具，以木质之椁盛尸，随葬品应运而生，没有停尸之仪，没有哭丧之理，没有服丧之制。

《晋书·四夷传》记载："死者其日即葬之于野，交木作小椁，杀猪积其上，以为死者之粮。性凶悍，以无忧哀相尚。父母死，男子不哭泣，哭者谓之不壮。"①《太平御览》也谓："死者即日便葬于野，交木作小椁。杀猪积椁上，富室数百，贫者数十，以为死者之粮。以土覆之，以绳系于椁，头出土上，以酒灌酹，(才)[终]绳腐而止，无时祭祀也。"②这一葬法同社会生产力的有限性有关。在原始社会末期至阶级社会形态初期，随着社会生产力水平和经济关系的发展变化，人们开始认识到死亡的意义以及生命的价值，从而产生了灵魂观念。首先，祭祀祖先的活动十分普遍。肃慎和挹娄则以射猎和畜牧为主业，唯有年轻强壮的男性才会为氏族做出更大贡献，因此子孙后代对去世的长辈没有追怀的感情需求；"杀猪积椁上""以酒灌酹""以为死者之粮"则证明灵魂观念在那个时代已初露端倪。

南北朝时期，勿吉的葬法承袭肃慎、挹娄，但有所改变。《魏书·勿吉传》载："其父母春夏死，立埋之，冢上作屋，不令雨湿；若秋冬，以其尸捕貂，貂食其肉，多得之。"③勿吉在葬法上表现出季节性特征，春、夏两季是掘土成坟，秋、冬两季是让鸟兽啄去逝者遗体。其原因可能与东北气候和环境特点有关。勿吉之兽葬留存已久，满族入关之后黑龙江一带还留有此种葬法。《黑龙江外记》载："呼伦贝尔、布特哈人死挂树上，恣乌鸢食，以肉尽为升天"，推测"世有鸟葬、树葬之说，即此俗"。④

靺鞨在历史上以劲健彪悍而著称。《旧唐书·北狄传》载："俗编发，缀野豕牙，插雉尾为冠饰，自别于诸部。性忍悍，善射猎，无忧戚，贵壮贱老。"⑤

---

① 房玄龄等：《晋书》卷九十七《四夷传·肃慎》，中华书局 1974 年版，第 2535 页。

② 李昉：《太平御览》第七卷，孙雍长、熊毓兰校点，河北教育出版社 1994 年版，第308 页。

③ 魏收：《魏书》卷一百，中华书局 1974 年版，第 2220 页。

④ 西清：《黑龙江外记》，黑龙江人民出版社 1984 年版，第 66 页。

⑤ 欧阳修等：《新唐书》卷 44《北狄传》，中华书局 1975 年版，第 6178 页。

这与肃慎、挹娄"性凶悍,以无忧哀相尚"①的特点是相一致的。据史料记载,靺鞨的葬法为不使用棺椁的土葬,"死者穿地埋之,以身衬土,无棺敛之具,杀所乘马于尸前设祭"②。"杀所乘马于尸前设祭"这一方面反映了靺鞨人具有殉葬的习俗,另一方面反映了马作为重要的工具,已经在经济生产生活中起到一定的作用。以上记载只是靺鞨平民的葬俗,王公贵族的葬俗与其是大不相同的。

除死后即刻下葬的一次葬外,黑水靺鞨还存在着先葬在台架上,过一段时间后下葬的二次葬现象。其墓葬分为单人葬、双人葬、多人葬三种。双人葬通常为夫妻合葬,多人葬多为家族合葬。在墓主身份上,以夫家为主,其次才是妻家。男女共同居住在一个墓室里,可以说这种墓地具有一种家庭化的特征。夫妻合葬说明那时靺鞨人已具有较为牢固的一夫一妻婚姻形式,而家族合葬说明其仍保留强烈的家族血缘观念。

靺鞨是粟末部中开放程度最高的一部。原本臣服于高丽的渤海政权在唐前期附唐。渤海之丧葬虽在文献中没有记载,但是对渤海墓葬的考古发掘却如实地展现了它丧葬习俗之全貌。

渤海不仅传承靺鞨的一些固有风俗,而且在接受外来影响等背景下显示出丧葬风俗的新特征。渤海人承袭勿吉封土为冢,并有"冢上作屋"③之俗。河南屯、三灵屯渤海墓地均发现柱础石、围墙痕迹;六顶山、龙头山渤海墓群不仅大型墓,甚至中小型墓封土均发现砖瓦及其他文物,表明"冢上作屋"风俗普遍。这些均表明:高句丽遗民对契丹文化曾产生过一定程度的影响。从墓葬形制来看,渤海的墓葬大体可分为方形和梯形两种类型。但渤海墓葬也不同于勿吉人的"交木作小椁",其墓葬多为封土石室墓,石墓室通常为长方形,墓室壁由石块垒起,立长条石板为壁板,其上用大石板平盖封顶,封土覆盖,墓室形状为圆形或椭圆形,墓室南壁正中有较短小精悍的墓道或者墓门,墓口由石块垒起或者立长条石板堵塞,墓室内使用木棺作为葬

---

① 房玄龄等:《晋书》卷九十七《四夷传·肃慎》,中华书局 1974 年版,第 2535 页。

② 刘昫等:《旧唐书》卷一百九十九下,中华书局 1975 年版,第 5358 页。

③ 魏收:《魏书》卷一百,中华书局 1974 年版,第 2220 页。

具,有些没有墓室,只在地表开挖浅塘后再使用木棺作为葬具,这就是渤海墓葬的主要特征。

渤海的埋葬习俗中,存在单人葬、两人合葬及多人合葬三种。有一次葬,也有二次葬。合葬与二次葬为渤海主要埋葬习俗。两人的合葬多是一男一女。有些单人墓葬,骨骸偏侧,当为留作合葬之用,是夫妇合葬墓。还有的是一人一棺或双尸(男)或三尸(女),这与渤海男女地位不平等有关,同时也与当时人们对婚姻形式的选择有着密切的关系。多人合葬占渤海墓葬的很大一部分,通常为三至五人,多的有十多人。随葬器物多为陶器、铜器及玉器等。墓的主人是一次葬,而其他是二次葬。此种多人合葬当为同宗合葬,表明渤海至今仍保存原始家族葬遗俗。

渤海国臣服于中原王朝,因此其墓葬形式亦日益受中原地区墓葬习俗所左右。特别是渤海国中、晚期,渤海国王公贵族墓大多仿效中原地区墓形式,如青砖砌筑墓室四壁、建造棺床、在墓室雨道上设置石门、砖封墓等。此外,还有一些墓葬中出现了墓志等随葬品。这些都反映出当时渤海国已具有相当高的文明程度。另外,渤海国时期渤海人还创造了很多新的丧葬礼俗,并在墓室、甬道的墙上画了彩色壁画,墓室中安放了汉字碑、石狮等物。

渤海葬俗除了流行土葬外,还包括火葬。部分墓葬留有火烧痕迹,部分木棺和人骨烧成了炭。火葬习俗由后代女真人继承并发扬下来。出土的渤海墓葬主要分为大型墓、中型墓和小型墓三种类型。这些墓虽然形制不一,但均为竖穴砖室墓,并随葬大量瓷器。出土器物主要有罐、碗、盘、壶等器类,其中又以陶器为主,另有少量铜器。由此可见渤海丧葬习俗存在阶级性,不同阶级地位的人丧葬习俗有一定的差异。

女真人有建州女真、海西女真、野人女真三个部类。因三个部类女真自身生产力发展水平悬殊,其葬俗亦有明显不同,甚至努尔哈赤、皇太极一统三部后,这一分歧仍然存在。建州女真的墓葬主要集中于嫩江中游地区和松花江下游地区;而海西女真族则多分布在松嫩平原一带。海西女真的墓与建州女真墓有很大区别。因野人女真居住于黑龙江流域、库页岛及其他偏远地区,其葬俗尤为单一,多为树葬、土葬,普遍无随葬品。

《辽东志》中提到野人女真行树葬,"死者柩悬于树"①,也就是把死者的棺材放在树上以期他们保佑子孙平安。关于野人女真的葬俗还有以下记载:"男女老死,刳其腹焚之,以骨灰夹于木植之。溺死者以鱼叉叉其尸,裹以海豹皮,埋之,曰变海豹矣。熊虎伤死者,裸绑其尸,作熊虎势,令人射中,带矢埋之,曰变熊虎矣。"②

海西女真人多用树葬或土葬、火葬等。通常情况下,其部落平民大多采用树葬方式,部落酋长大多采用火葬方式,其次是二次土葬。火葬在整个女真社会中都占有相当大的比重,甚至在某些情况下超过了土葬。土葬主要是为了纪念死者,而不是为了埋葬死者。其原因是多方面的。海西女真丧葬仪式比野人女真丧葬仪式更为繁杂:"父母死,编其发,其末系二铃以为孝服。置其尸于大树,就其下宰马而食,其肉张皮鬣尾脚挂之,兼置生时所佩弓箭,不忌食肉,但百日之内不食禽兽。"③海西女真树葬和其先民大多"巢居"不无关系,其先民历经漫长时期"构木为巢"树居,因此海西女真人葬逝者遗骸于树在情理之中。

建州女真最初有土葬和火葬两种葬式。在《李朝实录》中有关于建州女真进行土葬的记载:"亲死,则殡于家,亦杀牛以祭,三日后,择向阳处葬之。其葬之日取常时所服之物并葬之,且杀其所乘之马,去其肉而葬其皮。"④由此不难看出,建州女真丧葬形式既有对前代杀马祭祀风俗的传承,又有对汉族停尸后三天择朝阳之地埋葬逝者风俗的吸纳。后因战乱及不断迁徙,建州女真火葬才逐渐盛行起来,例如明永乐八年(1410 年)努尔哈赤六世祖猛哥帖木儿率军参与图们江之战,战争结束后,他们把阵亡士兵遗体一起烧毁后"拾骨而走"。他们返回故乡后又将逝者骨灰装在罐子里二次土葬。此后,建州女真族便有了火葬的风俗。但在当时的社会条件下,火葬是不可能

---

① 任洛:《辽东志》卷九,转引自佟冬:《中国东北史》第 4 卷,吉林文史出版社 2006 年版,第 1302 页。

② 《开原新志》,转引自干志耿、孙秀:《黑龙江古代民族史纲》,黑龙江省文物出版社编辑室 1982 年版,第 346 页。

③ 《李朝实录》,转引自孙进己:《东北各民族文化交流史》,春风文艺出版社 1992 年版,第 298 页。

④ 《李朝实录》,转引自孙进己:《东北各民族文化交流史》,春风文艺出版社 1992 年版,第 298 页。

实现的。明初统治者对火葬实行严格控制。至明末建州女真人火葬，"死则翌日举之于野而焚之。其时，子孙族类咸聚会，宰牛马，或哭或食，蒙白二、三日除之云"①。这说明当时建州女真人并无停尸数日之俗，亡者死后次日便火葬。

努尔哈赤时满族人的习俗淳朴，家中有丧通常不备酒宴。有亲戚朋友过世的时候，人们通常会用送粥、送茶的形式来悼念逝者和抚慰家人。同时还举行一些带有祭祀性质的活动，如祭天坛和祈雨仪式。这些礼仪习俗不仅体现了当时满族人的社会地位和生活水平，而且也反映出他们对于祖先的敬仰与爱戴。满族民间又多有把丧事办得日益繁杂的倾向，并且借此表示对亡故之人孝顺或思念之情。

清朝早期的火葬，既沿袭了辽金时期女真人的火葬风俗，又和当时八旗军旅生活有一定关系。清朝初期，战事频仍，八旗部队移防无常，或是驻扎于全国的军事重镇。此时，旗人为了保持自身的身份和地位，便采取了较为特殊的丧葬方式——"入土为安"，即把逝者遗体放入泥土之中掩埋起来，不允许移出营区。清政府还严禁驻防八旗兵购买驻地的土地、墓地等。所以当八旗兵不能携尸跋涉时，就只能把逝者火化后携其骨灰回乡，再葬其骨灰。也正如清雍正帝所说："本朝肇迹关东，以师兵为营卫，迁徙无常，遇父母之丧，弃之不忍，携之不能，故用火化。"②

金朝初已有女真人殉葬记录，至努尔哈赤时和清朝前期，满族仍保持祖先人殉遗风。明朝万历三十一年（1603 年）努尔哈赤福晋孝慈皇后叶赫那拉氏病逝，努尔哈赤以牛马百匹、奴婢四人殉葬。天命十一年（1626 年）努尔哈赤驾崩，其大福晋乌拉那拉氏，姜阿济根、代因扎等三人殉葬努尔哈赤。另外，在贝勒莽古尔泰、岳讬去世时还有福晋殉葬的情况。清太宗皇太极继承父位时，仍实行这种习俗。清入关以后，仍沿用殉葬旧俗。顺治帝宠爱的董鄂妃死后，顺治帝怕爱妃另世无人照料，让三十名太监、宫女殉葬。

当时殉葬不只是满族统治阶级才有，满族平民也有殉葬之习。据《绝域

---

① 辽宁大学历史系：《清初史料丛刊第八、九种　栅中日录校释　建州闻见录校释》，1978 年版，第 44 页。

② 佟冬：《中国东北史》第 4 卷，吉林文史出版社 2006 年版，第 1304 页。

纪略》中记载:"男子死则必有一妾殉,当殉者即于生前定之,不容辞,不容僭也。当殉不哭,艳妆而坐于炕上,主妇率其下拜而享之,及时以弓弦扣环而殒,倘不肯殉,则群起而缢之死矣。"①根据殉葬者和承殉者的关系来说,当时殉葬主要是两种类型:奴婢殉主和妻妾殉夫。

到了康熙朝,受汉族传统文化影响,满族社会步入了一个迅速发展时期,满族丧葬习俗亦受其深刻影响。在儒家看来,人最好的结局应是土葬。受儒家思想影响,加之当时战事渐少,满族亦从火葬之葬俗渐向土葬过渡。康熙十二年(1673 年),康熙皇帝下令禁止民间举行殉葬活动。雍正二年(1724 年),清廷将这一制度废除。雍正十三年(1735 年),乾隆帝即皇帝位,下旨严禁火葬,倘有触犯,按律令处理。族长与佐领等藏而不报者同罚。乾隆十二年(1747 年),乾隆帝下令:凡遇天灾人祸等大灾之时,一律不准举行火葬仪式,并将火葬规定为禁行制度。直至清亡为止。此后,清代满族已基本上没有火葬了,只在吊死以及死于恶疾等不正常情况下才实行火葬,以达到镇邪除魔之功效。

殉葬废除后,清代满族人便以剪发取代殉葬以寄托对逝者的哀思。这一形式就如同春秋时期以木俑和陶俑取代活人殉葬的方式。以剪发替代殉葬既保留了满族传统习俗,避免滥杀无辜的殉葬事件,也反映了社会进步。

二、丧葬礼仪

在整个丧葬过程中,从葬礼开始到最后告别离开,要举行一系列仪式,其中最重要也是最具特色的就是丧仪。所谓"丧仪",即通常所说的出殡(入祭)礼仪。

满族入关以前丧葬礼仪程序并无多少规定,此方面记载少而简略,亦与其先世不注重丧葬礼仪有关。《宁古塔纪略》中记载:"丧事。将入殓,其夕亲友俱集,名曰:'守夜'。终夜不睡,丧家盛设相待。俟殓后方散。七七内必殡,火化而葬。棺盖尖而无底,内垫麻骨芦柴之类,仍用被褥,以便下火。

---

① 杨锡春、李兴盛:《宁古塔历史文化》,黑龙江人民出版社 2004 年版,第 212 页。

父母之丧,只一年而除,以不剃头为重。"①这是对于清代前期东北地区满族丧葬仪式的记述,能够看出礼仪相对简单质朴,在一定程度上保留了入关前的特点。

(一)初丧礼仪

初丧礼仪指对死者尸体进行初步处理的仪式,主要有初终、停床、变服、入殓及其他礼俗。

1. 初终

初终是指一个人刚刚死去或者将要死去,亦称倒头。家属对于亡者的死亡早有思想准备,还准备了寿棺、寿衣待用,外人不可以任意出入,防止惊动。家人"属纩以俟绝气"②。在死者的灵前放一个小盒,盒内有一床新棉被和一张旧床单。弥留之际,亡者尸身被奴仆之辈先用新布蘸热水洗浴,躺在被子里。

2. 停床

停床,满族旧俗。当人要死去的时候,满族不允许其到平时就寝的床上去,都要抬到预置的床板上去,这就叫作停床。死者睡的席和稻草需要马上拿到村外焚烧。停床是一种习俗,是满族丧葬文化的重要组成部分。近年来,民族研究者关于鄂伦春、鄂温克等民族的调查报告表明,当人将要死去的时候,亲人同样将其放在另外一个地方,不将其放在居所。

3. 变服

所谓变服,是指用寿衣代替人们死亡后的服饰。

满族人上了年纪大都准备寿衣,把家里缝纫的人当贵人,不喜欢穿寿衣店里买来的寿衣。变服的时机分为两类,一为逝者弥留之时,二为逝者刚刚断气后。满族人穿寿衣十分讲究,内、外寿衣都不扣纽扣,只用钉子钉带,衣、鞋材料都不用缎,切忌"断子"。穿寿棉袄要把裤腿缝好后再穿上,不可用旧布包着,以免被雨水淋湿;要注意鞋袜颜色,最好选用红色或黄色,不要

---

① 杨宾、方式济、吴振臣:《龙江三纪》,黑龙江人民出版社 1985 年版,第 250 页。
② 陈戍国:《礼记校注》,岳麓书社 2004 年版,第 330 页。

穿黑色的鞋子。满族人有职有权者,寿衣按照自己的等级穿戴,穿丝绸蟒袍,戴无花翎红珊瑚豆顶子,脚蹬粉底朝靴,无职有权者着长袍马褂,戴便帽。男的采用棉布料,女的采用丝绸料,可佩戴首饰。

4. 入殓

所谓入殓,就是把亡人的尸体敛在棺木中。

这是中国古代丧葬制度中一个重要的组成部分。清末满族的入殓在死后第三天吉时举行:"三日而殓者,俟其复生也。三日而不生,则亦不生矣。"① 入殓前,先在棺材里铺入"特勒被",指专给死人用的被褥。《五体清文鉴》中在"丧服类"中记为"陀罗被"(nomun jibehun)。特勒被"少则三铺三盖,多则九铺九盖,数各用奇"②。入殓后,亡人家属自己动手,遗体入棺后,先置足,后置首,再在棺中放置逝者经常使用或所喜爱的器物,以做陪葬。富家的人也有将一粒珍珠放进尸体嘴里的,不过较罕见。入殓礼成后,所有家属都要举行哀礼,亡者的长子再以净水擦亡者的眼部,这叫"开眼光",好使亡者瞑眼。把亡者纳到棺材里以后,亡者的家属把棺材盖盖在棺材上,棺材匠把棺材用大铜钉钉上。

(二)治丧礼仪

治丧礼仪指在出殡之前由亡人亲友完成的一系列祭奠的礼俗,主要包括开吊、接三、送三、守夜等,是满族丧葬中非常重要的环节,也是极具满族特色的环节之一。

1. 开吊

所谓"开吊",就是丧家选择一个确定的日子,接受亲朋好友的慰问和馈赠。开吊往往能收到好多的礼物和钱财。开吊前要布置灵堂,给开吊做准备。爱新觉罗瀛生先生在《老北京与满族》中介绍,灵堂的布置方式是:在棺材前放一方桌,上摆锡制香炉、蜡扦、花瓶、闪灯。方桌设桌帷子,棺材前悬幔帐,左设男跪灵处,右设女跪灵处。院内搭棚。灵堂前设月台,台上设奠

---

① 郭嵩焘:《郭嵩焘全集》二,岳麓书社 2018 年版,第 670 页。

② 李家瑞:《北平风俗类征》,商务印书馆 1937 年版,第 129 页。

池。月台对面是僧人诵经坛,俗称"天花座"。① 布置灵堂后,就可以准备治丧礼仪中最隆重的部分了,即"接三"和"送三"。

2. 接三

接三举行于人死第三天,故曰"接三",也称"大接三"。《道咸以来朝野杂记》载,"三日为接三,是丧礼大典"②。《都门新竹枝词》中道:"丧事遭来已不堪,无钱急得眼睛蓝,由来旧历知难按,曲巷都称大接三。"③在民间传说中,事隔三天,死者的魂魄就要去阴曹地府望乡台拜访,向亲人做最后诀别时,亲人都会进行盛大的献祭,并邀请僧道们为死者念经以免罪责,让死者飞升得道或托生在一个好地方。接三以汉族习俗为主,略含满族习俗在内。"立幡(男左女右),或铭旌,随满汉而异。"④以表示此家有丧。接三之日,门外设鼓乐,俗称"门吹儿",吊祭者来临,奏鼓乐以通知门内丧家:"男客三声鼓加吹大号,女客两声鼓加唢呐……回事的人在头前飞跑高喊:'某某到!''某某到!'"⑤吊祭者来到灵台所设奠池跪地,行奠酒三杯之礼,丧家把装满美酒的酒杯献给吊祭之人,吊祭之人把酒举过头,倒在奠池中,把空酒杯交给陪跪之人,如是三回。

3. 送三

送三之礼在去世三天后的暮色中进行,表示丧家亲属送走亡灵之意,其主要活动就是把"烧活"(即彩色纸糊物品及人畜物模)在邻近旷地上点燃。送三出发前,孝子和亡者的晚辈要在灵前号啕痛哭,其他吊客领取长香几根,也随着送三的队伍助哭。送三队伍以鼓乐先行,边奏乐边前进。到达墓地后,丧家下跪,三叩首,鼓手、清音、道士、和尚分列两侧,吹打诵经,有人把烧活点了起来,一时间烈火冲天,火星飞溅。送三仪式结束时,丧家孝子返

① 爱新觉罗瀛生:《老北京与满族》,学苑出版社2005年版。
② 《道咸以来朝野杂记》,转引自常人春:《老北京的风俗》,北京燕山出版社1990年版,第279页。
③ 《都门新竹枝词》,转引自李家瑞:《国立中央研究院历史语言研究所专刊之十四北平风俗类征》,商务印书馆1937年版,第144页。
④ 《民社北平指南》,转引自徐吉军、贺云翱:《中国丧葬礼俗》,浙江人民出版社1991年版,第143页。
⑤ 曲哲、艾珺:《民俗风尚》,沈阳出版社2008年版,第27页。

家还跪在灵堂前哭泣,惜别亡者。

4. 守夜

守夜,也称"伴宿",意思是不忍离别而终夜相守。《听雨丛谈》"专道"条云:"京师有丧之家,殡期前一夕举家不寐,谓之伴宿,俗称坐夜,即古人终夜燎之礼也。"①伴宿日上午,族人至亲皆来吊祭,伴宿日下午傍晚有"送库"之举,即焚烧"楼库",类似于送三时候的"烧活"。楼库用彩色纸张糊成,精美者真如宫殿楼阁,高者数丈,金碧辉煌。送库也是列队出门,其行列组成与接三相同。到预定的空地上,将楼库燃着。送库结束后,丧家人、族人及至亲等回到丧家中,僧侣们稍作歇息,等待夜经的念诵。

夜间行路时,有许多人围在一起,形成一个很大的圈,称之为"伴宿场"。伴宿场是供宿营用的场所,一般设在寺院附近或寺庙周围。伴宿夜读夜经,彻夜不停。所有家庭成员和族人的至亲一起通宵达旦,称为坐夜。伴宿之夜,因时间长而不允许入眠,便请杂耍者"耍百戏"。

(三)出丧礼仪

出丧礼仪就是将逝者灵柩送至墓地安葬,以出殡为主,在此以前也有挑选安葬地、安葬时间之"开秧"等风俗。

1. 开秧

死人在出殡埋葬前,丧家需要请阴阳先生到坟地去指导下葬,这叫作"开秧"。阴阳先生拿着罗盘测一下就算是为逝者开了秧,上面写着逝者年寿和"招魂"二字,确定了入殓、发引和破土下葬等的时辰。

"开秧"直到民国时期还保留在满族的丧礼中,它反映了满族人受中原文化影响而笃信风水的观念。

2. 出殡

守夜的次日就要出殡,也称为"发引",即把灵柩从停放的地方运出。出殡日凌晨,丧家中讣闻记载了什么时候送葬,拆去月台,撤去灵幔,鼓乐即进入灵棚里吹,丧家中辞灵,客人亦相继而至,为送葬做准备。金受申先生

---

① 福格:《听雨丛谈》,中华书局1997年版,第234页。

在《老北京的生活》①中说，由于老北京有"空口不送殡"的说法，故丧家要在出殡日清晨为来宾备早饭，一般是"柳叶汤"（一种形如柳叶的面片汤）。出殡时不同身份的人享有不同的规格，"凡王、贝勒用八十人起杠，一品大员用六十四人，次者四十八人，再次三十二人，皆有棺罩。至二十四人、十六人者，皆用绣罩片，无大罩矣"②。出殡时，有专人搀扶丧家在棺材前面步行，称为"顶丧架灵"，族人子弟以亲疏而行于后。出殡有五大件：幡儿、牌儿、棍儿、盆儿、罐儿。依照满族旧俗，家有丧事则在门口立红幡，出殡之时则将其摘下，由长子打幡儿。"牌儿"指灵牌，是棺柩入土之前供奉的临时纸质灵牌，由次子捧着。"棍儿"是哭丧棒，三子以下，都持哭丧棒。"盆儿"又叫吉祥盆、阴阳盆，起杠时由长子摔碎，父亲死用左手，母亲死用右手。孝子在灵前摔碎瓦盆一只，叫作"摔丧"。满族出殡时的卤簿位于出殡队伍最前端，这也是非常有满族特色的。此外，还有"撒纸钱"的，以撒得远、扔得高为佳，《道光都门记略》记载："殡出至街，焚纸钱……临起大杠时，举火一焚，弸弓一断，喷出无数纸钱，火借风势，愈飞愈高，上冲霄汉，凝然不动，渺若群星，令人昂头注视，咸赞工匠之巧焉。"③

三、丧服制度

满族入关前的丧服和其丧葬礼仪一样，都是简单而无特殊规制的，这是因为女真旧俗中原无穿孝服的习俗。入关后满族丧服融入了满族风俗和汉族风俗，但是满族风俗比重较小，以汉俗为主。

（一）满族男性的丧服制度

在发式上，满族的男性居丧期间百日不剃发。满族男子的发式是前剃发后留辫，和金代女真男性的发式相同："男子辫发垂后，耳垂金环，留脑后

---

① 金受申：《老北京的生活》，北京出版社 1989 年版。
② 崇彝：《道咸以来朝野杂记》，北京古籍出版社 1982 年版，第 84 页。
③ 《道光都门记略》，转引自李金龙：《北京民俗文化考》下，北京邮电大学出版社 2017 年版，第 492 页。

发,以色丝系之。"①剃发是满族男子的传统,也是满族男性的标志。满族受到中原礼俗"身体发肤,受之父母"的影响越来越深,开始有了居丧期间不薙发之说。《清史稿》载,嘉庆四年(1799 年)乾隆帝大丧时,"官吏军民自大事是日始,百日不剃发"②。嘉庆年间,西清在《黑龙江外记》中记载,看到黑龙江地区满人"亲死服百日,剃发应役"③感到十分惊讶,正说明关内的"不剃发"是受到汉俗影响而转变的。

在配饰上,满人男性出席丧礼讲究摘缨。"缨"原指系在脖子上的帽带,这里指满族人帽子上的红穗装饰。因为满族男子皆拔须剪发,所以他们经常戴着帽子,既保暖又美观。满族人的帽子主要有暖帽和凉帽两种,在帽子的顶部"上皆加红毛一团饰"④。《清史稿》记载:"(康熙)四十二年,福全有疾,上再临视……福全薨。即日还跸。临丧,摘缨,哭至柩前奠酒,恸不已。"⑤"摘缨"为满族人致哀的特殊方式,此种方式入关前即有。《满文老档》中记载莽古尔泰去世,皇太极为其治丧的全过程,这条史料中就提到摘缨:"天聪汗第三兄和硕贝勒莽古尔泰……病笃。汗与诸贝勒俱往视……至申时,贝勒薨……遂依丧礼,汗、诸贝勒及诸福晋、同姓宗室皆摘缨……"⑥

在服饰上,满族男子讲究腰系白布带,谓之"腰绖",也称为"孝带子",满语中有专门的词 subehe 来形容。金受申先生在《老北京的生活》一书中回忆清末民初丧服时也提到"孝带子":"至亲送绒花粗布孝带,远亲或朋情友好送漂白洋布孝带……该穿孝袍的全散腰不系带,只等在灵前行过礼

① 徐梦莘:《三朝北盟会编》卷三"政宣上帙三",上海古籍出版社 2019 年版,第 17 页。

② 赵尔巽:《清史稿》(卷八四~卷一三〇),吉林人民出版社 1999 年版,第 1839 页。

③ 西清:《黑龙江外记》,黑龙江人民出版社 1984 年版,第 66 页。

④ 辽宁大学历史系:《清初史料丛刊第八、九种 栅中日录校释 建州闻见录校释》,1978 年版,第 43 页。

⑤ 赵尔巽:《清史稿》(卷二〇七~卷二二五),吉林人民出版社 1999 年版,第 7253 页。

⑥ 《满文老档》,转引自陈戍国:《中国礼制史(元明清卷)》,湖南教育出版社 2002 年版,第 554 页。

后丧家必用铜茶盘，双手送过孝带来，并说'您给免免罪'，谓之'递孝'。"①

（二）满族女性的丧服制度

在发式上，满族女性在丧礼上有撂辫之俗。满族女性在丧礼上要将两把头和扁髻都拆开，将所有头发扎成一个辫子，再分两缕，编成两个小辫，辫稍散开，这是最重的孝。其余根据与死者的关系，还有"拆头撂辫"和"拆头不撂辫"等，这是自入关前就具有的满族旧俗。

在配饰上，满族妇女于丧礼上需要摘珥去饰。满族妇女有耳垂金环的习俗，在丧礼之上，将耳环等装饰物摘掉以表示哀悼。

在服饰上，满族女性的丧服和男性并没有太大的区别，只是讲究带"首绖"，即是"戴包头"。按照与死者亲疏关系的不同，有不同的包头方法。关系较近的将白布拧成麻花样式箍在头上，然后再戴上搭头布，而较远的亲属则只在头上围上一窄条白布，结于头后。

（三）满族丧服制度变迁的内涵

满族的丧服制度亦是从无到有、由简到繁的过程。由于满族人不居丧和"不尚忧戚"的性格，其先世和入关前的丧服制度是很简单的。《老北京与满族》中提及满人有反穿白色羊皮袄以充孝衣的习俗，特别是有爵有官职者在办丧事时大多这样穿孝。皇室和王贝勒家办丧事也反穿羊皮袄，而不穿白布孝服。这是由于在关外时期手工业不发达，再加上气候严寒。满族居丧服期较汉人要短得多。《天咫偶闻》中记载："满俗丧礼，轻于汉人。斩衰止百日，期服六十日，大功三十五日，小功一月，缌麻廿一日，较之古礼似不及远矣。"②《宁古塔纪略》也记载："父母之丧，只一年而除，以不剃头为

① 金受申：《老北京的生活》，北京出版社 1989 年版。
② 《天咫偶闻》卷十《琐记》，转引自张菊玲、李红雨：《纳兰词新解》，北京十月文艺出版社 2014 年版，第 135 页。

重。"①《黑龙江述略》记载"百日后服除"②,说明满族的丧服期有"百日除服"的习俗,到后来受中原汉族的影响,有"三年除服"之说:"其居丧也……以终三年。期功各以其等降行之,无敢逾。"③

对于居丧服期,最初满族人从内心深处并不接受这种复杂烦琐的制度。据《满文老档》记载,天命十一年(1626年)八月初二日,努尔哈赤与诸贝勒、大臣讨论居丧制度的事情,认为"我等皆非长生不老之身",生者要为先辈守孝服丧,这是很"苦累"的事情。"若仍以如此守制之苦作践其身,尚有何暇以安逸之?"④为了免除因祭奠先人耗费太多的财力、物力和人力,决定对服丧制度进行改革:"皆免之,则为善也。"⑤可是天命十一年八月是努尔哈赤的大限之年,他关于免除守孝之礼的指示没有来得及实施。而皇太极登基之后的第一个除夕元旦,为大汗的丧葬而停止宴乐,不肯大庆登基:"天聪元年……以太祖丧,是年除夕元旦停止宴乐,汗仅受众人叩首礼。"⑥这是历代王朝的习惯做法,也是皇太极自身深受汉族文化影响而做出的反应。等到崇德八年(1643年),皇太极去世,清世祖福临即位当天不设卤簿,不作乐,军民皆缀缨:"祭葬礼仪,悉从俭朴。仍遵古制,以日易月,二十七日释服。"⑦之后在清朝统治中原的过程中,由于受到中土礼化的影响,基本上全盘接受了汉族的服丧制度,并且大力实施。举乾隆大帝为孝贤纯皇后服缟素之例,《清史稿》载:"(乾隆)十三年,(孝贤纯皇后)从上东巡……后崩于德州舟次……上深恸,兼程还京师,殡于长春宫,服缟素十二日。"⑧乾隆大帝为孝贤纯

---

① 杨宾、方式济、吴桭臣:《龙江三纪》,黑龙江人民出版社1985年版,第250页。

② 徐宗亮等:《黑龙江述略(外六种)》,黑龙江人民出版社1985年版,第82页。

③ 徐珂:《清稗类钞》,商务印书馆1966年版,第30页。

④ 《满文老档》,转引自陈戍国:《中国礼制史(元明清卷)》,湖南教育出版社2002年版,第555页。

⑤ 《满文老档》,转引自陈戍国:《中国礼制史(元明清卷)》,湖南教育出版社2002年版,第555页。

⑥ 《满文老档》,转引自陈戍国:《中国礼制史(元明清卷)》,湖南教育出版社2002年版,第554页。

⑦ 赵尔巽:《清史稿》(卷九五～卷一〇四),吉林人民出版社1998年版,第1835页。

⑧ 赵尔巽:《清史稿》(卷二〇七～卷二二五),吉林人民出版社1995年版,第7162页。

皇后服缟素的十二日,实际上也是以日易月,是服缟素十二月之意。作为一国之君,对孝服制度如此重视并恪守,可见满人受中原居丧服期的影响之深。

四、清代东北满族丧葬习俗的特点

(一)红幡

挂红幡,也称丹旐,是清代东北满族丧葬礼中独特的习俗。《清史稿》中记载:"满用丹旐,汉用铭旌。"①丹旐又叫魂幡、引魂幡、领魂幡。它像一面长条旗,由一丈多长的红布制成,长度和死者辈分及年龄有关系。大龄则长,幼龄则短。每根红幡由三根带彩花的线缝制而成。一根线为红色,另两根为白色。红白两色交替着编织在一起,形成一幅鲜艳的图画。幡的两端缀以黑布。

挂幡之法是:丧家门外竖一根二丈左右高竿,把幡悬于竿上。根据死者不同性别和年龄,挂在不同位置。如死者为男性,则悬于门外之左;女性悬于门外之右。若置于庭院中,以屋门为界,亦为男左女右。每日早晚各三次于幡前祭,晨挂,夜收,至送葬。

(二)佛托

佛托是从满语音转而来的,翻译成汉字的写法很多:佛托、佛头、佛朵、佛多、佛佛等等。满族素有清明扫墓时插佛托的习俗。这种佛托多是用苞米茭子插于柳枝之上,上面用五彩纸贴紧,插于坟头,寓意"坟花",寄托悲思。

(三)烧包袱

除夕,满族人素有"烧包袱"之俗。所谓"包袱",是白纸糊成的大口袋,

---

① 赵尔巽:《清史稿》(卷九五~卷一〇四),吉林人民出版社1998年版,第1856页。

口袋里装着金箔和银箔叠成的小元宝和旱烟叶之类。纸袋中有祖先姓名及祭奠者姓名，意为专供祖先享用而不为"外鬼"所夺。家在坟茔地附近者可来坟茔地烧火。远离坟茔地者可在家门口焚烧。到坟茔地上拜祭，除焚烧包袱之外，还向逝者上祭。烧好了的包袱，就装在麻袋里。

　　自先秦肃慎至清代满洲，满族历史悠久。随着朝代的推移，人口逐渐增多，满族的婚姻习俗和丧葬习俗也在不断变迁，其中不乏满族自身生产生活方式改变的因素，同时也不可避免地有文化交融的因素。特别是满族入主中原之后，作为统治民族，它在符合政权统治需要的前提下，以海纳百川的态度包容不同民族的风俗习惯，并从中选择部分习俗与本民族原有习俗融合，形成的新的风俗习惯既保留了满族的特色，又具有其他民族的元素，更为符合当时的社会发展状况。清代东北流人记载的这些风俗的历史，对研究满族文化具有重要作用。

第五章

文化与教育

清代统治者出于对教育的重视和巩固政权的需要,基于雄厚政治经济基础的支撑,大力发展教育事业。官办和民办教育的建立、发展与兴盛,不仅为国家输送了大批精通满汉文的人才,提升了八旗子弟的文化水平,还促进了民族团结,具有积极的作用。

第一节　清代东北地区总体教育情况

清前期东北地区的教育主要通过两种途径来完成:一种是官办,一种是民办。

一、官办

官办教育分为八旗官学和州县儒学两种,分别教育旗人和汉人的子弟。从分布范围上来讲,八旗官学的分布较为广泛,虽不算密集,但几乎覆盖了盛京、吉林、黑龙江以及内蒙古东三盟南部的广大地区,官学数量由南到北呈现递减状态;而州县儒学则仅仅限于在盛京和吉林地区设立,覆盖面非常小。

清代东北流人方志文献中关于官学的记载非常少,只有《卜魁纪略》中记载:"乾隆九年于齐齐哈尔、墨尔根、黑龙江,各设官学一所,八旗每佐领名下额送学生一名,入学肄业。"①从这一条记载中我们不难看出,黑龙江地区

---

① 　徐宗亮等:《黑龙江述略(外六种)》,黑龙江人民出版社 1985 年版,第 124 页。

的官学设置时间晚、数量少,每城仅一所,能够到官学学习的学生更是凤毛麟角。

二、民办

在官学力所不逮的情况下,私塾就成为最好的补充。私塾的分布与官学的分布互为补充,广泛地分布于官学缺失的黑龙江中上游以南的各主要城镇。同时,私塾还有官学所不及的一面,不分民族,旗人和汉人子弟平等,主要教授汉文和儒学。之所以授课内容以汉文和儒学为主,是因为其中相当一部分民办私塾的先生是由文化流人来担任的。如《柳边纪略》卷之三载,"宁古塔……贫而不通满语则为人师。师,终岁之获,多者二三十金,少者十数金而已"①。

关于民办私塾以及文化流人在其中承担的角色,清代东北流人方志文献有一些记载。《宁古塔纪略》载"予父惟馆谷为业。负笈者数人,诸同患难子弟。为陈昭令"②;又载"予五岁始就塾读毛诗"③。文化流人不仅教授普通人家的子弟,甚至连官宦家庭的子弟也跟随文化流人学习。如《宁古塔纪略》载:"予七岁,镇守巴将军聘吾父为书记,兼课其二子,长名额生,次名尹生。余及固山乌打哈随学……昼则读书,晚则骑射。"④

清前期东北地区不仅教育机构少,作为文化载体和传播媒介的书籍也甚少。《柳边纪略》卷之三载:"书特贵。康熙初,姚琢之以《明季遗闻》易牛一头。"⑤卷之四又载:"宁古塔书籍最少,惟余父有《五经》、《史记》、《汉书》、《李太白全集》、《昭明文选》、《历代古文选》。周长卿有《杜工部诗》、《字汇》、《盛京通志》。呀思哈阿妈有纪事本末。车尔汉阿妈有《大学衍义》、《纲鉴》、白眉《皇明通纪纂》。"⑥

---

① 杨宾、方式济、吴桭臣:《龙江三纪》,黑龙江人民出版社1985年版,第85页。
② 杨宾、方式济、吴桭臣:《龙江三纪》,黑龙江人民出版社1985年版,第232页。
③ 杨宾、方式济、吴桭臣:《龙江三纪》,黑龙江人民出版社1985年版,第233页。
④ 杨宾、方式济、吴桭臣:《龙江三纪》,黑龙江人民出版社1985年版,第235页。
⑤ 杨宾、方式济、吴桭臣:《龙江三纪》,黑龙江人民出版社1985年版,第79页。
⑥ 杨宾、方式济、吴桭臣:《龙江三纪》,黑龙江人民出版社1985年版,第113页。

《宁古塔纪略》又载:"穷边子弟,负耒传经,据鞍弦诵,彬彬乎冰山雪窖之乡,翻成说礼敦诗之国矣。"①此段话简要概括出文化流人对东北地区文化教育事业的巨大贡献,能够看出通过官学和私塾的教育,东北满族的礼制教化程度得到提升。

第二节 汉军旗人的官学教育

汉军旗人的官学教育,源于八旗汉军的建立和八旗官学教育的形成。汉军旗人接受的官学教育,以八旗官学为核心,辅以国子监、景山官学以及咸安宫官学,其对于生源选拔、课程设置、考核与管理以及学生的出路等,都有明确的规定。汉军旗人接受八旗官学教育,有利于向国家输送人才,巩固清朝统治,同时有利于民族团结。

一、八旗汉军的建立与八旗官学教育的形成

八旗汉军的建立和八旗官学教育的形成,是汉军旗人接受官学教育的大前提。八旗汉军的建立,赋予其接受官学教育的身份;而官学教育的形成,则为其提供了入学机会。

(一)八旗汉军的建立

八旗制度是清朝特有的一项重要制度,"清一代自认为满洲国,而满洲人又自别为旗人。盖即以满为清之本国。满人无不在旗"②。清太祖努尔哈赤于明万历四十三年(1615年)确立八旗制度,后逐渐形成八旗满洲、八旗汉军、八旗蒙古三部分。

八旗汉军正式建立于崇德七年(1642年),其雏形是八旗设立之初编入各个旗分的十六个汉人牛录。天聪五年(1631年),皇太极将后金所管辖的

---

① 杨宾、方式济、吴桭臣:《龙江三纪》,黑龙江人民出版社 1985 年版,第 257 页。
② 孟森:《清史讲义》,北京理工大学出版社 2018 年版,第 17 页。

汉兵独编成军,交由佟养性全权管理,"敕谕额驸佟养性曰凡汉人军民一切事务付尔总理"①,这便是八旗汉军建立的开端。天聪七年(1633 年)七月,将隶属于满洲旗下的汉人"十丁抽一",共一千五百八十人,以补汉军甲喇之缺,交由马光远统领。同年八月,授石廷柱为汉军固山额真。自此,汉军正式成为一旗。皇太极着手将汉兵单编成旗,目的是缓和征讨明朝过程中与汉人产生的矛盾,以保证社会生产的持续发展。崇德二年(1637 年),分汉军为左右两翼,石廷柱管理左翼一旗,马光远管理右翼一旗;崇德四年(1639年),两翼汉军扩充为四旗;直到崇德七年(1642 年),汉军由四旗增设为八旗,八旗汉军的建立才正式完成。

八旗汉军是出于政治需要而建立的。皇太极希望借助八旗汉军改善满汉关系、加强君权,通过"以汉攻汉""以汉治汉"的方式夺取明朝政权。八旗汉军的建立,使原本为奴的汉人的地位得到提升,满汉之间的矛盾得以缓和;从各旗抽调汉军,则削弱了各旗主的势力,从而使君权不断得到加强。这两者更为夺取明朝政权提供了条件。同时,八旗汉军的建立也对汉军旗人的生活习惯、文化认同和民族认同产生了一定的影响,在语言、姓氏和习俗上,都出现不同程度的满洲化。

(二)八旗官学教育的形成

八旗官学教育得以形成,离不开满族统治者对教育的重视。努尔哈赤曾发出"颁经书以宏文教,尚骑射翻译以重国文"②的号召。天聪五年(1631 年),皇太极颁布圣谕:"朕令诸贝勒、大臣子弟读书,所以使之习于学问,讲明义理,忠君亲上,实有赖焉……凡子弟十五岁以下,八岁以上者,俱令读书……"③

最初,清廷采取奖励的方法鼓励八旗贝勒子弟参加科考,并要求满汉官员子弟入国子监读书。国子监是封建王朝的教育管理机构和最高学府。清

---

① 《太宗文皇帝实录》卷八,中华书局 1986 年版,第 109 页。
② 杨晓、曲铁华:《清代的八旗官学》,载《民族教育研究》1989 年第 1 期,第 79页。
③ 《清太宗实录》卷十,中华书局 1986 年版,第 28 页。

定都北京后,修明北监为太学。祭酒是太学主管官,少詹事李若琳任首任祭酒。李若琳改太学为国子监,奏请仿明旧制广收生徒。顺治元年(1644年),皇帝下旨:"满洲官员子弟有愿读清书或愿读汉书及汉官子孙有愿读清汉书者,俱送入国子监……"①同年,国子监祭酒李若琳奏言八旗子弟入监读书,路途遥远,上学不便,故建议"满洲八固山地方各立书院,以国学二厅、六堂教官分教之"②。顺治二年(1645年),将两旗书院合并,分四处设立官学,每处设有伴读十人对学生进行教习,每十日要前往国子监考课一次,如逢春秋演射,则五日一次。由此,八旗官学正式建立。

清朝统治者认为八旗教育应讲求文武兼备,八旗子弟应勤于学习,参加科举考试,为朝廷效力。这就为八旗官学教育的发展提出了更高的要求,使其在范围、数量以及办学层次上都有所提升。

八旗官学的设立范围逐步扩大。康熙三十四年(1695年)后,八旗官学的设立不再局限于顺天府和京师地区,逐渐向边远地区扩展,东北及其他各省驻防八旗陆续开设官学。不仅是地域范围,八旗官学的学生也扩展到其他民族。雍正元年(1723年),增设八旗蒙古官学,八旗官学的招收范围进一步扩大。

八旗官学的数量随着设立范围的扩大而不断增加,招收学员的数量也在逐渐增多。雍正六年(1728年),将原有的各旗官学进行扩建,房舍由十三间增加到二十间,可容纳的学生增加到上百名,使得更多的八旗子弟能够进入官学读书。

从办学层次来看,八旗官学不断优化。康熙二十四年(1685年),康熙帝指出"内府竟无能书射之人"③。为提升内府三旗子弟的教育水平,康熙二十五年(1686年)于北上门两侧官房建立官学,称景山官学,其学员主要是内府三旗佐领、管领下的幼童,学制三年。景山官学无论是从办学规模、教学设施,还是师资力量上来看,都优于一般的八旗官学。雍正七年(1729年),设

---

① 《清世祖实录》卷十一,中华书局1985年版,第105页。

② 赵尔巽等:《清史稿》(卷八四~卷一三〇),吉林人民出版社1995年版,第2114页。

③ 索尔讷等:《钦定学政全书校注》,霍有明、郭海文校注,武汉大学出版社2009年版,第275页。

咸安宫官学,内中设"汉书十二房,清书三房",挑选年龄皆在十三岁至二十三岁之间的"俊秀者五六十名,或百余名",主要学习任务是在"读书之暇",请乌拉人"教授清话"。①

八旗官学作为清代重要的官办教育机构,在清代前中期一直得以延续。至嘉庆、道光以后,八旗官学被改并为八旗学堂。

八旗官学设于国子监之下,每旗设一学,每学设六馆,满馆、蒙古馆各一所,汉馆四所。八旗官学每学都设有助教和教习,每学设满助教二人,蒙古助教一人,设满教习、蒙古教习、弓箭教习各一人,汉教习四人。

八旗官学教育的建立、发展与兴盛,离不开统治者巩固政权的需要与雄厚政治经济基础的支撑。更重要的是,八旗官学的建立,提升了八旗子弟的文化水平,在巩固统治、增进民族团结等方面发挥了重要的作用。

二、汉军旗人的官学教育机构

八旗官学是招收汉军旗人的主要官学机构。除八旗官学外,汉军旗人还可通过选拔进入国子监、景山官学、盛京官学及咸安宫官学学习。

(一)八旗官学

1. 生源选拔

八旗官学奉行精英教育,因此对学生的来源有着严格的要求。官学设立之初,只有八旗官员子弟拥有入学资格,由该旗都统选择十八岁以下的俊秀子弟入学读书;康熙十六年(1677年),限制有所放宽,如果佐领下没有俊秀子弟作为生源,也可以"闲散人"选补。闲散人,指父兄没有官职且未满十六岁者;乾隆三十二年(1767年),条件进一步放宽,包衣子弟也可入学,"下

---

① 鄂尔泰等:《八旗通志》,李洵、赵德贵主点校,东北师范大学出版社1985年版,第949~950页。

五旗包衣每旗增设学生十名……汉军各二"①。光绪九年（1883年），下令此后对于官学生的挑选，只要条件优秀，可以不拘官阶、品级，尤其要优先从家境贫寒子弟中挑选。由此可见，八旗官学逐步放宽对生源选择的限制，有利于不同阶层的学生接受教育，促进教育公平。

八旗官学严格限制学生名额。顺治年间，八旗官学以佐领为单位选拔学员，名额极为有限。顺治二年（1645年），八旗官学规定每佐领各选取官学生一名，而后礼部上奏请求增额至每佐领两名；顺治十三年（1656年），由于八旗重文轻武习气渐盛，有违本朝以武立国的祖训，名额恢复至每佐领一名；顺治十四年（1657年），汉军官学生名额仍为每佐领一名；直至顺治十八年（1661年），汉军官学生名额恢复至每佐领两名。②

乾隆年间，八旗官学生的选拔由以佐领为单位变为以旗为单位，"每旗额设官学生，满洲六十人，蒙古、汉军各二十人"③。乾隆三十四年（1769年）规定，官学生已考取官职者应退学，并由另行挑选的新生补足缺位。

在学生名额上，清政府对于八旗满洲、蒙古、汉军名额的要求略有不同。顺治十四年（1657年），减少八旗蒙古学员至两佐领一名，而八旗汉军仍保持每佐领一名的名额，由此可见清政府对汉军旗人教育的重视；而乾隆年间，八旗满洲的学生名额，则明显大于八旗蒙古和八旗汉军，也可以看出八旗满洲子弟在八旗中的尊贵地位。

在选拔流程上，最初是由各佐领负责向八旗官学选送学生，但因各佐领徇私舞弊现象频出，这种方式逐渐被摒弃。康乾时期，清廷将选送的权力收归于各旗所有，由各旗统一对学员进行推荐。各旗推选出候选学员，印制名册，报送至国子监进行考核。国子监会对学员进行翻译、作文和背书三个科目的考核，最终根据学员的考核成绩确定录取名单。选送的权力归各旗后，选拔流程更加公开透明，减少了徇私舞弊的可能。除此之外，清朝政府又陆

①　赵尔巽等：《清史稿》（卷八四~卷一三〇），吉林人民出版社1995年版，第2114页。

②　安萍、甘永涛：《清代八旗官学教育制度探究》，载《民族论坛》2016年第6期，第88~93页。

③　素尔讷等：《钦定学政全书校注》，霍有明、郭海文校注，武汉大学出版社2009年版，第280页。

续制定了填补空缺名额的"顶补"制度和类似于保送的鼓励向学幼童的政策，为更多真正向学之人提供了接受教育的机会，一定程度上促进了教育公平。

2. 课程内容

清朝将"清语骑射"作为立国之本，因此，"清语骑射"也被广泛地融入八旗官学的课程之中。同时，八旗官学并不只是针对八旗满洲子弟的教育，也包括对八旗蒙古和八旗汉军子弟的教育。因此八旗官学设置了兼顾多种语言的文书类课程和射击类课程，以满足多民族的教育对象和国家培养"文武兼修"人才的需要。

"文书"即满文书、汉文书以及八旗蒙古另外要学习的蒙古语文。汉馆主要教习经书和时文，满馆主要教习满文，蒙古馆主要教习蒙古文。并且，满汉学生都会进行四书五经等儒家经典的学习。而八旗子弟就学并不完全以其满洲、蒙古或汉军的归属进行区分。"每佐领下取官学生一名，以十名习汉书，余习满书。"①这说明，即使是八旗汉军学生，也有进入满、汉馆学习的可能。

学习的类型主要分为识记、写作和翻译三种。八旗官学的教育注重因材施教，每个学生都有相对应的功课册，详细地记录着学生的学习过程，定期上交博士厅审查。教习首先对新知识进行讲解，学生识记并进行回讲，最后默写巩固，这些都会在功课册上有所呈现。通过功课册与学生一一对应，可以很好地了解学生的学习能力与水平。

由于功课册一一对应，学生不会随意被拨到别的馆学习，但对于后期学习有困难，无法撰写时文的习作学生，可以申请改馆学习尚未学习的经书。八旗官学强调满语文的学习，尤其注重翻译教学，即满汉互译。在汉军学生达到一定学习水平后，并且有意愿学习满文，可以向博士厅申请入翻译馆学习。

八旗官学教育强调务实，重视武功，所以也设置了射击类课程。乾隆皇

---

① 赵尔巽等:《清史稿》(卷八四~卷一三〇)，吉林人民出版社1995年版，第2114页。

帝曾说，"俾我后世子孙臣庶咸知满洲旧制，敬谨遵循，学习骑射，娴熟国语"①，可见清朝皇帝对骑射的重视。射击课程根据年龄设置，分为步射和骑射。从难易程度上看，骑射难于步射，因此学生至十三岁便可学习平地射击，至十六岁方可学习骑射。汉军官学生同其他各旗官学生一样，必须学习"马步箭"。"马步箭"，指箭术中的骑射和步射。学校设置教场供八旗子弟练习骑射，充分说明了骑射在八旗官学教育中的重要地位。

3. 考试

就考试类型而言，按时间划分，主要分为常课、月课、四季会课、季考以及随机考核。常课即平时考试，每月逢三、八之日举行，教习布置好题目，初一交由博士厅进行汇总，初六统一交由司业进行查阅。月课，每月考查一次，由教习和助教负责组织，满、蒙、汉各馆考核内容各不相同，射击也是重要的考查内容。四季会课，每季度考查一次。季考，春秋两季各举行一次，是各类考试中最为严格的。考前助教将考生名额报送至档房，考试当天，由各旗助教带该旗学生至彝学堂，教师点名后分发试卷，学生按卷面上的字号对号入座，进行考试。考试后会发布榜单，按成绩优劣进行奖惩。射击仍然是重要的考试内容，不合格者会遭到批评甚至劝退。随机考核，是指在以上考试之外，祭酒和司业对学生进行的随机抽查，会根据表现进行奖励和批评。八旗官学每年的考试分布密集且十分规律，既有固定的考试，又有临时抽查，在保证效率的同时，又保证了教学质量。

八旗官学的考试内容与课程设置相匹配，主要包括文书和射击。文书类考试包括翻译、作文和背诵；射击类考试包括步射和骑射。具体的考试内容根据考生的学习内容和年龄有所区分，不同考生的考试内容各不相同。

常课考试中，"习清文者课翻译，习汉文者课文艺"②；月课考试中，汉馆学生要求作时文一篇，幼童背书一次，还要出城考试步射和骑射；四季会课的内容与月课大致相同；春秋季考中，习汉文者要用"四书"内容写一篇文章，同时作一首五言六韵诗，习满文与蒙古文者要各试翻译一道。习汉文者的考试内容完全不同于习满文与蒙古文者,前者注重考查习作和背诵,后者则更为注重考查语言与翻译,兼顾了不同语言文字的独特性。武艺也是重要的考试内容,在月课和春秋季考中均有涉及。月课考试时,由弓箭教习和助教带领学生出城考试步射和骑射;春秋季考则规定,十三岁以下学员考试步射,十六岁以上学员考试骑射,考试按照先步射后骑射的顺序进行,当场评定成绩。季考的射击成绩可决定学生的优劣,十分重要,无法拉弓射箭的学生将被开除。祭酒和司业随机考核的内容比较固定,与学习内容直接相关。由此可见,八旗官学的考试内容与学生发展阶段和学习内容直接相关,是科学的、有针对性的。

4. 日常管理

教习和助教负责八旗官学的日常管理。教习主要负责对学生的学习进行管理,助教则主要对学生的日常生活负责。

学生告假涉及缺课,必须先请示教习,再向助教提出告假申请,在申请中要将告假缘由说明。助教会根据学生告假的缘由和往返距离,批示假期的具体时限,并向博士厅报送学生的告假信息。

八旗官学对于病假和事假时间的规定有所不同。因病告假超过一个月的学生,由助教撰写文书向上级汇报情况,并在本旗公示,停止对其发放钱粮;如果超过三个月,则要除去该学生的名额。如有病假期限较长的学生想要申请复班,则需经由助教带领其呈送上级检查核验,看其年龄资质,如符合要求,在有缺额的情况下,允许其补足缺位。在对丧事告假的规定上,能明显体现出八旗官学对于孝道的重视:"官学生有告假穿孝百日及两月、一月者,出具本佐领图记投递本学,该助教具稿呈堂存案,例不停止钱粮。功服以下,送殡后上学。"①

八旗官学纪律严明,学生如严重违反校规,则会被予以退学处理。主要有两种情况属于违反校规行为:第一种,学生在不告假的情况下,旷课三天,或者连日迟到,无视教诲者,会被勒令退学;第二种,被选中参加春秋丁祭的学生,无故缺席,会被勒令退学。除此之外,还有特殊情况的退学。如果学

---

① 《钦定国子监志》,转引自顾明远:《历代教育制度考》,湖北教育出版社 2015 年版,第 1420 页。

生因家庭经济困难无法支付学习费用,学校准许其申请退学;另外有些学生资质愚钝,天资欠佳,如在教习的精心教育下仍无提升,教习要向学官申报,并由管学官对其功课进行考核,根据具体表现决定去留。

5. 出路

清政府为八旗官学生提供了几种不同的出路:

第一种,参加科举考试。科举考试由顺天府举办,分为生员考试、乡试、会试和殿试。八旗子弟最初被允许参与科举考试,是在顺治八年(1651年)。同年,乡试对八旗官学生开放,满洲、蒙古编满字号,汉军编合字号,考期为一日,单独命题。康熙二十六年(1687年),八旗官学生与汉人一同参加乡试,考试时间、地点以及内容均相同。八旗子弟参加科举,实行分榜录取。满洲、蒙古为一榜,汉军、汉人为一榜,其考试内容也有所区分。在乡试中,八旗满洲、蒙古子弟只需测试满文或蒙古文一篇,而汉军子弟要测试书艺两篇、经艺一篇,不通经艺的汉军考生,还要加试书艺一篇。乡试中举者,称"举人"。中举之后的第二年,新科举人便可以赴京按科无限期参加礼部举办的会试;会试一科或三科不中,也可以经过吏部的"拣选"或"大挑"就任低级官员。

第二种,通过考试进入政府部门任职。一种情况是考取笔帖式和文武生员。笔帖式是针对满人而设立的职位,汉军旗人则没有机会任职。笔帖式主要从事满汉文翻译以及缮写、贴写工作,八旗官学生入选即为九品,凭借能力与政绩获得升转机会。"学汉文者只考文武生员而已"[①],而科举制度中的生员是指通过童生考试进入府、州、县学读书的士人,两者有所不同。另一种情况是考取八旗汉军随印外郎和各部寺八旗库使。随印外郎,是八旗都统衙门下设之职,负责帮办章奏文移。康熙元年(1662年)定,八旗满洲、蒙古及汉军随印外郎的选拔,首先由所缺人所在的旗知会吏部,并由吏部行文至国子监,国子监于所在旗挑选一就读时间较长的官学生,在通过吏部的翻译考试后补用。而八旗官学生充补各部寺八旗库使,需要同时通过国子监和吏部的考核。

---

① 《钦定国子监志》,转引自李国钧、王炳照:《中国教育制度通史》第5卷,山东教育出版社2000年版,第101页。

第三种,通过考试进入国子监深造。考试每三年举行一次,考官由钦点的大臣担任,表现优异者可作为监生入监深造。

除上述三种方式之外,八旗官学生还可以通过考试进入内阁俄罗斯馆学习。俄罗斯馆,专门负责翻译俄罗斯文字,八旗官学生在俄罗斯馆学习五年,便可通过考试获得官职。考试分三等,一等授八品官,二等授九品官,三等不授官,继续留在馆内学习。这类官员还可通过再次考试提升品级,如果考试成绩低于上一次,则会被降级。

(二)国子监

清代国子监准许八旗汉军每旗选送一名学生入监学习,此外还有一些荫监生和靠按例捐纳而入监学习的例监生。国子监对于监生在学习和礼仪方面都有很严格的要求:入监要拜祭先师庙,满、汉监生在每月初一、十五参加释奠礼(祭祀先圣先师的典礼),除此之外还有每月三次的讲书、覆讲、上书、覆背等课程;祭酒和司业还会在每月初一、十五率属员诸生拜祭文庙后开堂讲书;除此之外还要学习四书五经、情理和通监等课程。八旗助教负责监督监生的学习,满汉监生在听讲书之后要复习,不懂之处要到讲官处或两厢求教;八旗监生请假必须获得所在旗都统的证明,经查明后,才会酌情考虑准假。①

(三)景山官学和咸安宫官学

景山官学与咸安宫官学专门针对内务府三旗而设立。景山官学是一所初级学校,带有普惠性质。其学生主要是佐领、管领下子弟中挑取的幼童。佐领和管领,是内务府三旗包衣下的基本组织。雍正七年(1729年),设咸安宫官学。其学生不仅包括佐领、管领下的幼童,还包括景山官学中经过二次选拔出的"俊秀幼童"和内务府三旗的包衣世家子弟。与景山官学相比,咸安宫官学更具选拔性质,一定程度上满足了内务府培养后备人才的需要。

---

① 韩大梅:《清代八旗子弟的学校教育》,载《辽宁师范大学学报》1996年第2期,第73~75页。

三、汉军旗人官学教育的意义与影响

汉军旗人接受官学教育,有利于向国家输送人才,加强对八旗汉军的统治,同时促进民族团结。

(一)政治方面

汉军旗人的官学教育,一定程度上是八旗汉军建立之后,清朝政府对八旗汉军统治的延伸。满族作为少数民族入主中原,继而实现了对全国的统治。而面临着作为被统治者却又数量庞大的汉族,为了巩固统治,其官僚队伍尤其需要精通满语的汉族人才的加入。八旗官学对汉军旗人的教育,为国家输送了一批批优秀的汉族人才,不断为清朝的统治提供新鲜的血液。

不仅如此,汉军旗人的官学教育,一定程度上体现了清政府对不同民族的教育公平,更加有助于增强民族凝聚力,进而巩固统治。因此,汉军旗人的官学教育有利于国家吸纳满汉兼通的汉军子弟为国效力,同时进一步巩固对汉军八旗的统治,形成对汉军旗人统治的一种良性循环。

(二)思想文化方面

语言是文化的载体,八旗汉军学生在学习满语的同时,也会受到其中满族礼仪、风俗等各个方面的影响。八旗汉军学生与满族教习接触的过程中,满族教习潜移默化地将满族的礼仪习俗和思维方式传递给了汉军官学生。

清朝统治者将"清语骑射"视为"满洲之根本,旗人之要务"[①],因此骑射也是汉军官学生必须学习和掌握的课程。射击类课程在八旗官学中的地位并不亚于文书类课程,尤其是在八旗官学的考试中有着十分明显的体现。八旗汉军学生须与八旗满洲学生一样学习骑射。这样的课程要求,提升了八旗汉军学生的身体素质,磨炼了其意志。

---

① 希元,祥亨等:《荆州驻防八旗志》,辽宁大学出版社1990年版,第28页。

（三）民族团结方面

从语言上来讲，汉军旗人在政府组织的八旗官学下，统一正规地学习满语文，满语水平大大提高。这有助于打破满汉两族在交流上的障碍。从民族性格上来讲，八旗汉军子弟学习骑射，不仅磨炼了他们的意志，更培养了他们英勇善战的精神。

清代八旗中，满洲八旗子弟的社会地位较为优越，精通满汉文的汉军八旗子弟在仕途中就会有更大的机会，获得统治者的青睐。八旗汉军子弟，尤其内务府高官，对清廷事事忠诚，议政多有建树，颇受满洲贵族看重，经皇帝允许，不仅占有满洲额缺，而且可以成为满洲大臣。

可以说，八旗汉军的建立，是出于改善满汉关系、夺取明朝政权的政治需要。其建立使汉人地位得到提高，八旗子弟的身份让他们接受官学教育成为可能。清朝统治者重视教育，尤其是对八旗子弟的教育，遂创办八旗官学。

八旗官学主要教授满、蒙、汉三种语言文字的文书类课程和以骑射为主的射击类课程，对于生源选拔、日常管理与考核以及学生的出路都有着明确的规定。在生源选拔和学生的出路方面，对汉军旗人学生的规定更是有所不同。这在一定程度上体现了清政府对汉军旗人教育工作的重视。除此之外，汉军旗人还可以进入国子监、景山官学和咸安宫官学中学习。

清政府要求汉军旗人接受官学教育，源于统治者对教育的重视和巩固国家统治的需要，不仅为国家输送了大批精通满汉文的人才，还促进了民族团结。

第六章

节庆娱乐风俗

第一节　节庆与日常礼仪

一、流人文献所载的节庆活动

清代东北流人文献中关于满族节日习俗的记载,主要涉及元旦、除夕、上元节、清明、腊八等节日。

关于元旦,《宁古塔山水记》"石城"中记载:"春秋于城南大阅骑射,元日悬弓矢于门警备。"①又"兀喇"载:"清太祖初起,以正月朔日,用奇兵袭击,下之,故至今元日,骑士比户皆悬弓刀,示警备也。"②《宁古塔纪略》载:"元旦,城门必严列旌旗弓矢,以壮威武。家家必于半夜贺岁,如迟至午,便为不恭矣。"③

关于除夕,有《柳边纪略》卷之四载:"岁除必贴红纸春联。联贵四六,岁易新句,或与旧稍同则不乐。"④《龙沙纪略》"风俗"中载:"除夕,悬弓矢门枨间。相传我太祖皇帝曾于除夕克强敌,帝业由此以成。诸属国艳颂之,遂沿

---

①　杨锡春、李兴盛:《宁古塔历史文化》,黑龙江人民出版社 2004 年版,第 217 页。
②　杨锡春、李兴盛:《宁古塔历史文化》,黑龙江人民出版社 2004 年版,第 229 页。
③　杨宾、方式济、吴桭臣:《龙江三纪》,黑龙江人民出版社 1985 年版,第 248 页。
④　杨宾、方式济、吴桭臣:《龙江三纪》,黑龙江人民出版社 1985 年版,第 109 页。

为俗。"①《宁古塔纪略》记载:"除夕,幼辈必到长者家辞岁,叩首,受而不答。等辈同叩。"②

上元节,是继除夕之后又一个盛大的节日,其活动方式、延续时间以及活动规模等,远远超过其他节日。上元节的活动之一是中国民间传统的庆祝方式——灯会,《龙沙纪略》"风俗"中载:"上元赛神,比户悬灯。"③《龙沙纪略》与《卜魁风土记》中还记载了清代黑龙江地区在上元节期间一种特殊的庆祝仪式——立灯官。这也是上元节庆祝活动的又一项重要内容。《龙沙纪略》"风俗"载:"岁前,立灯官,阄屠侩名于神前,拈之。锁印后,一方之事皆所主。文书可达将军。揭示,有官假法真之语。细事朴罚唯意。出必鸣金,市声肃然,官亦避道。开印之前夕,乃自匿去。"④《卜魁风土记》中记载:"锁印后阄侩名,立为灯官,揭示,有官假法真之语,细事朴罚惟意,出必鸣金,市声肃然,至开印前夕止。"⑤上元节还有"走百病"的习俗。如《柳边纪略》卷之四载:"十六日,满洲妇女,群步平沙,曰走百病,或连袂打滚,曰脱晦气,入夜尤多。"⑥上元节时还经常扭秧歌。《柳边纪略》卷之四记载:"上元夜,好事者辄扮秧歌。秧歌者,以童子扮三四妇女,又三四人扮参军,各持尺许两圆木,戛击相对舞,而扮一持伞灯卖膏药者前导,傍以锣鼓和之,舞毕乃歌,歌毕更舞,达旦乃已。"⑦

关于清明节,有《宁古塔纪略》载:"清明扫墓,富贵者骑马乘车,贫贱者将祭品罗列炕桌上,女人戴于头上而行。"⑧

腊八是我国传统的民俗节日,在清代东北流人方志文献中也有相关记载,只是其内涵与汉族的节日内容大相径庭。《龙沙纪略》"风俗"中载:"腊

① 杨宾、方式济、吴桭臣:《龙江三纪》,黑龙江人民出版社 1985 年版,第 212 页。
② 杨宾、方式济、吴桭臣:《龙江三纪》,黑龙江人民出版社 1985 年版,第 248 页。
③ 杨宾、方式济、吴桭臣:《龙江三纪》,黑龙江人民出版社 1985 年版,第 212 页。
④ 杨宾、方式济、吴桭臣:《龙江三纪》,黑龙江人民出版社 1985 年版,第 212 页。
⑤ 王锡祺:《小方壶斋舆地丛钞》第 1 册,杭州古籍书店 1985 年版,第 413 页。
⑥ 杨宾、方式济、吴桭臣:《龙江三纪》,黑龙江人民出版社 1985 年版,第 109 页。
⑦ 杨宾、方式济、吴桭臣:《龙江三纪》,黑龙江人民出版社 1985 年版,第 108~109 页。
⑧ 杨宾、方式济、吴桭臣:《龙江三纪》,黑龙江人民出版社 1985 年版,第 249 页。

月八日，达呼里、红呼里男妇并出，猎兔取脑，为速产之药。"①

二、日常生活礼仪

清代东北地区的满族比较完整地保持着本民族淳朴好客、真诚相待的朴素的生活礼仪，这些生活礼仪体现在日常生活中的各个方面和诸多生活细节之中。

满族民风淳朴，讲信义，重廉耻。清代东北流人文献中对此有较多的记载。如《龙沙纪略》"风俗"记载："官廨文案，防检甚疎，而无敢为奸弊者，又其风之近朴也。"②路不拾遗、夜不闭户，是民风淳朴的最好体现。《绝域纪略》载："道不拾遗物，物遗则拾之置于公，俟失者往认焉。马牛羊逸，三日不归，则牒之公，或五六月之久，尚能归，惟蹢人田则责牧者罚其值，虽章京家不免焉。"③

《宁古塔山水记》"石城"中记载："夜户不闭，亦无盗，行人不赍粮。"④《柳边纪略》卷之三记载："居人无冻馁者，冻馁则群敛布絮、粮食以与之。夜户多无关……他时，牛马猪鸡之类无失者，失十余日，或月余，必复得。"⑤《龙沙纪略》"风俗"记载："失马，则呕注毛齿，闻于官。得马者不敢匿，当官归之，酬以匹布。"⑥同情弱者、互相帮助也是当地百姓纯朴善良的写照，《宁古塔纪略》记载："流人间有逃归者，人遇之，亦不告。有追及者，讳云自返，亦不之罪。大率信义为重，路不拾遗，颇有古风。今则不能矣。"⑦

百姓在日常生活中也互助相帮，《龙沙纪略》"屋宇"记载："土著人架木覆茅，妇子合作，戚友之能匠事者，助而不佣。"⑧

---

① 杨宾、方式济、吴桭臣：《龙江三纪》，黑龙江人民出版社1985年版，第212页。
② 杨宾、方式济、吴桭臣：《龙江三纪》，黑龙江人民出版社1985年版，第111页。
③ 杨锡春、李兴盛：《宁古塔历史文化》，黑龙江人民出版社2004年版，第211页。
④ 杨锡春、李兴盛：《宁古塔历史文化》，黑龙江人民出版社2004年版，第218页。
⑤ 杨宾、方式济、吴桭臣：《龙江三纪》，黑龙江人民出版社1985年版，第85页。
⑥ 杨宾、方式济、吴桭臣：《龙江三纪》，黑龙江人民出版社1985年版，第213页。
⑦ 杨宾、方式济、吴桭臣：《龙江三纪》，黑龙江人民出版社1985年版，第245页。
⑧ 杨宾、方式济、吴桭臣：《龙江三纪》，黑龙江人民出版社1985年版，第223页。

日常生活中最重要的就是见面的礼节,从相见到分别,流人方志文献中都有较为详细的记载。如《绝域纪略》载:"相见不揖,从者皆坐,坐以炕别。"①又载:"八旗之居宁古者,多良而醇,率不轻与汉人交。见士大夫出,骑必下,行必让道,老不荷戈者,则拜而伏,过始起。"②《柳边纪略》卷之四载:"俗尚齿,不序贵贱,呼年老者曰马法。马法者,汉言爷爷也。呼年长者为阿哥。新岁卑幼见尊长,必长跪叩首,尊长者坐而受之,不为礼。首必四叩,至三则跪而昂首若听命者然,尊长者以好语祝之,乃一叩而起,否则不起也。少者至老者家,虽宾必隅坐。随行出遇老者于途,必鞠躬垂手而问曰赛音,赛音者,汉言好也。若乘马必下,俟老者过,老者命之乘,乃敢避而乘。"③

《柳边纪略》卷之四又载:"满洲人相见,以曲躬为礼,别久相见则相抱。近以抱不雅驯,相见与别,但执手,年长垂手引之,少者仰手迎焉;平等则立掌平执,相抱者少矣。阿机人相见,无男女,皆相偎抱,或亲嘴不已。"④而《宁古塔纪略》则载:"无作揖打恭之礼,相见惟执手,送客垂手略曲腰。如久别乍晤,彼此相抱,复执手问安。如幼辈,两手抱其腰,长者用手抚其背而已。妇女以右手抚其额、点头、为拜。如跪而以手抚额点头,为行大礼。妇女辈相见,以执手为亲,拜亦偶耳。"⑤又载:"男妇相抱亲脸,唧唧有声,以此作别。"⑥

关于待客礼节,清代东北流人方志文献有较多记载,尤其是对陌生来客也一视同仁的待客之道,颇值得称赞。如《绝域纪略》载:待客时"每有需则与之,无则拒之,不恧也。受所与,必思有以酬之,相遇必歉歉自道,一酬即泰然,一裔酬布帛,所不计矣"⑦。又载:"百里往还,不裹粮,牛马不携粟草,随所投,如旧主人焉。主人随所供,不责报,亦无德色。"⑧《宁古塔纪

① 杨锡春、李兴盛:《宁古塔历史文化》,黑龙江人民出版社 2004 年版,第 210 页。
② 杨锡春、李兴盛:《宁古塔历史文化》,黑龙江人民出版社 2004 年版,第 211 页。
③ 杨宾、方式济、吴桭臣:《龙江三纪》,黑龙江人民出版社 1985 年版,第 108 页。
④ 杨宾、方式济、吴桭臣:《龙江三纪》,黑龙江人民出版社 1985 年版,第 115 页。
⑤ 杨宾、方式济、吴桭臣:《龙江三纪》,黑龙江人民出版社 1985 年版,第 247～248 页。
⑥ 杨宾、方式济、吴桭臣:《龙江三纪》,黑龙江人民出版社 1985 年版,第 241 页。
⑦ 杨锡春、李兴盛:《宁古塔历史文化》,黑龙江人民出版社 2004 年版,第 210 页。
⑧ 杨锡春、李兴盛:《宁古塔历史文化》,黑龙江人民出版社 2004 年版,第 211 页。

略》载:"凡各村庄,满洲人居者多,汉人居者少。凡出门不赍路费,经过之处,随意止宿,人马俱供给。少陵所谓'马有青刍客有粟'也。如两人远出,年幼者服事年长者。三人同行,则最幼者服事,其稍长者亦公然坐而不动。"①

《龙沙纪略》"饮食"中记载:"稻米甚贵,贩自沈阳,用以待宾客、食病者。"②又"屋宇"中记载:民宅内西、南、北三面土炕,"西为尊,南次之,皆宾位也"③。《宁古塔纪略》亦载:"有南北二炕,有南窗即为内房矣。无椅凳,有炕桌,俱盘膝坐。客来,俱坐南炕,内眷不避。"④

《柳边纪略》卷之三则简略记述了十多年时间里待客习俗所发生的变化及原因:"十年前行柳条边外者,率不裹粮,遇人居,直入其室,主者尽所有出享,或日暮,让南炕宿客,而自卧西北炕,马则煮豆麦、挫草饲之,客去不受一钱。他时过之,或以针线荷包赠,则又煮乳猪、鹅、鸡以进。盖是时俗固厚,而过客亦不若今日之多也。今则走山者以万计,踪迹诡秘,仓卒一饭,或一宿、再宿,必厚报之。而居者非云、贵流人,则山东、西贾客,类皆巧于计利,于是乎非裹粮不可行矣。然宿则犹让炕,炊则犹樵苏,饭则犹助瓜菜,尚非中土所能及也。"⑤

宴会中的待客礼节又与日常生活中有所不同,《柳边纪略》卷之三的记载颇为详尽,从歌舞迎客、主宾座次、递烟奉茶的次序以及敬酒的礼节、进食的主次之分等等,都一一道来:"满洲有大宴会,主家男女,必更迭起舞,大率举一袖于额,反一袖于背,盘旋作势,曰莽势;中一人歌,众皆以'空齐'二字和之,谓之曰:'空齐',盖以此为寿也。每宴客,坐客南炕,主人先送烟,次献乳茶,名曰奶子茶;次注酒于爵,承以盘,客年差长主,长跪以一手进之,客受而炕,不为礼,饮毕乃起。客年稍长于主,则亦跪而饮,饮毕客坐,主乃起。客年小于主,则主立而酌客,客跪而饮,饮毕起而坐。与席少年欲酌同饮者,与主客献酬等。妇女出酌客亦然。是以不沾唇则已,沾唇则不可辞,盖妇女

① 杨宾、方式济、吴桭臣:《龙江三纪》,黑龙江人民出版社1985年版,第243页。
② 杨宾、方式济、吴桭臣:《龙江三纪》,黑龙江人民出版社1985年版,第214页。
③ 杨宾、方式济、吴桭臣:《龙江三纪》,黑龙江人民出版社1985年版,第223页。
④ 杨宾、方式济、吴桭臣:《龙江三纪》,黑龙江人民出版社1985年版,第247页。
⑤ 杨宾、方式济、吴桭臣:《龙江三纪》,黑龙江人民出版社1985年版,第90页。

多跪而不起,非一爵可已。又客或惧醉而辞,则主不呼妇女出,出则万无不醉者矣。凡饮酒时不食,饮已乃设油布于前,名曰划单,即古之食单也。进特牲,以解手刀割而食之。食已尽,赐客奴,奴席地坐,叩头,对主食不避。"①《柳边纪略》卷之四又载:"宴会必子弟进食行酒,不以奴仆,客受之亦不酢。往来无内外,妻妾不相避。年长者之妻呼为嫂,少者之妻呼为婶子,若弟妇。"②

此外,《宁古塔纪略》还记载了清代东北地区的其他生活习俗,比如婴儿使用摇车的习俗,至今在东北地区仍有流传。"生子满月下摇车,如吾乡之摇篮。其制以筛扳圈做两头,每头两孔,以长皮条穿孔内,外用彩画,并悬响铃之类,内垫薄板。悬于梁上,离地三、四尺。用带缚定小儿,使不得动。哭则乳之,不已,则摇之,口念:'巴不力'——如吾乡之'嘎喏喏'也。"③

上述简略记载,粗线条地勾勒出在艰苦的自然环境和生活条件下,满族人依然保持了热情好客、淳朴善良的民风。同时我们也可以看出,清代东北的满族很多生活细节中讲究长幼有序。

第二节　哨　　鹿

哨鹿是中国历史上重要的狩猎方式之一,曾广泛应用于北方各少数民族中,满族及其先民亦将其作为重要的生产生活方式。随着生产方式和生活样态的转变,哨鹿活动已成为满族人民的历史记忆,但其内涵却融入满族文化之中,成为满族历史文化的一部分。

一、源于生活的满族哨鹿活动

满族及其先民使用哨鹿的方法进行狩猎的历史已经很久远。有大量的

---

① 杨宾、方式济、吴桭臣:《龙江三纪》,黑龙江人民出版社 1985 年版,第 91~92 页。
② 杨宾、方式济、吴桭臣:《龙江三纪》,黑龙江人民出版社 1985 年版,第 108 页。
③ 杨宾、方式济、吴桭臣:《龙江三纪》,黑龙江人民出版社 1985 年版,第 249~250页。

历史文献可以证明,在辽金时期身披鹿皮、头戴鹿角、手持鹿哨的哨鹿狩猎已经很成熟。元明时期也仍有女真人哨鹿捕猎的历史记录。从各种资料上来看,自辽金时期开始,直至清代围场中的秋狝大典,哨鹿的狩猎方法基本保持一致,并无明显的区别。

(一)满族及其先民的哨鹿活动

哨鹿,是一种传统的狩猎技艺,在我国,尤其是北方阿尔泰语系各民族曾广泛使用。历史上,契丹、女真等时期都曾使用哨鹿的方法狩猎,并留下明确的记载。可以说,哨鹿是采集狩猎时代的重要文化遗存,具有特殊的文化意义。

1. 满族先世的射猎传统

满族的历史源远流长,可追溯到先秦时期的肃慎人,以及后来的挹娄、勿吉、靺鞨、女真等。关于肃慎、挹娄、勿吉、靺鞨等时期的文献并不多,但通过历史资料还是可以判断在这些时期,狩猎是满族先民的主要生存方式之一。《国语·鲁语下》载:"武王克商……肃慎氏贡楛矢、石砮,其长尺有咫。"①可见箭在肃慎时期便已是重要的物资,甚至能作为礼物与其他国家交换。《后汉书·东夷列传》载:"挹娄……而多勇力,处山险,又善射,发能入人目。"②说明挹娄人身住山中,擅长射箭。这两段史料虽没有直接说明肃慎人、挹娄人以狩猎为生,但其一定是十分擅长射箭的,而且箭在其生产生活中具有重要的地位。

直接写明满族先世以狩猎为生的资料是《北史·勿吉传》,其中记载:"勿吉国在高句丽北,一曰靺鞨……其畜多猪……人皆善射,以射猎为业。"③《新唐书·北狄传》中也记载:"黑水靺鞨……性忍悍,善射猎,无忧戚……"④可见在勿吉和靺鞨时期,满族先民是以狩猎为生的。《续资治通鉴》也能佐证这一点:"是冬,金主谕其政省:'自今四时游猎,春水秋山,冬夏

---

① 　左丘明、刘向:《国语·战国策》,李维琦点校,岳麓书社 2006 年版,第 46 页。
② 　范晔:《后汉书》卷八十五,中华书局 1973 年版,第 2812 页。
③ 　李延寿:《北史》卷九十四,中华书局 1974 年版,第 3124 页。
④ 　欧阳修、宋祁:《新唐书》卷二百一十九,中华书局 1975 年版,第 6177～6178 页。

刺钵,并循辽人故事。'"①

2. 女真时期的哨鹿

满族先世对于哨鹿这种狩猎方法的使用,最早的记载可见于女真时期。欧阳修《新五代史》卷七十三称女真"常作鹿鸣,呼鹿而射之"②。可见至少在公元十一世纪的宋代,满族先民女真人就可以模仿鹿的叫声吸引鹿而进行捕猎。《三朝北盟会编》中亦记载:"以桦皮为角,吹作呦呦之声,呼麇鹿,射而啖之。"③作为同为宋代的历史资料,其对于哨鹿的描写更为详细,可知在当时,女真哨鹿的鹿笛是由桦树皮制成的,且麇鹿在当时也是哨鹿的重要猎物。《大金国志》中对哨鹿的记载则更为详细,具体说明了在发现野兽踪迹时使用哨鹿方法,且还要保持安静,寻找隐蔽所。其第三十九卷载:"每见野兽之踪,蹑而求之,能得其潜伏之所。又以桦皮为角,吹[作]呦呦之声,呼麇鹿而射之。"④《北风扬沙录》中也记载:"金国本名朱里真,番语舌音讹为女真……善为鹿鸣,呼鹿而射之……"⑤《北风扬沙录》作为笔记,与不同时代史志相互对应、印证,也进一步使人确信女真人哨鹿捕猎的事实。明代《全辽志》卷六亦载:女真"男勇善射,能为鹿鸣,以呼诱群鹿而杀之也"⑥。可见自辽金始,女真人哨鹿捕猎是广泛应用的,也是对其十分重要的。

3. 清代的哨鹿

到了清代,记载哨鹿的资料则更多。《黑龙江外记》记载:"哨时,吹穆喇库,能肖游牝已急之声,则牡者狌狌来。"⑦《满洲源流考》卷十六"国俗"载:"《通考》女真,俗勇善射,能为鹿鸣,以呼群鹿,而射之。按:今哨鹿之制,以

① 毕沅:《续资治通鉴》宋纪卷一百二十二,岳麓书社 2008 年版,第 108 页。

② 欧阳修:《新五代史》,吉林人民出版社 1998 年版,第 294 页。

③ 徐梦莘:《三朝北盟会编》卷三"政宣上帙三",上海古籍出版社 2019 年版,第 17 页。

④ 刘晓东等点校:《二十五别史》大金国志卷之三十九,齐鲁书社 2000 年版,第 286 页。

⑤ 《北风扬沙录》,转引自上海师范大学古籍整理研究所:《全宋笔记》第十编 十二,大象出版社 2018 年版,第 144~145 页。

⑥ 《全辽志》卷六,转引自宋兆麟:《古代器物溯源》,商务印书馆 2014 年版,第 58 页。

⑦ 西清:《黑龙江外记》,黑龙江人民出版社 1984 年版,第 90 页。

木为哨具,又象鹿之首,戴之使鹿不疑,惟精于猎者能之。"①这部书对于哨鹿的记载,与《大金国志》中有所不同,其中"又象鹿之首,戴之使鹿不疑"的内容在之前的文献中并未出现,可见哨鹿活动到了清代,已经不只是寻找隐蔽所,且还要穿戴鹿皮伪装,做到声音和形象都像鹿,体现了从金到清哨鹿活动的进一步发展。与之印证的还有清郝懿行的《证俗文》,其卷十七中也出现了猎人身穿鹿皮伪装的内容:"由鹿谓之哨鹿,又云:今制秋狝,谓之哨鹿。猎人冒鹿皮,入山林深处,口衔芦管作鹿声,鹿乃群至,然后取之,即古之由鹿也。"②《清朝续文献通考》中则进一步提到了哨鹿的季节多是在白露之后,并提及木兰之意便是哨鹿之名:"每岁白露后,鹿始出声而鸣。效其声呼之可至,谓之哨鹿。国语曰木兰。今以为围场之通称。"③

同时,清代还留下了很多有关哨鹿的画作,其中最著名的当属清代郎世宁等人所绘乾隆皇帝《哨鹿图》。该画作是乾隆六年(1741 年)弘历首次以皇帝身份行木兰秋狝时郎世宁所作,画作主要描述哨鹿活动结束后"玉马欣然返,明驼载以归"的场景。④ 画中近处皇帝与亲随披甲执械,猎获返程,而远处则有八旗官兵于山林沟壑中行进,与山间鹿群、林中猛虎共同构成了皇帝哨鹿而归的场景,为后世了解清代哨鹿提供了具体的图像资料。

(二) 哨鹿的方法

哨鹿,是我国比较常见的引诱捕猎技法,常见于满族、鄂伦春族、鄂温克族等民族中。与其他引诱狩猎的方法相比,哨鹿有其特殊性,尤其是对于时令的要求较为严格。因为哨鹿这一方式是通过模仿动物求偶的声音来吸引鹿进行捕猎,这种办法,只有在动物求偶的季节才堪用,而在一年中的其他季节,鹿没有进入发情期,没有求偶的欲望,这一办法便很难奏效。

中国东北地区在地理上属于纬度较高的地区,鹿的求偶季节一般集中

① 阿桂等:《满洲源流考》,孙文良、陆玉华点校,辽宁民族出版社 1988 年版,第 315 页。

② 郝懿行:《郝懿行集》,齐鲁书社 2010 年版,第 2619 页。

③ 刘锦藻:《清朝续文献通考》卷一百八十一,商务印书馆 1955 年版,第 9287 页。

④ 王宝光:《哨鹿与〈哨鹿图〉》,载《紫禁城》1983 年第 2 期,第 32 页。

在秋季,如梅花鹿的求偶期一般在九月中旬之后,马鹿的求偶期一般在九月初之后。不同品种在具体时间上虽略有差异,但多集中在九月之后。每年木兰秋狝时,即秋分前后,康熙皇帝都会进行哨鹿活动①。清乾隆四十六年(1781年)奉敕所撰《钦定热河志》中,对哨鹿活动进行了详尽的描述:"哨鹿以秋分前后为期。鹿性于秋前牝牡各为群,中秋后则牝分群而求牡也。哨鹿择林壑深幽兽群总萃之所。至期,上(皇帝)于昧爽前出营旌门外,燎火以俟,随从侍卫以次而留。从者不过数十骑,皆屏息单行,不闻声响。既至其所,各戴鹿首为导。其哨以木为之。随机达变,低昂应声。鹿即随至。"②

可见,哨鹿是一项很需要技术和经验的狩猎方式。在哨鹿时,猎手一般需要鹿皮伪装、鹿哨、马匹、弓箭以及火枪等工具,在每年的秋分之前会进入鹿的求偶期,在中秋之后,鹿群会分公母而成群,用以求偶,这便是哨鹿的最佳季节。猎手会在天拂晓时骑马赶赴哨鹿位置,哨鹿的队伍往往人不会很多。在到达哨鹿位置后,猎手则要穿鹿皮衣,戴鹿皮帽,将自己伪装成一头鹿,然后吹奏鹿笛吸引求偶的鹿群,待鹿群被吸引而来时,猎手或射或捕将鹿擒获。值得注意的是,吹响鹿哨是很需要经验的,猎手要通过气息来控制声音,让其哨声音更像鹿的求偶叫声。另外,猎手哨鹿时一般选择位于鹿群的下风向,让鹿闻不到猎手的味道。

二、满族哨鹿活动的发展:木兰秋狝

在清代,自康熙皇帝始,皇家便在木兰围场地区设置了猎苑,供清代皇室和军队在此狩猎,称为木兰秋狝。木兰秋狝在我国历史的进程中,无疑起到一定的政治、经济、军事作用。哨鹿作为满族传统的狩猎技能,自然也成为秋狝的一部分,与大围、小围等狩猎方法共同构成了木兰秋狝大典。在这个时候,哨鹿已经逐步礼制化、娱乐化,渐渐脱离其实用性。

---

① 张雪峰:《康熙皇帝与木兰秋狝》,载《历史教学》2003年第6期,第78页。

② 《钦定热河志》,转引自张国庆、朴忠国:《辽代契丹习俗史》,辽宁民族出版社1997年版,第311页。

（一）木兰围场的设置

木兰围场的名称是满汉语合璧，其中"木兰"来自满语"muran"一词，意为"哨鹿"，"围场"则源于汉语，为围猎场所之意。木兰围场初设于康熙二十年（1681 年），康熙帝将其作为清代皇家围场使用，行练兵、围猎之职能。直到清后期围场破坏、军备废弛，皇帝不再出猎，木兰围场于同治二年（1863 年）废弃，历时 183 年。

康熙二十年（1681 年）四月，康熙皇帝北巡，意以安定蒙古各部，调节清廷与蒙古各部关系。北巡队伍出喜峰口，在塞罕坝地区射猎行围。该月底，清廷以喀喇沁、敖汉、翁牛特、察哈尔、克什克腾旗敬献牧场的名义，设置了皇家猎场——木兰围场。围场西北毗邻蒙古高原，与蒙古诸旗相接，为传统牧区，草场丰美；东北毗邻大兴安岭余脉和辽西走廊，森林茂密；南邻冀北山区，为传统农耕区，属于满蒙汉等各族杂居地区。同时，木兰围场兼具山地和高原两种地理地貌形态，兼有森林、草原两种植被类型，是典型的农牧交错地区，非常适合作为狩猎场使用。

康熙选中此地兴建皇家猎场具有重要的政治意义和军事意义。从政治意义上看，当时清朝内忧外患，尚不稳定。南方的三藩之乱刚刚平息，西北部的噶尔丹叛乱愈演愈烈，北方的沙皇俄国也虎视眈眈。在塞罕坝设置皇家猎场可巩固北方与西部边防。从军事意义上来看，在平定三藩之乱中，康熙皇帝发现八旗军中暴露出贪生怕死、组织能力低下的问题，甚至有人在战斗中自残以保命。因此康熙皇帝希望通过围猎以训练军队的组织能力，并培养军人的血性，以恢复军队的战斗力。《木兰记》碑文中曾记载："夫射猎为本朝家法，绥远实国家大纲。"①清代时期，木兰围场充分发挥了"肄武绥藩"的作用，达到了遏制沙俄、调节民族关系、训练军队并巩固政权的目的。

（二）围场中的哨鹿

木兰围场的名称，便有"哨鹿"之意，可见哨鹿活动在木兰围场中的重要

---

①　伊利民：《河北满族蒙古族碑刻选编》，作家出版社 2007 年版，第 215 页。

性。在围场中,有很多的狩猎形式,包括但不限于大围、行围、甸猎、步猎、哨鹿等。各种狩猎方式针对着不同的情况,依地形、节气、礼制等做出调整。其中哨鹿是木兰围场狩猎活动中必不可少的,甚至皇帝会亲自扮演哨鹿手,体验哨鹿的乐趣。

皇帝在哨鹿的时候,其制与常日不同。皇帝于五更放围之前出营,其余侍卫及诸备差人等分为三队,出营十余里,按皇帝之令,停第三队,又四五里,停第二队,又二三里,将至哨鹿处,停第一队。至此,皇帝身边只有侍卫及扈卫十余人。①用口吹木哨作"呦呦"声,引出鹿,这时猎手将鹿擒获。这种哨鹿的技巧会使狩猎的成功率增加,但失败率仍很高,并非每次哨鹿都有收获,会有十哨九空的情形,如康熙曾在乌尔衮郭围场带领众阿哥哨鹿,只有三阿哥哨得一只,其余阿哥均无所获。但正因哨鹿充满挑战色彩,皇帝往往更有兴趣。康熙皇帝对哨鹿情有独钟,曾说:"朕于骑射哨鹿行猎等事,皆自幼学习。"②康熙对哨鹿的喜爱,也影响了乾隆,乾隆曾说:"我皇祖昔喜哨鹿,朕冲龄随侍,习闻其事,年来乃亲试为之。"③事实也证明了乾隆皇帝对哨鹿的热爱,其在位六十年中,围场哨鹿多达五十余次。④

很多时候,木兰围场的哨鹿活动更似娱乐性质,如胤祉在给康熙皇帝的奏折中称:"夫哨鹿,虽系游乐趣事,诚颐养圣躬至要之策。"⑤而对此奏折,康熙皇帝并未训斥,而是在朱批中称:"朕体安,哨鹿获十余只。"⑥可见康熙皇帝赞同哨鹿活动是娱乐趣事的说法。

① 张雪峰:《康熙皇帝与木兰秋狝》,载《历史教学》2003年第6期,第78页。

② 刘文波:《康乾时期的清帝北巡与木兰围场设置问题探析》,载《内蒙古师范大学学报(哲学社会科学版)》2021年第1期,第46页。

③ 刘文波:《康乾时期的清帝北巡与木兰围场设置问题探析》,载《内蒙古师范大学学报(哲学社会科学版)》2021年第1期,第46页。

④ 刘文波:《康乾时期的清帝北巡与木兰围场设置问题探析》,载《内蒙古师范大学学报(哲学社会科学版)》2021年第1期,第46页。

⑤ 第一历史档案馆:《康熙朝满文朱批奏折全译》,中国社会科学出版社1996年版,第1574页。

⑥ 第一历史档案馆:《康熙朝满文朱批奏折全译》,中国社会科学出版社1996年版,第1574页。

三、哨鹿与满族文化

民族文化是一个民族在长期共同生产生活实践中产生和创造出来的、能够体现本民族特点的物质和精神财富的总和,它具有民族的特殊性。满族的哨鹿活动源自渔猎的生产生活方式,与满族文化的形成有着紧密的联系。

(一)哨鹿与满族鹿崇拜的形成密不可分

鹿是满族及其先民在渔猎的生产生活方式下非常重要的猎物。猎鹿的方式有很多种,在生产力不发达的时代,哨鹿是很重要的捕猎方式,虽效率不高,但其所需人力物力都很少,往往一个人或几个人就可以完成,这是围猎等方式所不具备的优势。因此,在渔猎采集的时代,哨鹿在一定程度上保证了满族先民的生存,使其能够捕获更多的鹿,因此哨鹿与满族的鹿崇拜有必不可分的联系。在满族的文化当中,鹿神是给人带来吉祥的神;在满族萨满信仰中,萨满会头戴鹿角神帽,跳被称为"卓罗蹦"的鹿神舞;满族萨满在祭祀的时候还会使用鹿的哈拉巴来进行占卜。在满族人眼中,鹿也是吉祥物,尤其是梅花鹿。满族及其先民有很多关于梅花鹿的传说,其中都表达了梅花鹿的吉祥意味。如满族重要民间传说《抓罗妈妈》中的抓罗格格就是在危急时刻被梅花鹿所救,她也带着鹿群保卫了部落的猎场;《达布苏与梅花鹿姑娘》中,达布苏救了小鹿,小鹿幻化成他的妻子,后来鹿妻子被首领抓走,也是梅花鹿女神帮达布苏救出了鹿妻子;再如《白鹿额娘》中,白鹿抚养了猎人的儿子,不孝的儿媳也被山中白鹿惩罚。

(二)哨鹿性质的变化映照满族生产方式的转变

哨鹿是满族继承女真而来的传统狩猎方式,其在女真人生产生活中具有重要地位。哨鹿使猎鹿的成功率增加,促进了女真人渔猎生产方式的进一步发展。在女真时期,狩猎是重要的获取食物的方法。

到了清代,民族的生存已经不依赖狩猎的收获,哨鹿活动的地位则呈下降趋势。在木兰秋狝中,更多的是以练兵为目的的围猎方式,哨鹿先是作为娱乐性质的活动而存在,其次才是以获取猎物为目的的捕猎方式。此外,清代的文献中,有关哨鹿的内容更多的是描述皇室的哨鹿、东北其他少数民族的哨鹿以及前朝的哨鹿,而少有清代平民百姓的哨鹿活动描写。因此推断,清代哨鹿活动已经渐渐淡出了普通百姓的生产生活,说明哨鹿不再是满族获取肉食的重要方法,这也从侧面体现出清朝建立以后满族的生产生活方式发生了翻天覆地的变化。

清代满族人大量入关、屯垦、戍边,高产作物玉米、土豆的种植,养殖业的进一步发展,以及捕猎技术的提高等等原因,都让满族从渔猎和农耕并存的生产方式向以农耕为主的生产方式转变。在这个过程中,各类型食物的比重发生了变化,食物获取的途径也发生了变化,狩猎所获得的生活资料愈发不重要,因此狩猎这种效率较低、较原始的技术在经济生产中的比重越来越小,狩猎的技术渐渐变得不重要。随着这种变化,狩猎活动在清代呈现衰落的趋势,哨鹿等活动的性质也发生了改变,逐渐从生产技能演变为娱乐活动。哨鹿活动衰落以及哨鹿性质的改变都映照出满族社会生产方式发生了根本性的转变。

(三) 哨鹿是满族文化的符号

乾隆帝曾作《哨鹿赋》,不但细致详细地描绘了哨鹿的方法、过程和情况,还在文章的结尾将“哨鹿之理”总结为“五德”:“盖尝研精哨鹿之理,而知五德焉:取一以新,匪二以频,仁也;逆者毙之,去者置之,义也;爱登簜篁,爱暇福履,礼也;招之即至,获之即遂,智也;呼哨以进,射宿凛训,信也。”[①]仁——每年只哨鹿一次;义——只捕猎跑过来的鹿,不猎杀逃走的鹿;礼——捕猎获得的鹿肉,不能只供自己食用,要做成美味供奉给神明,祭神祈福;智——哨鹿的过程中需要运用智慧,才能够引鹿前来,成功捕获;信——不用鹿哨吸引夜间睡熟的鹿。从中不难看出,清代皇帝已经不仅仅将哨鹿作为一项活动,还开始探寻哨鹿所蕴藏的道理,让其富有文化的内涵。

---

① 郎俊山:《避暑山庄大辞典》,故宫出版社 2012 年版,第 635 页。

虽然清代满族已经从根本上转变了原有的生产生活方式,鹿在满族生活中所占的比重越来越小,但满族人在一段时期内将哨鹿的习俗延续下来。康熙帝设立木兰围场后,将哨鹿从单纯的狩猎活动发展成为具有政治作用和军事作用的木兰秋狝。无论是在方法上,还是在规模上,木兰秋狝都极大地促进了满族哨鹿习俗的发展。可以说,不仅鹿和鹿崇拜已经深入满族的文化之中,哨鹿活动也成为清代国俗"清语骑射"中的一部分。从金到清,从秋捺钵到木兰围场中的秋狝大典,哨鹿文化伴随着满族的演进,它作为满族承袭于先世的文化记忆,与弓马骑射互相交融,成为满族骑射文化中不可或缺的重要组成元素,也成为满族的文化符号之一。

随着生产力的发展和社会的进步,那个以渔猎为主导的年代已经远去,但从那个时代遗存下来的文化片段刻在了民族文化史之中。哨鹿作为满族文化的一部分,传承自满族先民,在满族文化形成的过程中发挥了重要作用。哨鹿为满族提供了更多的鹿肉、鹿制品,为满族形成鹿文化起到了促进作用。同时,哨鹿的性质从狩猎方式转变成娱乐活动也映照了满族生产方式的转变,是满族从渔猎社会转为农耕社会的缩影。在民族的发展过程中,哨鹿活动也逐渐变成了民族文化的符号。

第三节　冰嬉等游戏活动

清代东北流人文献中记载了一些民间的娱乐活动或者是儿童的游戏等,很多娱乐形式直到今天还在东北地区流传。

一、冰嬉

在我国知名语言学家罗竹风教授主编的《汉语大词典》中,对冰嬉的释义为:"清代冰上运动。源于满族习俗。"[①]满族起源地宁古塔城,即如今的黑龙江省宁安市,天气非常寒冷,十二个月中结冰期就有五个月。得天独厚的

---

① 罗竹风:《汉语大词典》缩印本　上,汉语大词典出版社 1997 年版,第 907 页。

冰和雪为满族冰上运动的产生和发展提供了物质条件。为了生活和生产的需要，宁古塔城中长久居住的满族人非常长于溜冰，更加喜欢冰雪活动。满族人将冰上活动叫作冰嬉。

（一）冰嬉的起源

中国的冰雪运动自唐代起就已在官方史书中有所记载。据记载，最早掌握冰雪运动的是北方的少数民族。把长长的木条捆绑在脚下，用木头做手杖撑着自己的身体，可以在冰上滑行。《新唐书》记录："拔野古一曰拔野固，或为拔曳固，漫散碛北，地千里……俗嗜猎射，少耕获，乘木逐鹿冰上。"①这句话表述的是叫作"拔野古"的少数民族脚踩着木制的用具滑行，在冰上打猎。

宋朝的时候已经有冰上的运输工具——"凌床"。据沈括《梦溪笔谈》记载："信安、沧、景之间……冬月作小坐床，冰上拽之，谓之'凌床'。"②另外《江邻几杂志》中也记载："雄霸沿边塘泊，冬月载蒲苇，悉用凌床。"③

元朝，已经产生用犬牵引的冰面运输器材——"站车"。元朝统治官员于东三省地区创立了"犬站"。《南村辍耕录》记载："高丽以北名别十八，华言连五城也……其地极寒，海亦冰……征东行省每岁委官至奴儿干，给散囚粮，须用站车，每车以四狗挽之，狗悉谙人性。"④"站车"又名"犬车"，相当于如今的犬拉爬犁。

在明统治期间，"凌床"更名为"拖床"，变成朝廷、民众所喜好的一类冰面上的运动。明朝官员刘若愚所撰写的《酌中志·大内规制纪略》记载："是河⑤也，至冬冰冻，可拖床。以木板上加交床或藁荐，一人前引绳，可拉二、三人，行冰如飞，积雪残云，点缀如画。世庙晚年尚玄修，多居西内。嘉靖壬寅

---

① 欧阳修、宋祁：《新唐书》卷二百一十九下，中华书局 1975 年版，第 6139～6140 页。

② 沈括：《梦溪笔谈》，北京燕山出版社 2009 年版，第 119 页。

③ 于敏中等：《日下旧闻考》（四），北京古籍出版社 2001 年版，第 2368 页。

④ 陶宗仪：《南村辍耕录》卷之八，王雪玲校点，辽宁教育出版社 1998 年版，第 95～96 页。

⑤ 指护城河。

正月十六日,皇太子自宫中往见,绝河冰而过。"①"藁荐"就是用草做的垫子,王公子弟们在冰面上来回,可以在冰床上铺设草垫就坐。该书还记载:"每于河冰冻后,近京贫民于皇城内外,凡有冰处,拉拖床以糊口。遇雪满林皋,坐拖床者艳素杂遝,交拉如织。亦有兴豪乘醉,而频往来者。"②由此可见,王公子弟把冰床当成一种休闲玩乐的设施,而穷苦人民把冰床作为一种谋生的工具。

(二)满族入关前的冰嬉

满族人进入山海关前的冰嬉运动主要是出于生存的需要。魏源《圣武记》卷一中提到:"冬春之际,冰雪载地,凡薪米器用,皆用冰床装载,缚犬数十,负之而行,驱以长鞭,日驰数百里。"③《皇清职贡图》卷三记载:"遇冬月冰坚,则足蹈木板溜冰而射,其妇女亦善伏弩捕貂。"④从这里,我们可以看出满族入关前已经十分熟练地掌握了滑雪和滑冰的技艺。也可以看出,当时的冰雪运动是人们适应自然环境以及生存的必要手段。

据《满洲老档秘录》"冰嬉"记录:"乙丑年正月初二日,汗率众福晋、八旗诸贝勒及其福晋、蒙古诸贝勒及其福晋、众汉官及官员之妻等,至太子河冰上,玩赏踢球之戏。诸贝勒率随侍人等玩球二次之后,汗与众福晋坐于冰河中间,命于两边等距离奔跑,先至者赏以金银,头等各二十两,二等各十两。先将银置于十八处,令众汉官之妻跑往取之。落后之十八名妇人,未得银,故每人赏银三两。继之,将每份二十两银置于八处,令蒙古众小台吉之妻跑往取之。落后之八名妇人,各赏银十两。继之,将每份银二十两、金一两置于十二处,令众女儿、众小台吉之妻、福晋及蒙古之众福晋等奔跑,众女儿、众贝勒之妻及福晋等先至而取之,蒙古众福晋落于后,故赏此十二妇人金各一两、银各五两。跑时摔倒于冰上者,汗观之大笑。"⑤在这次庆典上,冰

---

① 刘若愚:《酌中志》,北京古籍出版社1994年版,第142页。
② 刘若愚:《酌中志》,北京古籍出版社1994年版,第142页。
③ 魏源:《魏源全集》三,岳麓书社2011年版,第19页。
④ 傅恒等:《皇清职贡图》,辽沈书社1991年版,第253页。
⑤ 中国第一历史档案馆:《内阁藏本满文老档　太祖朝　汉文译文》,辽宁民族出版社2009年版,第229页。

上蹴鞠、竞走和冰上宴席则成为文娱和竞赛的主要内容。

(三)满族入关后的冰嬉

乾隆统治时期,冰嬉运动达到了顶峰,内容不断丰富,形式更加多样。一年一次的冰嬉盛典,被认为是冰嬉活动达到顶峰的重要标志。冰嬉盛典主要从以下四个方面加以介绍:机构、规制、器具和形式。

1. 机构

清朝为了更好地管理冰嬉活动,组建了管理冰嬉相关事宜的专门机构,名为"冰鞋处";在冰面上训练的军种,叫"技勇冰鞋营",隶属"键锐营"。

每年校阅期,冰鞋处挑选一千六百名优秀滑冰者,组建"技勇冰鞋营",进行集中训练,到时接受皇帝校阅。校阅期过后回到键锐营。

2. 规制

规制方面,清高宗时期,张廷玉等人所著的《皇朝文献通考》记载:"每岁十月,咨取八旗及前锋统领、护军统领等处,每旗照定数各挑选善走冰者二百名。内务府预备冰鞋、行头、弓箭、球架等项,至冬至后驾幸瀛台等处,陈设冰嬉及较射天球等技……俱服马褂,背小旗,按八旗各色以次走冰较射。陈技毕,恩赏银两。"[1]

根据以上典籍资料,能了解清朝冰嬉的举办时间、参与人数、衣饰、器械、地点等情形。运动样式包含走冰、较射等,根据参与人员所呈现的内容赏赐金银。嘉奖和恩赐所需要的金银,都由内务府来负责。由此可见,清朝冰嬉所必要的前期准备资金、物质资料及参与人员都由政府负责,冰嬉已经变成一个政府主持、规模和制度完善的盛大仪式。

3. 器具

清代冰嬉的主要工具就是冰鞋。《燕京岁时记》中记载:"冰鞋以铁为之,中有单条缚于鞋上,身起则行,不能暂止。技之巧者,如蜻蜓点水,紫燕穿波,殊可观也。"[2]有人认为这里记载的冰鞋就是一种单冰刀的滑

① 《皇朝文献通考》,转引自郭磊:《清代冰嬉考》,北京出版社2020年版,第49页。
② 潘荣陛、富察敦崇:《帝京岁时纪胜 燕京岁时记》,北京古籍出版社1981年版,第91页。

冰鞋。乾隆皇帝在他的《御制冰嬉赋》"序言"里提到："国俗有冰嬉者，护膝以帏，牢鞋以韦。或底合双齿，使啮凌而人不踣焉，或荐铁如刀，使践冰而步逾疾焉。"①而这里的滑冰鞋，就已经是双冰刀的滑冰鞋了。用铁制长条、熟皮等原料制作的冰刀和护膝的产生，为清代滑冰的发展奠定了关键的基础。

4. 形式

清朝冰嬉的项目总体包含了抢等、抢球、转龙射球、摆山子、花样溜冰和冰上杂技等项目。

抢等，就是滑冰速度的较量，根据溜冰人员速度的快慢，选出第一等。吴振棫于《养吉斋丛录》里记录："去上御之冰床二三里外，树大纛，众兵咸列，驾既御冰床，鸣一炮，树纛处亦鸣一炮应之。于是众兵驰而至，御前侍卫立冰上，抢等者驰近御座，则牵而止之。"②大概意思就是，参赛的人在两三公里外树立大旗的地方，穿上冰鞋站好。等待发炮声音响起，开始滑冰，争抢第一的席位。这一项目类似于今天的短道速滑。

抢球，则是两组人于冰面相互抢夺一个球的项目。潘荣陛在《帝京岁时纪胜》里记录："金海冰上作蹴鞠之戏，每队数十人，各有统领，分位而立，以革为球，掷于空中，俟其将坠，群起而争之，以得者为胜。"③大致意思就是在冰上踢足球，每队有十人，都有人统领，分开站好，把球扔到空中，开始抢球。这种活动就类似于现在的雪上足球运动，不过场地是在冰上而已。这也能看出，清代的蹴鞠运动有了新的发展。

转龙射球，是于冰面上整队滑动，同时射箭的一项运动。据《清朝野史大观》记载，"走队时按八旗之色，以一人执小旗前导，二人执弓矢随于后。凡执旗者一二百人，执弓矢者倍之，盘旋曲折行冰上，远望之蜿蜒如龙。将近御座处设旌门，上悬一球，曰'天球'，下悬一球，曰'地球'。转龙之队疾趋

---

① 于敏中：《日下旧闻考》第二册，瞿宣颖、左笑鸿、于杰点校，北京出版社2018年版，第272页。
② 吴振棫：《养吉斋丛录》，北京古籍出版社1983年版，第158页。
③ 潘荣陛、富察敦崇：《帝京岁时纪胜　燕京岁时记》，北京古籍出版社1981年版，第38页。

至,一射天球,一射地球。中者赏"①。从这段内容可以看出,这项运动需要在冰上集体滑行,并且需要不断地变换动作,最终还要射箭击中球。这种运动,集团结协作、灵巧运动以及技术于一身,具有强烈的观赏性和实用性。该项活动可以锻炼军队的多项能力,同样也是清朝冰雪运动的一大创新。

摆山子相当于今天的冰上的团体操表演。表演人员在冰上走队形,摆文字、图案。

乾隆时期皇家画师张为邦、姚文翰所画的《冰嬉图》准确地描绘出满洲人花样溜冰和冰上杂技的样子,现存放在北京故宫绘画馆里。有一些专家研究得出,《冰嬉图》所体现的花样溜冰包含金鸡站立、双飞燕、千觔坠、大蝎子、哪吒探海等;冰上杂技有缘竿、盘杠、耍棒、弄幡、飞叉、舞刀等,表演者于竿子上、肩膀上、手臂上、手掌上呈现倒立、直立(单双足)、扯旗及其他高难度技巧。冰上杂技是溜冰技艺和中国民间杂技技巧的完美结合,是清朝冰雪活动的又一大创新。

(四)冰嬉的衰落

宫廷冰嬉到了嘉庆统治时期,已经呈现出衰落之势态,虽然冰嬉大典仍在举行,但活动规模已经逐渐变小,人员水平逐渐变低。到了道光中期,即中断。《清朝野史大观》载:"旧制,八旗兵皆演冰鞋,分日阅看,按等行赏。道光初,惟命内务府三旗预备。后则三旗亦停止,仅给半赏之半而已。"②这段内容是说乾隆时冰嬉盛典由八旗组队参加,分日举行,赏格较高;道光初仅由内务府三旗(镶黄、正黄、正白)参加,由原先的举办几天缩减为一天,赏额仅是原来一半的一半。另外《天咫偶闻》记载:"道光以后,不复田狩,于是讲武之典遂废。"③清代中期以后,国力逐渐衰微,处在内外交困的境地,境内、境外矛盾激化,皇室冰嬉仪式已无法照常进行。

从宫廷冰嬉的发展过程中可以看出,宫廷冰嬉是从生活技能转变为娱乐的。起初因为满族人的生活条件,冰嬉成为生活的必备技能。清军入关

---

① 小横香室主人:《清朝野史大观》第三册,中央编译出版社 2009 年版,第 109 页。
② 小横香室主人:《清朝野史大观》第三册,中央编译出版社 2009 年版,第 109 页。
③ 震钧:《天咫偶闻》,北京古籍出版社 1982 年版,第 12 页。

以后,百姓安居乐业,由于乾隆皇帝对于冰嬉的喜好,冰嬉开始转变为皇室的娱乐活动,其兴衰存亡首先决定于皇帝的娱乐喜好和审美情趣,如果皇帝喜好,后宫、大臣、百姓便会为满足其欲求而努力,拨发经费、物资,抽调人员,组织筹划,以求尽善,博封赏。乾隆皇帝对冰嬉的特殊喜好,一是为了弘扬民族传统,习武修国俗,具有浓重的政治意义,二是冰嬉本身具有独特的欣赏魅力和美学价值,符合了乾隆皇帝的审美情趣。到了嘉庆、道光及以后的时期,一是因为民族传统的逐渐淡化,二是因为皇帝无此种特殊爱好,皇家冰嬉逐步衰落。

二、其他游戏活动

打秋千,如《柳边纪略》卷之四载:"正、二月内,有女之家,多架木打秋千,曰打油千。"①

打马吊,如《柳边纪略》卷之三载:"宁古塔温饱之家,好打马吊,少年者尤甚。吊牌筹码,皆致自京师,穷极工巧。凡赌不以银,而以核桃、红枣、猪、羊之类。"②

儿童游戏有"噶什哈"以及射箭游戏等等。如《柳边纪略》卷之四载:"童子相戏,多剔獐、狍、麋、鹿前腿前骨,以锡灌其窍,名噶什哈,或三或五,堆地上,击之中者,尽取所堆,不中者与堆者一枚。多者千,少者十百,各盛于囊,岁时闲暇,虽壮者亦为之。"③《宁古塔纪略》载:"各携自制小箭一、二十枝,每人各出二枝,如聚五人,共箭十枝,竖于一簇,远三十步,依次而射,射中者得箭。每以此为戏。"④

被流放到东北的官员文人之所以会关注满族风俗,其实并不难理解。作为一直居住在中原地区的汉人,他们初到东北,与满族接触过程中,对生活中出现的不同事物难免会感到新奇、疑惑,通过了解、熟悉之后,也会将这

---

① 杨宾、方式济、吴桭臣:《龙江三纪》,黑龙江人民出版社 1985 年版,第 109 页。
② 杨宾、方式济、吴桭臣:《龙江三纪》,黑龙江人民出版社 1985 年版,第 91 页。
③ 杨宾、方式济、吴桭臣:《龙江三纪》,黑龙江人民出版社 1985 年版,第 114~115 页。
④ 杨宾、方式济、吴桭臣:《龙江三纪》,黑龙江人民出版社 1985 年版,第 235 页。

些他们认为不同于中原的事物记述下来,成为方志或诗歌中的一部分。因此,在流人文献中除了对自然环境、官员、建置等多有描述之外,对于东北地区满族日常生活中的风俗习惯、节庆礼仪、称呼用语等,流人亦有关注,记载甚多。流人所描述的东北满族生活在很多方面都不同于京旗满族和驻防满洲的旗人,东北的满族保留了更多的原生形态,更接近满族入关前的社会生活状态。

结　语

清代东北地区是满族的"龙兴之地",历来受清朝统治者庇护,在严控汉人涌入东北地区的同时,还竭力保持"清语骑射"传统。因此,与中原地区相比较,东北一直被认为地广人稀、开发缓慢,在最大程度上保持了满族原始样态的生存方式。随着被流放的汉族士人开始涌入这一地区从事各种社会活动,这种情况有所改变。清代因罪谪居东北的文人群体不但通过撰写史志、诗词等方式将东北地区满族人的社会生活记录下来,也对东北地区的发展和后来东北区域文化的形成起着不可忽视的作用。

一、流放文人对东北地区的重要影响

流放文人所撰写的大量方志笔记以及创作的诗歌、散文等对于东北地区的文学发展、历史及地理等方面的研究都意义重大。此外,流放文人对于东北的发展也至关重要。

(一)开馆授徒,传播中原文化

清代东北地区的私塾教育与流放文人有着相当密切的关系。史载"流人通文墨,类以教书自给"①。吴兆骞被流放宁古塔之后,就开设私塾为生,传道授业,就学于吴氏的流人子弟和满人子弟很多,其间不乏杰出之士。后来,吴兆骞之子吴桭臣曾在其所作《宁古塔纪略》中回顾了宁古塔在吴兆骞

---

① 西清:《黑龙江外记》,黑龙江人民出版社 1984 年版,第 79 页。

等流放文人开馆授徒之后的状况:"穷边子弟,负耒传经,据鞍弦诵,彬彬乎冰山雪窖之乡,翻成说礼敦诗之国矣。"①

同时,流放文人也将中原地区的文化典籍带到了东北。杨宾的《柳边纪略》卷之四中曾云:"宁古塔书籍最少,惟余父有《五经》、《史记》、《汉书》、《李太白全集》、《昭明文选》、《历代古文选》。周长卿有《杜工部诗》、《字汇》、《盛京通志》……"②可见,在中原文人到东北之前,东北地区的文化发展是非常落后的,书籍也很罕见。流放文人在前往流放地的时候,常常会携带大量的书籍。随着典籍的流传,中原传统文化思想也逐渐渗透到东北,与东北地区保留下来的满族文化形成了碰撞与交融。

这些流放文人在教授生徒、维持生计的同时,也以其丰富的学识、特有的教授风格和方式受到当地百姓的欢迎,把中原的诗歌文化传递到东北。在清初流人诗歌传入之后,东北的本土诗歌创作群开始出现,并一直沿续到近代,不能不说这是几代文化流人的开拓之功。

(二)征调为兵,抵御外敌

黑龙江流域地处边疆,与西伯利亚相邻,地理位置非常重要。自明崇祯十四年(1641年)起,沙俄就不断侵扰我国东北边境,抢劫财物,杀戮百姓。顺治九年(1652年),清廷就开始派兵进行征剿,以防止哥萨克对东北边境的侵扰。康熙三年(1664年),在边境兵员不足的情况下,宁古塔将军巴海提请,征调流人中的"强壮者"为兵。其中也包括一些流放文人,他们或是服役军中,或是服务后勤,更有担当参谋、书记之人。由巴海发起的流人参军,在宁古塔将军管辖下的宁古塔、船厂、白都讷三个戍所内实行。吴兆骞,就曾在宁古塔将军巴海身边担任参佐。

昔日的这些文人学士、贵胄官员,当面对外来侵略的时候,他们的民族热情被激发出来,积极参与到抗击侵略中,戍守边疆。受其影响,这一时期流放文人的诗歌创作,也不再是悲己、幽怨、伤怀之作,而更多地融入了慷慨悲壮的情怀。流放文人参军从戎,虽遭受了以往未曾体验过的戍役之苦,但

---

① 杨宾、方式济、吴桭臣:《龙江三纪》,黑龙江人民出版社1985年版,第257页。
② 杨宾、方式济、吴桭臣:《龙江三纪》,黑龙江人民出版社1985年版,第113页。

他们却维护了边疆的稳定与和平,在保证边疆人民安定生活的同时,也为东北地区后期的开发创造了有利的环境。

(三)改变生产方式,促进经济繁荣

由于东北地区地处边远,交通相对闭塞,其经济发展速度较中原地区缓慢。满族入主中原之后,在各地设立八旗驻防,带走了大部分的人口,使得东北地区的居民锐减。随着大批流人的迁入,东北地区的人口逐渐稠密起来。流放文人作为流人中的一部分,对于东北地区的发展起着很大的促进作用。他们在引入中原先进的生产技术的同时,改变着当地落后的生活习惯,使当地人民的生活条件得到了较大的改善。

在农业上,东北地区的世居少数民族多"向习游牧,不讲农桑",农业耕作技术也相对落后。有些地区仍沿用传统的放火烧荒的火耕法进行耕种,致使粮食产量不高,制约了农业的发展。流人到来后将中原先进的耕作方法引入东北地区,根据土地类型的不同,采用轮作法、休耕法,交替种植高粱、谷、黄豆等作物。被流放的文人在流放之时,素闻边地荒凉,大多携带蔬果良种,以备耕种。流放文人在自家院内皆种瓜菜,吴兆骞家也如此。流放文人张缙彦更是感慨:"近日迁人,比屋而居,黍稷菽麦以及瓜瓞、蔬菜,皆以中土之法治之,其获且倍。"①在他们的熏陶下,当地百姓也开始种植。这使东北地区的蔬果品种有所增加,小麦、秫、黍、稷、高粱、荞麦等农作物也在边地出现。

东北地区商业极不发达,特别是宁古塔一带,百姓过着自给自足的生活,虽物产丰富,却不善经营。而流放文人受江南地区发达的商品贸易的影响,有着较强的商品意识。流放文人中的一些人为谋其生路,将携带而来的物品进行贩卖,以布帛交换鱼皮为生。康熙年间,流人从商者甚多,宁古塔地区"凡东、西关之贾者皆汉人"②。以至于东北地区,凡是流人戍所均出现了集市,城镇因此而繁荣。

满族人信奉萨满信仰,认为可以凭借神的力量驱病除痛,所以"病不问

---

① 傅作楫等:《雪堂集(外八种)》,黑龙江大学出版社2011年版,第453页。
② 杨宾、方式济、吴桭臣:《龙江三纪》,黑龙江人民出版社1985年版,第84页。

医,无医安问"①。流放文人中有善医术者,来到东北后,积极行医治病。流人中如吕氏子孙,有许多精通医药者。吕留良玄孙吕景儒通药理,善医术。来到戍所后开医馆,行医济世,缓解了当地的时疫。宁古塔的陈志纪也是擅医术者。因科场案而获罪的陆庆曾,发配至尚阳堡,也因家贫,从医自给。流放戍所的医官最初也由流人担任,后因朝廷规定,禁止流人从官,才罢止。东北地区物产丰富,有许多珍贵的药材,也为行医提供了更多的便利。流放文人从医,使东北地区的医疗水平、技艺得以提高。

(四)增进民族交流

以汉族为主体的流放文人,作为一个特殊的社会群体来到东北地区。他们给当地带去先进的技术、文化的同时,在与当地少数民族长期生活、劳作的过程中,也受到当地人民的淳朴粗犷性格的感染,以及边地的艰苦生活的磨砺,使得民族间的隔阂日益消散,满汉生活习惯日益融合。在社会生活发生改变的同时,民族间的融合与交流也在进行。

随着与流放文人的进一步接触,少数民族的生活习惯也发生了变化。原满族食肉皆以手把为尚,随着与汉族的不断接触,生活习惯受其影响,逐渐改变,"亦盛设肴馔"②。他们逐渐知书识礼,精于耕种。在当地少数民族受到汉族影响的同时,流放文人的生活习惯也发生了变化,原本风雅之士在少数民族文化的熏陶下"渐染边风",掌握了少数民族的骑射技术、语言。

流人子女及其后代还会与当地少数民族百姓通婚。因父遭人诬告的流放文人程煐,在戍所期间曾娶蒙古族女子为妻。"宁古塔流徙民人内,有嫁女旗下者,应从其便。"③此后,虽然朝廷为保持满族血统的纯正,禁止"旗民交产",严禁满汉通婚,但私下通婚者仍不在少数。血统的融合,进一步加深了满汉之间的交流与融合。

① 杨锡春、李兴盛:《宁古塔历史文化》,黑龙江人民出版社2004年版,第211页。
② 胡朴安:《中国风俗》下,江西教育出版社2018年版,第407页。
③ 李兴盛:《〈清实录〉黑龙江史料辑录》上,黑龙江人民出版社2021年版,第119页。

在以汉人为主体的流人与以满族为主体的少数民族长期生活的过程中,习惯的互相借鉴、血统的交融,使得他们之间建立了深厚的情谊。这种民族间的交流,为日后东北地区的发展营造了更为广阔的空间,是流放文人在东北区域发展中所起到的积极推动作用。

二、流人在东北区域文化形成中的作用

对经济发展起到积极促进作用的同时,流人也深刻影响了东北文化变迁的历史走向。特别是清代,在世居少数民族文化核心基础之上,流人带入的汉族文化与之涵化、融合,形成独特的东北区域文化格局,丰富了中华文化多样性。

(一)清代以前的流人与东北区域文化

流人进入东北地区历史悠久。西汉武帝元封二年(公元前 109 年)曾"募天下死罪击朝鲜"[1]。这些被强制前往朝鲜作战的罪犯,在一定意义上可以说是最早的东北流人。此后各朝陆续有流人到达东北。辽太祖阿保机建国后多次率军南下,俘虏大批汉人,强行迁徙东北,建立州县五十余个[2],使得流人大量增加。金代时以今哈尔滨市阿城区为上京,移山西、燕京路六州等地民众充实之。在金军攻陷汴京后,被俘的徽钦二帝及其妻妾、宗室、贵戚、诸色目、教坊等共计一万八千余人被押解前往东北[3]。明清两代,东北流人数量众多。据推算,明代时至少有二三十万。[4] 清代更是以百万计,达到历代顶峰。[5]

---

① 班固著:《汉书》,团结出版社 2018 年版,第 172 页。
② 张博泉:《东北地方史稿》,吉林大学出版社 1985 年版,第 239 页。
③ 李兴盛:《东北流人史》,黑龙江人民出版社 1990 年版,第 311 页。
④ 李兴盛:《流人名人文化与旅游文化 增订东北流人史》,黑龙江人民出版社 2008 年版,第 117 页。
⑤ 李兴盛:《流人名人文化与旅游文化 增订东北流人史》,黑龙江人民出版社 2008 年版,第 173 页。

早期流人多为战俘或虏获之奴,身份低下,被驱使从事各种劳作,带入的文化因素有限,因而他们更多的是在语言、文化习俗上趋同于东北世居少数民族。明末,东北区域的生活方式已发生一定程度的变迁,出现多样文化并存的情况。基本格局为:由北向南,汉族人口愈多的地区,其农业所占比重愈大,经济、文化诸方面发展水平愈高。如建州女真诸部和海西女真中的扈伦四部,农业已成为主要生产方式,耕牛和铁制农具被广泛使用,手工业、商业得到促进,奴隶制也随之发展起来。而野人女真因生活在松花江下游、黑龙江和乌苏里江沿岸,当地流入的汉人很少,更多地保留原有生活样态。值得注意的是,某些区域转为农业生产后,从事耕种的亦为汉族流人,当地居民作为主人甚少参与实际劳作。正如《明实录》所载,"女真野人家,多中国人,驱使耕作。询之,有为虏去者,有避差徭罪犯逃窜者,久陷胡地,无不怀乡"①。世居少数民族虽在生产方式等方面接受了汉族的文化技术,却并未将其融入日常生活。

至清军入关前,东北地区在文化格局上仍为世居少数民族文化占据优势的状态,人口数量占据优势的是女真,即后期形成之满洲。该文化格局表现出自然朴素的特点,带有一定原始色彩。如:信奉萨满信仰,相信自然界的一切都有神灵,动植物崇拜普遍;婚俗中仍有原始群婚、对偶婚的延续;葬俗不一,有树葬(风葬)、火葬、水葬、土葬之别;依赖氏族制度下的集体生活,血族复仇观念较强等。东北的世居少数民族文化为长期融凝而成,极具狩猎采集民族的特征,与中原农耕文化迥然有异。清代以前,外来文化影响有限,并未触及世居少数民族文化深厚的根脉,东北保留着世居少数民族,特别是女真人的生活方式,这是东北文化格局形成的基础与原生力量。

(二)影响至深的清代文化流人

清代中后期,多有因政治斗争、文字狱等被流放东北的官员、文人,他们的文化程度明显高于战俘和奴隶,一般统称为文化流人,这类流人更大程度地影响了世居少数民族的生存样态。

经济生产和商业发生的转变最为明显。清初,宁古塔耕作为原始的火

---

① 张博泉:《东北地方史稿》,吉林大学出版社 1985 年版,第 362 页。

田法,烧荒播种之后任农作物自然生长,因此每垧产量只有一二石①。至十八世纪初,该地区已普遍采用流人带入的轮作法耕作,生产方式从狩猎采集向农耕过渡。当地居民原本的经济生产只是出于自用需要,流人与其进行物品交换使其懂得了商业贸易,开始将人参、皮毛等贩卖给流人谋取收益,东北地区的商品经济在流人群体作用下快速发展起来。康熙中期,位于边陲的宁古塔已店铺林立,商贩云集,南方物产十有六七,可知商业之繁荣。商品流通增强了民族与文化的交流,也推动了风俗的改变,东北文化变迁中不乏贸易发展之因素。

文化流人将汉族思想传入东北,影响尤为深远。银冈书院是郝浴被流放至铁岭后所建,在清代东北极富盛名,对儒家礼乐诗书的传播贡献颇大。宁古塔将军巴海的两个儿子曾师从吴兆骞学习经史典籍。谪居沈阳长达十七年之久的陈梦雷开设学馆,传道授业,学生众多。开馆授徒本是流人谋生的方式之一,却促进了文化交流,使当地居民受到汉族思想影响,渐通礼教,崇尚读书,不仅培育出大量人才,亦开启东北治学之风气,加快世居少数民族文化对汉文化的吸收与融合。

东北世居少数民族本没有求医治病的习俗,生病时或是服用祖辈流传的土方药,或是请萨满跳神寻求神灵保佑。流人中不乏为医谋生者,如流放宁古塔的陈志纪和流放瑷珲的谢振宗救治病人众多,将医学理念带入东北。医疗技术的进步对世居民众极具思想启迪作用,使之认识到医学的重要意义,对汉族文化的接受度更高。

清代文化流人在农业、贸易、思想、教育、医疗等方面对东北地区产生了深远影响,促使汉族文化因素逐渐融入东北原生文化格局中,形成以世居少数民族文化为核心又兼融汉族文化的新样态。

(三)文化融合与东北区域文化格局的形成

文化是在历史中凝结的稳定的生存方式。东北区域文化格局是以各世居少数民族原生文化为底蕴,大量融合汉族及其他民族文化而形成的多元

① 杨宾、方式济、吴桭臣:《龙江三纪》,黑龙江人民出版社 1985 年版,第 83 页。

文化综合体,其中与汉文化融合后的满族文化最具代表性,是东北文化建构的核心元素。

东北区域文化的形成主要是在清代,其中汉族文化流人发挥的作用不可或缺。关内汉人流放,多是携带亲眷前往,在流放地联合其他汉人形成小型聚居区,仍然保留着自身的社会习俗与生活模式。与世居少数民族交往中,流人虽接受了当地的语言、居住、饮食等风俗习惯,汉族主体文化模式却未发生改变。相对世居少数民族文化对外来文化的影响,汉族文化流人群体给东北带来的改变更为深刻。当地居民从汉族先进技术中受益良深,渴望获得更多农业、医药等方面的知识,又逐渐被汉族礼教、思想观念所影响,愈发愿意学习、借鉴汉文化。日积月累,汉文化从劳作方式、生活习惯等细小之处渗透扩大,直至世居少数民族接纳汉族文化模式,将其融入原有文化,促使区域文化发生变迁。

东北各世居少数民族是中华民族的组成部分,东北区域文化亦是中华文化多样性格局中的组成因素。历史上,流人群体促进了民族间的文化交流,加快了东北世居少数民族文化与外部文化的融合,是东北区域文化格局形成中至关重要的推动力。东北世居少数民族文化将以汉族文化为主体的外来文化纳入自身,发展成独特的区域文化,并最终融入中华文化,成为中华文化多元一体格局中的重要组成部分。

参考文献

一、古籍档案

［1］吴兆骞.秋笳集［M］.上海:上海古籍出版社,1993.

［2］杨宾,方式济,吴桭臣.龙江三纪［M］.哈尔滨:黑龙江人民出版社,1985.

［3］英和.卜魁纪略［M］.哈尔滨:黑龙江人民出版社,1985.

［4］西清.黑龙江外记［M］.哈尔滨:黑龙江人民出版社,1984.

［5］徐坷.清稗类钞［M］.北京:商务印书馆,1966.

［6］方拱乾.何陋居集［M］.哈尔滨:黑龙江人民出版社,1997.

［7］张集馨.道咸宦海见闻录［M］.北京:中华书局,1981.

［8］金埴.不下带编　巾箱说［M］.北京:中华书局,1982.

［9］吴振棫.养吉斋丛录［M］.北京:中华书局,2005.

［10］福格.听雨丛谈［M］.北京:中华书局,1984.

［11］张缙彦.宁古塔山水记　域外集［M］.哈尔滨:黑龙江人民出版社,1984.

［12］方拱乾.绝域纪略［M］.哈尔滨:黑龙江人民出版社,1985.

［13］方拱乾.何陋居集·甦庵集［M］.哈尔滨:黑龙江大学出版社,2010.

［14］陈之遴,徐灿.浮云集·拙政园诗馀·拙政园诗集［M］.哈尔滨:黑龙江大学出版社,2011.

[15]释函可,张春.千山诗集·不二歌集[M].哈尔滨:黑龙江大学出版社,2011.

[16]吴兆骞,戴梓.秋笳集·归来草堂尺牍·耕烟草堂诗钞[M].哈尔滨:黑龙江大学出版社,2011.

[17]傅作楫,等.雪堂集:外八种[M].哈尔滨:黑龙江大学出版社,2011.

[18]顾永年,杨宾.梅东草堂诗集·柳边纪略·塞外草[M].哈尔滨:黑龙江大学出版社,2014.

[19]方登峄,方式济,方观承,等.述本堂诗集·宁古塔纪略[M].哈尔滨:黑龙江大学出版社,2014.

[20]任洛.辽东志[M].沈阳:辽沈书社,1985.

[21]李辅.全辽志[M].沈阳:辽沈书社,1985.

[22]曹廷杰.东三省舆地图说[M].沈阳:辽沈书社,1985.

[23]曹廷杰.东北边防辑要[M].沈阳:辽沈书社,1985.

[24]萨英额.吉林外记[M].长春:吉林文史出版社,1985.

[25]长顺,李桂林.吉林通志[M].长春:吉林文史出版社,1986.

[26]阿桂,等.盛京通志[M].沈阳:辽海出版社,1997.

[27]张伯英.黑龙江志稿[M].哈尔滨:黑龙江人民出版社,1992.

[28]徐宗亮,等.黑龙江述略:外六种[M].哈尔滨:黑龙江人民出版社,1985.

[29]高士奇.扈从东巡日录[M].长春:吉林文史出版社,1986.

[30]宋小濂.北徼纪游[M].哈尔滨:黑龙江人民出版社,1984.

[31]聂士成,郭沛霖.东游纪程·日知堂笔记[M].北京:中华书局,2007.

[32]张国淦.黑龙江志略[M].哈尔滨:黑龙江人民出版社,1989.

[33]王一元.辽左见闻录[M].沈阳:辽沈书社,1985.

[34]岳西本.宦海伏波大事记:外五种[M].哈尔滨:黑龙江人民出版社,1994.

[35]左丘明,刘向.国语·战国策[M].李维琦,点校.长沙:岳麓书

社,2006.

[36]陈寿.三国志[M].北京:中华书局,2005.

[37]范晔.后汉书[M].北京:中华书局,1973.

[38]李延寿,等.北史[M].北京:中华书局,1974.

[39]欧阳修,宋祁,等.新唐书[M].北京:中华书局,1975.

[40]毕沅.续资治通鉴[M].上海:上海古籍出版社,1987.

[41]欧阳修.新五代史[M].北京:中华书局,2015.

[42]徐梦莘.三朝北盟会编[M].上海:上海古籍出版社,2019.

[43]宇文懋昭.大金国志[M].北京:商务印书馆,1936.

[44]陈准.北风扬沙录[M].北京:商务印书馆,1927.

[45]阿桂,等.满洲源流考[M].沈阳:辽宁民族出版社,1988.

[46]和邦额.夜谭随录[M].上海:上海古籍出版社,1988.

[47]长白浩歌子.萤窗异草[M].郑州:中州古籍出版社,1986.

[48]昭梿.啸亭杂录[M].北京:中华书局,1980.

[49]崇彝.道咸以来朝野杂记[M].北京:北京古籍出版社,1982.

[50]辽宁大学历史系.栅中日录校释　建州闻见录校释[M].[出版者不详],1978.

[51]辽宁大学历史系.建州纪程图记校注 汉译鞑靼漂流记[M].[出版者不详],1979.

[52]辽宁大学历史系.沈阳状启[M].[出版者不详],1983.

[53]中国第一历史档案馆满文部,黑龙江省社会科学院历史研究所.清代黑龙江历史档案选编:光绪朝八年—十五年[M].哈尔滨:黑龙江人民出版社,1986.

[54]黑龙江省档案馆,黑龙江省社会科学院历史研究所.清代黑龙江历史档案选编:光绪朝十六年—二十一年[M].哈尔滨:黑龙江人民出版社,1987.

[55]中国人民大学清史研究所,中国第一历史档案馆.盛京刑部原档[M].北京:群众出版社,1985.

[56]吉林省档案馆,吉林省社会科学院历史所.清代吉林档案史料选编

［M］.内部发行,1981.

二、今人论著

（一）著作

［1］傅斯年.东北史纲［M］.上海:上海古籍出版社,2012.

［2］金毓黻.东北通史:上编［M］.社会科学战线杂志社,［出版年不详］.

［3］孙进己,张璇如,蒋秀松,等.女真史［M］.长春:吉林文史出版社,1987.

［4］孙进己.东北民族源流［M］.哈尔滨:黑龙江人民出版社,1989.

［5］孙进己.东北各民族文化交流史［M］.沈阳:春风文艺出版社,1992.

［6］张博泉.东北地方史稿［M］.长春:吉林大学出版社,1985.

［7］董万仑.东北史纲要［M］.哈尔滨:黑龙江人民出版社,1987.

［8］李治亭.东北通史［M］.郑州:中州古籍出版社,2003.

［9］程妮娜.东北史［M］.长春:吉林大学出版社,2001.

［10］薛虹,李澍田.中国东北通史［M］.长春:吉林文史出版社,1991.

［11］傅朗云,杨旸.东北民族史略［M］.长春:吉林人民出版社,1983.

［12］蒋秀松,朱在宪.东北民族史纲［M］.沈阳:辽宁教育出版社,1993.

［13］李德山,栾凡.中国东北古民族发展史［M］.北京:中国社会科学出版社,2003.

［14］赵永春.中国东北民族关系史［M］.北京:中央广播电视大学出版社,2008.

［15］谢国桢.清初流人开发东北史［M］.太原:山西人民出版社,2014.

［16］李健才.东北史地考略［M］.长春:吉林文史出版社,1986.

［17］杨余练,王革生,张玉兴,等.清代东北史［M］.沈阳:辽宁教育出版社,1991.

［18］张士尊.东北史地研究［M］.沈阳:沈阳出版社,2016.

［19］李兴盛.中国流人史［M］.哈尔滨:黑龙江人民出版社,2012.

[20]李兴盛.东北流人史[M].哈尔滨:黑龙江人民出版社,1990.

[21]李兴盛.流人名人文化与旅游文化 增订东北流人史[M].哈尔滨:黑龙江人民出版社,2008.

[22]李兴盛.流人名人文化与旅游文化 塞月边风录[M].哈尔滨:黑龙江人民出版社,2008.

[23]李兴盛.黑龙江历代流寓人士山水胜迹诗选[M].哈尔滨:黑龙江人民出版社,2002.

[24]李兴盛.黑龙江流寓人士传记资料辑录[M].哈尔滨:黑龙江人民出版社,2000.

[25]李兴盛,张杰.清实录黑龙江史料摘抄[M].哈尔滨:黑龙江省社会科学院,1984.

[26]李兴盛.历代东北流人诗词选注[M].哈尔滨:黑龙江大学出版社,2014.

[27]李兴盛.吴兆骞年谱[M].哈尔滨:黑龙江大学出版社,2014.

[28]李兴盛.吴兆骞杨瑄研究资料汇编[M].哈尔滨:黑龙江大学出版社,2014.

[29]邓天红.流人学概论[M].哈尔滨:黑龙江大学出版社,2014.

[30]张玉兴.清代东北流人诗选注[M].沈阳:辽沈书社,1988.

[31]曹殿举.吉林方志大全[M].长春:吉林文史出版社,1989.

[32]李澍田.东北民俗资料荟萃[M].长春:吉林文史出版社,1992.

[33]赵志忠.满族文化概论[M].北京:中央民族大学出版社,2008.

[34]李燕光,关捷.满族通史[M].修订版.沈阳:辽宁民族出版社,2003.

[35]张佳生.满族文化史[M].修订版.沈阳:辽宁民族出版社,2013.

[36]金启琮,张佳生.满族历史与文化简编[M].沈阳:辽宁民族出版社,1992.

[37]王钟翰.满族历史与文化[M].北京:中央民族大学出版社,1996.

[38]张佳生.中国满族通论[M].沈阳:辽宁民族出版社,2005.

[39]关纪新.中国满族[M].北京:中央民族学院出版社,1993.

[40]刁书仁.满族生活掠影[M].沈阳:沈阳出版社,2002.

[41]刁书仁.历史上的满族社会生活[M].北京:科学出版社,2020.

[42]刘小萌.满族的社会与生活[M].北京:北京图书馆出版社,1998.

[43]李治亭.新编满族大辞典[M].沈阳:辽宁大学出版社,2014.

[44]杨锡春.满族风俗考[M].哈尔滨:黑龙江人民出版社,1988.

[45]杨英杰.清代满族风俗史[M].沈阳:辽宁人民出版社,1991.

[46]王宏刚,富育光.满族风俗志[M].北京:中央民族学院出版社,1991.

[47]支运亭.八旗制度与满族文化[M].沈阳:辽宁民族出版社,2002.

[48]赵展.满族文化与宗教研究[M].沈阳:辽宁民族出版社,1993.

[49]周虹.满族妇女生活与民俗文化研究[M].北京:中国社会科学出版社,2005.

[50]齐红深.满族的教育文化[M].沈阳:辽宁大学出版社,1993.

[51]陈立华.满族体育文化论纲[M].北京:民族出版社,2016.

[52]赵志辉.满族文学史[M].沈阳:辽宁大学出版社,2012.

[53]曾慧.满族服饰文化研究[M].沈阳:辽宁民族出版社,2010.

[54]张德玉,赵岩,姜小莉.满族谱牒文化研究[M].长春:吉林文史出版社,2008.

[55]石光伟,刘桂腾,凌瑞兰.满族音乐研究[M].北京:人民音乐出版社,2003.

[56]韩晓时.满族民居民俗[M].沈阳:沈阳出版社,2004.

[57]赵荣光.满族食文化变迁与满汉全席问题研究[M].哈尔滨:黑龙江人民出版社,1995.

[58]江帆.满族生态与民俗文化[M].北京:中国社会科学出版社,2006.

[59]孟慧英.寻找神秘的萨满世界[M].北京:西苑出版社,2004.

[60]孟慧英.活态神话——中国少数民族神话研究[M].天津:南开大学出版社,1990.

[61]孟慧英.中国北方民族萨满教[M].北京:社会科学文献出

社,2000.

[62]那国学.满族民间文学集[M].哈尔滨:北方文艺出版社,2004.

[63]定宜庄,郭松义,李中清,等.辽东移民中的旗人社会——历史文献、人口统计与田野调查[M].上海:上海社会科学院出版社,2004.

[64]杜家骥.中国古代人际交往礼俗[M].北京:商务印书馆国际有限公司,1996.

[65]杜家骥.清朝简史[M].福州:福建人民出版社,1997.

[66]冯尔康,常建华.清人社会生活[M].沈阳:沈阳出版社,2001.

[67]冯尔康.清人社会生活漫步[M].北京:中国社会出版社,1999.

[68]冯尔康.生活在清朝的人们:清代社会生活图记[M].北京:中华书局,2005.

[69]曹树基.中国移民史:第6卷[M].福州:福建人民出版社,1997.

[70]郭松义.清代社会环境和人口行为[M].天津:天津古籍出版社,2012.

[71]何炳棣.明初以降人口及其相关问题(1368—1953)[M].上海:生活·读书·新知三联书店,2000.

[72]马汝珩,马大正.清代边疆开发研究[M].北京:中国社会科学出版社,1990.

[73]史禄国.满族的社会组织——满族氏族组织研究[M].高丙中,译.北京:商务印书馆,1997.

[74]史禄国.北方通古斯的社会组织[M].吴有刚,赵复兴,孟克,译.呼和浩特:内蒙古人民出版社,1985.

[75]衣俊卿.文化哲学——理论理性和实践理性交汇处的文化批判[M].昆明:云南人民出版社,2005.

[76]鲍明.满族文化模式:满族社会组织和观念体系研究[M].沈阳:辽宁民族出版社,2005.

[77]关纪新.我是满族人:满族历史文化系列讲座[M].沈阳:辽宁民族出版社,2016.

[78]富育光.雪妃娘娘和包鲁嘎汗[M].长春:吉林人民出版社,2007.

［79］傅英仁.萨布素将军传［M］.长春:吉林人民出版社,2007.

［80］孟阳.木兰围场传奇［M］.长春:吉林人民出版社,2009.

［81］富育光.恩切布库［M］.王慧新,整理.长春:吉林人民出版社,2009.

［82］富育光.天宫大战　西林安班玛发［M］.荆文礼,整理.长春:吉林人民出版社,2009.

［83］鲁连坤.乌布西奔妈妈［M］.长春:吉林人民出版社,2007.

［84］德龄.瀛台泣血记［M］.北京:文化艺术出版社,2004.

［85］袁丽坪,韩利.木兰围场碑文释译［M］.天津:天津大学出版社,1998.

(二)学位论文

［1］马丽.清代东北流人方志文献研究［D］.长春:东北师范大学,2013.

［2］孔德顺.杨宾诗歌研究［D］.金华:浙江师范大学,2016.

［3］谷颖.满族萨满神话研究［D］.长春:东北师范大学,2010.

［4］李莉.当代满族萨满信仰习俗中的汉满文化关系研究——以中国东北满族聚落为例［D］.长春:吉林大学,2007.

［5］孙静.满族形成的再思考——清中期满洲认同意识研究［D］.上海:复旦大学,2005.

［6］关儒茜.清代黑龙江方志文献研究［D］.长春:东北师范大学,2017.

［7］赵海波.清代宁古塔地区社会变迁研究［D］.哈尔滨:黑龙江大学,2009.

［8］宋一晓.清代宁古塔流人对当地满族文化的记述及影响［D］.天津:天津师范大学,2017.

［9］李德新.清前期东北流人研究(1644—1795)［D］.长春:东北师范大学,2014.

［10］郝德利.入关前满族社会风俗变迁研究［D］.沈阳:辽宁师范大学,2014.

［11］冀颖.朝鲜使臣所见清前期满族习俗［D］.长春:东北师范大

学,2017.

[12]邢丹丹.清代东北满洲饮食文化研究[D].哈尔滨:黑龙江大学,2018.

[13]刘炳涛.清代发遣制度研究[D].北京:中国政法大学,2004.

[14]贾文华.清代封禁东北政策研究综述[D].长春:东北师范大学,2007.

(三)期刊论文

[1]王家范.中国古代的流民问题[J].探索与争鸣,1994(5).

[2]王鸿泰.明清社会关系的流动与互动[J].史学月刊,2006(5).

[3]王跃生.清中期民众自发性流迁政策考察[J].清史研究,2014(1).

[4]王跃生.从档案资料看18世纪中国人口的迁移流动[J].中国经济史研究,2006(3).

[5]行龙.社会史与人口史[J].山西大学学报(哲学社会科学版),1990(3).

[6]徐辉.清代中期的人口迁移[J].人口研究,1998(6).

[7]王宝光.哨鹿与《哨鹿图》[J].紫禁城,1983(2).

[8]张雪峰.康熙皇帝与木兰秋狝[J].历史教学,2003(6).

[9]刘文波.康乾时期的清帝北巡与木兰围场设置问题探析[J].内蒙古师范大学学报(哲学社会科学版),2021(1).

[10]刘桂林.嘉庆行围[J].紫禁城,1992(2).

[11]关鑫.法社会学视野下的满族祭祖活动[J].中央民族大学学报(哲学社会科学版),2014(5).

[12]郝素娟.清代流人与东北民间风俗的嬗变[J].兰台世界,2011(14).

[13]时志明.论清初东北流人吴兆骞的山水诗[J].南京晓庄学院学报,2013(6).

[14]何建国.桐城方氏四代流人与黑龙江清代方志纂修[J].黑龙江史志,2015(10).

［15］富育光,于又燕.满族萨满教女神神话初析［J］.社会科学战线,1985（4）.

［16］柳成栋.宁古塔流人在文化上的特殊贡献［J］.黑龙江史志,2011（8）.

［17］魏荣芳.清代重要东北流人文献考［J］.兰台世界,2019（2）.

［18］富育光,卉卉.满族的神谕［J］.民族文学研究,1989（3）.